中国特色城镇化制度
变迁与制度创新研究

刘国新 ◎ 著

中国社会科学出版社

图书在版编目(CIP)数据

中国特色城镇化制度变迁与制度创新研究／刘国新著．—北京：中国社会科学出版社，2015.4
ISBN 978 – 7 – 5161 – 5939 – 2

Ⅰ．①中… Ⅱ．①刘… Ⅲ．①城市化 – 制度建设 – 研究 – 中国 Ⅳ．①F299.21

中国版本图书馆 CIP 数据核字(2015)第 075073 号

出 版 人	赵剑英
责任编辑	任　明
责任校对	朱妍洁
责任印制	何　艳

出　　版	中国社会科学出版社
社　　址	北京鼓楼西大街甲 158 号
邮　　编	100720
网　　址	http：//www.csspw.cn
发 行 部	010 – 84083685
门 市 部	010 – 84029450
经　　销	新华书店及其他书店

印刷装订	北京市兴怀印刷厂
版　　次	2015 年 4 月第 1 版
印　　次	2015 年 4 月第 1 次印刷

开　　本	710×1000　1/16
印　　张	16.5
插　　页	2
字　　数	258 千字
定　　价	55.00 元

凡购买中国社会科学出版社图书，如有质量问题请与本社联系调换
电话：010 – 84083683
版权所有　侵权必究

摘　　要

城镇化是一个人口、社会生活方式和生产方式发生巨大变动的伟大历史过程，我国正处在这样一个伟大的历史过程中，如何完成和走好这一历史过程是摆在全国人民以及广大专家、学者面前的一个艰巨任务。

城镇化受政治、经济、文化等多种发展因素的影响和制约，其中制度是最重要的因素之一。城镇化从本质上说，是在现实的制度选择所赋予的制度约束框架内对人口、土地、劳动和资本等经济要素进行再整合并逐步向城镇集聚的过程。当相关的制度内容与城镇化发展要求同步，亦或超之于前时，就会推动和加速城镇化的发展，反之，则会延缓甚至阻碍城镇化的发展。因此，对存在缺陷的不利于城镇化发展的相关制度及其内容进行创新，就成为了当前实现我国城镇化健康发展的当务之急。

为避免研究中的泛泛而述，本书选择了以回顾和考察中国特色城镇化发展的基本过程和制度变迁为起点，以发达国家城镇化发展的主要经验教训和制度启示为借鉴，以我国城镇化发展的趋势为基本价值取向，对我国城镇化发展的制度变迁和制度创新进行分析、研究和总结。

在分析和研究中，主要选取了土地制度、户籍制度、就业制度和社会保障制度为研究和创新的重点。这主要是因为，土地制度创新是实现我国城镇化和农民市民化的基础和前提，农民只有摆脱了土地制度对其人身自由的束缚，有了离开土地的自由裁量权和自由选择权，才有可能向城镇地区转移，实现农民市民化；户籍制度创新是顺利实现我国城镇化和农民市民化的核心所在，城镇化的核心因素是人，没有人，城镇化就无从谈起；就业制度创新是实现我国城镇化和农民市民化的关键，农民离开了土地，进入了城镇，能否在城镇中安定下来，关键就取决于能否在城镇中找到维持其本人及其家属所必需的生活资料的工作岗位；社会保障制度创新是实现我国城镇化和农民市民化目标的制度保障，没有适合农民市民化特点的社会保障制度，农民市民化的进程必然要受到阻碍。只有逐步建立起有利于引导和促进农民市民化的社会保障制度，给其以真正的市民待遇及制度保障，才能从根本上消除农民市民化的后顾之忧，促进城镇化健康发展。

第一章主要是阐述城镇化和制度的概念及相关理论，以厘清这些概念在本书研究中的具体含义。并对马克思、恩格斯在城镇化发展与制度关系问题上的主要思想，对以往西方学者和国内学者关于中国城镇化制度研究的相关理论和文献进行梳理、分析和归纳总结。属于基础理论部分。

第二章主要是从制度角度回顾我国所走过的城镇化道路，对我国城镇化发展的阶段性和具体制度变迁的过程及制度绩效进行深入的分析和研究，明确现存制度的缺陷和不足。属于纵向分析问题部分。

第三章主要是对发达国家城镇化发展的制度经验和主要经验教训进行考察和总结，以期对我国城镇化在进一步发展中查找、弥补制度不足，推进制度创新有所启示。属于横向考察、借鉴部分。

第四章主要是从分析我国城镇化发展趋势出发，明确城镇化发展的未来价值取向和基本创新原则，并以此为基础分析我国城镇化进一步发展中对土地制度、户籍制度、就业制度和社会保障制度等进行创新的基本结构。属于创新的战略选择部分。

第五章主要是从创新的角度研究和阐述土地制度、户籍制度、就业制度、社会保障制度等，如何破除原有城乡二元制度结构壁垒，消除城乡差别，促进城乡一体化统筹发展的问题。属于解决问题部分。

关键词：城镇化；制度；制度绩效；制度创新

Abstract

The urbanization is a huge catastrophic and great history process of personal, the social activities method and the mode of production occurrences, the our country is being placed in in thus a great history process, how complete and walk good this history process is put in the people of the whole country and large expert, scholar's in front of a mission with huge .

The urbanization to be affect by various development factors of politics, economy, cultural... etc. and check and supervision, among them, the system is one of the most important factors. The urbanization to come up to say from the essence, carrying on to the economic main factors, such as population, land, labor and capital... etc. in the system that system give when choose of the actuality control frame again the integration combine gradually toward the process that the town gather together. When the related system contents and towns turn the development request synchronously, as well or super in front, will push and accelerate the development that urbanization, whereas, then will defer even baffling the development that urbanization. Therefore, turn related system and its contentses of the development to carry on the innovation towards existing the disadvantage of the blemish in the town, became the current realization our country the urbanization the urgent matter of the moment of the healthy development.

For avoiding the research in of vague but say, this selected works chose to take looking back and investigating the basic process and the system changes that the Chinese special features town turns the development as the point of departure, with the main experience that the flourishing and national town turn the development teaches to enlighten with system for draw lessons from, take the trend that the our country town turn the development as the basic and worth mindset, carry on the analysis, research and summaries to the system change and the system innovations that the our country town turn the development.

In analyze and study, mainly selected by examinations the land system, household register system, employment the system and societies guarantee the system as research and creative points. This mainly is because of, the system innovation of the land is the realization our country urbanization and farmer the citizenry turn of foundation and premise, the farmer only gets away from the system of the land as to it's Human body the tie of the freedom, leave the land of cut to measure the power and free options freely, just may transfer toward the town region, carry out the farmer the citizenry turn; The household register system is the smooth realization our country urbanization and farmer the citizenry turn of core place, the core factor that urbanization is a person, no one, the urbanization and then have no from talk; The innovation of take up employment the system is the realization our country urbanization and farmer the citizenry turn of key, the farmer left the land, entering the town, can be settled down in the town so, the key be decided by and can find out to maintain it in the town and its family members the work post of the essential living data; The society guarantee system is the realization our country urbanization and farmer the citizenry turn the target of system guarantee, have no social guarantee system that in keeping with farmer citizenry turn the characteristics, farmer the progress that citizenry turn want to be subjected to the bar by all means, only building up gradually rise to be advantageous to the leading and promote farmer the citizenry turn of the society guarantee system, guarantee for it with the real citizenry's treatment and system, then can remove the farmer what citizenry turn by the root cares at home, promote the urbanization the healthy development.

Chapter 1 mainly is elaborate that the town turn and system of concept and related theories, to clarify these concepts in this text study of concrete meaning. Combine to think to the mark, the boon space turns the main thought that the development and systems relate to the problem in the town, to before western scholar and local scholar the concerning the related theories and cultural heritages that the Chinese town turn the system researches carry on comb, analysis and induce the summary. Belong to the foundation theories part.

Chapter 2 mainly is from the system angle review our country walk through of town turn the road, carry on the thorough analysis and researches to the process and the system resultses of the stage and concrete system change that the our country town turn the development, explicit existing system of the blemish and the shortage. Belong to the lengthways analytical problem part.

Chapter 3 mainly is the system experience to the flourishing and national urbanization the development and main experiences to teach to carry on the investigation and summaries, to expect to turn to the our country town to check to seek, make up the system in further development shortage, push forward the system innovation to have the apocalypse. Belong to the horizontal investigation and draw lessons from the part.

Chapter 4 mainly is from analysis our country the urbanization to develop the trend to set out, the explicit urbanization the future of development to be worth the mindset and basic and creative principles, and take this as the reasonable analysis of foundation our country the urbanization the further development in to the land system, household register system, employment the system and societies guarantee the system etc. carries on the creative basic structure. Belong to creative strategic choice part.

Chapter 5 mainly studies and elaborates the land system, household register system and takes up employment the system, the society guarantee system... etc. from the creative angle, how get rid of the original city country two dollar system structure barracks, cancellation the city country difference, promote the city country integral whole turn the problem of orchestrate the development. Belong to the part of solve problem.

Key words: Urbanization; System; System results; System innovation

目　录

引言 ……………………………………………………………… (1)
 一　问题的提出及研究意义 ………………………………… (1)
  （一）问题的提出 ………………………………………… (1)
  （二）研究意义 …………………………………………… (1)
 二　国内外研究现状 ………………………………………… (2)
 三　研究方法和基本思路 …………………………………… (4)
  （一）研究方法 …………………………………………… (4)
  （二）研究内容及基本思路 ……………………………… (4)
 四　本书研究的重点和不足 ………………………………… (5)

第一章　城镇化制度变迁的相关理论概述 ……………………… (7)
 一　几个基本概念的界定和研究的限定 …………………… (7)
  （一）几个基本概念的界定 ……………………………… (7)
  （二）研究的限定 ………………………………………… (24)
 二　马克思主义经典作家关于城镇化制度变迁的思想 …… (25)
  （一）城镇产生和发展的制度因素 ……………………… (25)
  （二）城乡融合的制度条件 ……………………………… (27)
 三　西方学者关于中国城镇化制度变迁的理论 …………… (29)
  （一）城乡发展的制度变迁 ……………………………… (29)
  （二）城镇化发展滞后的制度因素 ……………………… (30)
 四　国内学者关于我国城镇化制度变迁的理论 …………… (31)
  （一）关于城镇化制度供给 ……………………………… (32)

（二）关于城镇化制度创新 …………………………………… (33)
　　（三）关于城镇化滞后原因的制度分析 …………………… (35)
　　（四）关于城镇化制度变迁问题 …………………………… (36)

第二章　中国特色城镇化制度变迁 …………………………… (38)
　一　中国特色城镇化发展历程 ………………………………… (38)
　　（一）1949—1978年改革开放前：城镇化曲折发展
　　　　　时期 ……………………………………………………… (39)
　　（二）1978年改革开放以后：城镇化全面恢复与快速
　　　　　发展时期 ………………………………………………… (42)
　二　中国特色城镇化制度变迁 ………………………………… (47)
　　（一）土地制度变迁 …………………………………………… (47)
　　（二）户籍制度变迁 …………………………………………… (51)
　　（三）就业制度变迁 …………………………………………… (55)
　　（四）社会保障制度变迁 ……………………………………… (58)
　三　中国特色城镇化制度绩效评价 …………………………… (61)
　　（一）土地制度绩效评价 ……………………………………… (64)
　　（二）户籍制度绩效评价 ……………………………………… (67)
　　（三）就业制度绩效评价 ……………………………………… (69)
　　（四）社会保障制度绩效评价 ………………………………… (71)

第三章　发达国家城镇化发展的制度经验教训与启示 ……… (75)
　一　发达国家城镇化的基本过程 ……………………………… (76)
　　（一）发达国家城镇化的发展阶段 …………………………… (76)
　　（二）典型发达国家的城镇化发展过程 ……………………… (83)
　二　发达国家城镇化发展的特点和主要经验教训 …………… (89)
　　（一）发达国家城镇化的特点 ………………………………… (89)
　　（二）发达国家城镇化的主要经验教训 ……………………… (93)
　三　发达国家城镇化发展的制度启示 ………………………… (100)
　　（一）发达国家的土地制度及启示 …………………………… (101)
　　（二）发达国家的户籍制度及启示 …………………………… (104)

（三）发达国家的就业制度及启示 …………………………（106）
　　（四）发达国家的社会保障制度及启示 ……………………（111）

第四章　中国特色城镇化制度创新原则与创新结构 …………（115）
　一　中国特色城镇化发展的趋势 ………………………………（115）
　　（一）从政府主导型城镇化向国家宏观调控下的市场
　　　　主导型城镇化转变 ………………………………………（115）
　　（二）大中小城市多元协调发展是我国城镇化的必由
　　　　之路 ………………………………………………………（121）
　　（三）城镇打破原有行政区划形成城市群 …………………（125）
　　（四）城市郊区化 ……………………………………………（130）
　二　中国特色城镇化的制度创新原则 …………………………（134）
　　（一）科学定位　以人为本 …………………………………（134）
　　（二）循序渐进　质量并重 …………………………………（136）
　　（三）全面协调　持续发展 …………………………………（137）
　　（四）统筹兼顾　城乡一体 …………………………………（140）
　三　中国特色城镇化的制度创新结构 …………………………（144）
　　（一）土地制度创新 …………………………………………（144）
　　（二）户籍制度创新 …………………………………………（145）
　　（三）就业制度创新 …………………………………………（146）
　　（四）社会保障制度创新 ……………………………………（147）

第五章　中国特色城镇化发展的制度创新 ………………………（150）
　一　土地制度创新 ………………………………………………（150）
　　（一）明晰土地产权主体　完善土地承包经营权 …………（150）
　　（二）规范土地征用行为　完善征地补偿机制 ……………（153）
　　（三）建立土地流转市场　促进土地规范流转 ……………（156）
　二　户籍制度创新 ………………………………………………（158）
　　（一）恢复户籍制度本来面目　合理引导人口流动 ………（158）
　　（二）剥离户籍制度附加功能　加快户籍制度立法 ………（160）
　　（三）完善户口迁移准入制度　进一步深化制度创新 ……（162）

三　就业制度创新 ································ (164)
　　（一）完善就业促进机制　保障劳动力就业 ············ (164)
　　（二）健全劳动就业市场　促进劳动力就业 ············ (167)
　　（三）加强政府监督管理　规范和引导就业 ············ (170)
四　社会保障制度创新 ································ (171)
　　（一）养老保障制度创新 ·························· (171)
　　（二）医疗保障制度创新 ·························· (174)
　　（三）最低生活保障制度创新 ······················ (177)

结语 ·· (180)

附录　法规条例 ······································ (181)

参考文献 ·· (242)

后记 ·· (252)

引　言

一　问题的提出及研究意义

（一）问题的提出

针对近几年一些地区在城镇化发展实践中出现的"超前城镇化"和"为城镇化而城镇化"等急功近利的短视行为，党的十六届五中全会通过的《中共中央关于制定国民经济和社会发展第十一个五年规划的建议》第五章"促进区域协调发展"的第十七节中，明确提出了要采取积极措施"促进城镇化健康发展"[①]。那么，如何促进和实现城镇化的健康发展呢？最根本的就是要进行制度规范和制度创新，"建立健全与城镇化健康发展相适应的财税、征地、行政管理和公共服务制度，完善户籍和流动人口管理办法"[②]等，以保证和促进城镇化按照自身的发展规律，循序渐进地发展。

（二）研究意义

从制度视阈研究和探讨如何"促进城镇化健康发展"问题，不仅是城镇化理论研究进一步发展的内在要求，同时它更是城镇化发展实践对制度创新提出的新要求和新希望。

第一，是城镇化理论研究与时俱进发展的现实要求。马克思主义基

[①] 编写组：《〈中共中央关于制定国民经济和社会发展第十一个五年规划的建议〉辅导读本》，人民出版社2005年版，第17页。

[②] 同上。

本矛盾理论告诉我们，生产力与生产关系、经济基础和上层建筑始终处在矛盾的运动和发展过程中，这种基本矛盾的不断运动和发展，必然要求与之相适应的各种制度不断地进行相应的理论和实践创新。目前，我国城镇化进程正处在由自上而下的传统政府主导型制度，向自下而上的现代市场主导型制度变迁的转换过渡期，比较完善的城镇化制度安排与制度规范体系尚未建立，以制度创新推进城镇化的潜力巨大。

第二，是弥补城镇化制度理论研究不足的需要。国内早期城镇化的研究主要集中于探讨城镇化的规律、城镇化的道路、城镇化的模式等基本理论，较少研究影响城镇化进程的制度因素。近几年，学者们才逐步认识到制度安排与城镇化的重要关系，但代表性研究成果仍然较少。从现有研究看，仅有刘传江的《中国城市化的制度安排与创新》和叶裕民的《中国城市化之路——经济支持与制度创新》等几部代表性著作。

第三，是科学评价中国特色社会主义城镇化发展成果，反思城镇化发展功过是非的需要。事实上，对于早期发达国家而言，资本的原始积累已经为工业发展提供了雄厚基础，其城镇化发展无需农业和农民为其"埋单"。但对于新中国成立初期的我国而言，工业基础薄弱，毫无积累，城镇化进程步履维艰，不得不通过户籍制度、社会保障制度把农业人口固着在土地上，不得不通过工农业产品剪刀差为工业和城市发展积累资金。因此，我们必须以科学的态度公正客观地评价中国的城镇化道路，反思我国城镇化的历史。

第四，是促进城镇化健康发展，规范城镇化运作体系的必然要求。城镇化过程有其自身的发展规律，我们只有科学地认识城镇化的发展规律，顺应城镇化的发展要求，制定符合城镇化发展规律的政策，创新有利于城镇化发展的制度安排，才能促进城镇化的健康发展。

二　国内外研究现状

西方学者从制度分析视野研究城镇化问题出现在20世纪60年代，是在以科斯为主要代表的新制度经济学产生以后才开始的。虽然从时间上看，其研究略早于国内，但是由于西方国家的城镇化是在自由市场经济基本制度框架确立以后，在工业化的推动下自发地进行的。故而，西方的城镇化理论研究中原本就缺乏对于制度的系统性研究，这种研究上的缺陷也理所当然地体现在西方专家和学者对于中国特色城镇化制度问题的研究中。从仅有的研究成果看，西方学者对中国城镇化制度问题的研究，主要侧重于城乡发展的制度选择问题的研究和城镇化发展滞后问题的研究两个方面，即使这些研究有时也显得有些零乱和分散。在研究中，西方学者虽然也认识到了制度问题对于中国特色城镇化发展的重要作用和影响，并从不同的角度分别进行了研究和探讨，但由于他们自身城镇化发展的特点和历史局限性，更重要的是由于他们缺乏对新中国城镇化发展的历史背景、国别特点和内在动力等基本国情的认识和了解，从而导致了他们在某些问题的研究中不同程度地存在着认识偏差和不足。如，看到了中国在城镇化过程中采取了城市偏向的政策，但为什么采取城市偏向的政策却没有给出足够的和合理的解释；认为中国户籍制度产生的原因就是为了防止农民进入城市后引起城市消费的大量增长而出现的，这显然令人难以信服；在城镇化发展滞后问题的研究中，他们虽然也看到了工业布局分散对城镇化发展的不利影响，但却忽视了工业布局为什么向"三线"地区分散的国际国内政治背景等。

总体来讲，国内专家和学者对城镇化问题的研究开始于20世纪70年代末，略晚于国外，以南京大学吴友仁教授1979年发表的文章——《关于中国社会主义城市化问题》为标志。此后，国内专家和学者才开始对城镇化问题进行比较系统的研究。从研究情况看，早期研究主要集中于介绍和研究国外有关城镇化的理论，剖析其他国家在城镇化发展过程中的经验和教训，后期才逐渐地深入到对中国特色城镇化发展相关制度问题的研究和探讨上。1980年城镇化发展方针提出后，人们一直以来研究和争论的焦点是中国城镇化应采取哪种发展方针的问题，即"是优先发展大城市，亦或中小城市，亦或小城镇，还是大中小并举的多元化的城镇化发展方针"，而真正从制度视野来研究城镇化问题则开始于20世纪90年代前后。简要地说，可以划分为两个不同的发展时期，即1995年以前，以研究如何破除阻碍城镇化发展的制度壁垒为出发点，重点剖析以户籍制度等为构成主体的城乡二元经济和社会结构；1995年以后，受西方新制度经济学的影响，开始转向全面的城镇化制度剖析和系统的城镇化制度创新的研究。

国内广大专家和学者在研究中充分认识到了制度和制度创新对于中国特色城镇化快速、健康发展的极端重要性。认为，无论是过去自上而下的城镇化发展模式，还是现在自下而上的城镇化发展模式，制度安排与制度选择都是决定其目标定位的关键性因素。认真分析了中国城镇化发展滞后的原因，认识到打破原有壁垒森严的城乡二元结构，实现城乡一体化统筹发展的必要性和迫切性，并多角度、多层面地进行了研究和探讨。但就其研究的整体而言，这些研究成果或因局限于单项的、局部的制度研究和制度创新，而缺乏足够的系统性和完整性；或因时间的推移，原有的制度和制度创新已失去了时代意义。

因此，在我国城镇化快速发展的新形势下，与时俱进地进一步加强对中国特色城镇化制度变迁和制度创新问题的系统研究，明确新时期新阶段城镇化制度创新的重点和主要内容，是非常必要的。

三 研究方法和基本思路

（一）研究方法

以马克思辩证唯物主义和历史唯物主义为最基本的方法论基础，以制度分析为主要的研究方法，运用逻辑与历史相统一的方法、演绎与归纳相统一的方法、理论研究与应用研究相统一的方法、文献研究法、比较研究法等，综合社会学、制度经济学、人口学、行政管理学、社会保障学等学科的理论成果，对我国城镇化发展的制度变迁与制度创新进行深入的分析和探讨。

（二）研究内容及基本思路

研究内容：我国城镇化水平低，发展速度缓慢，其主要原因一方面是原有的城乡二元经济和社会发展制度严重制约着城镇化进程，另一方面是规范和促进城镇化发展的社会政治经济制度供给不足。因此，研究我国城镇化发展不能只注重动力研究和现状分析，而应将更多的精力放在研究影响城镇化的制度选择和制度变迁上，放在研究最有利于推进城镇化和城镇化进程中主客体效用的制度设计和制度创新上。

基本研究思路：首先，以回顾和考察中国特色城镇化发展的基本过程为起点，对我国城镇化发展的制度变迁和制度绩效进行分析、研究和总结，并为下一步的研究预设伏笔。其次，以发达国家城镇化发展的主要经验教训和制度启示为借鉴，以我国城镇化发展的趋势为基本价值取向，合理定位我国城镇化发展制度创新的基本原则和基本结构，明确制度创新的重点。最后，从我国现实国情出发，详细分析和系统论述制度创新的基本内容。

本书的主要内容：

第一章主要是阐述城镇化和制度的概念及相关理论，以厘清这些概念在本书研究中的具体含义。并对马克思、恩格斯在城镇化发展与制度关系问题上的主要思想，对以往西方学者和国内学者关于中国城镇化制度研究的相关理论和文献进行梳理、分析和归纳总结。属于基础理论部分。

第二章主要是从制度角度回顾我国所走过的城镇化道路，对我国城镇化发展的阶段性和具体制度变迁的过程及制度绩效进行深入的分析和研究，明确现存制度的缺陷和不足。属于纵向分析问题部分。

第三章主要是对发达国家城镇化发展的制度经验和主要经验教训进行考察和总结，以期对我国城镇化在进一步发展中查找、弥补制度不足，推进制度创新有所启示。属于横向考察、借鉴部分。

第四章主要是从分析我国城镇化发展趋势出发，明确城镇化发展的未来价值取向和基本创新原则，并以此为基础分析我国城镇化进一步发展中对土地制度、户籍制度、就业制度和社会保障制度等进行创新的基本结构。属于创新的战略选择部分。

第五章主要是从创新的角度研究和阐述土地制度、户籍制度、就业制度、社会保障制度等，如何破除原有城乡二元制度结构壁垒，消除城乡差别，促进城乡一体化统筹发展的问题。属于解决问题部分。

四　本书研究的重点和不足

重点：系统考察中国特色城镇化发展的历史轨迹，从制度变迁角度揭示中国特色城镇化发展的制度特性，阐释中国特色城镇化发展的基本走向，并以此为基础重点研究和明确中国特色城镇化进程中土地制度、户籍制度、就业制度、社会保障制度等制度改革的价值取向。

（1）体系上的创新：对中国特色城镇化发展进行了从历史到现实的较为系统的制度考察，弥补了以往人们虽有研究但缺乏系统性的不足。（2）实践上的创新：明确了实现中共中央十六届五中全会提出的"促进城镇化健康发展"的核心是有效的城镇化制度供给和制度规范。（3）发展模式上的创新：提出了城镇化进程中政府与市场完美结合的最佳制度模式，即在政府宏观调控下市场主导型的制度变迁模式。（4）研究内容上的创新：在中国特色城镇化发展的制度研究中，引入了马克思、恩格斯关于城镇化制度变迁的思想，这在现有关于城镇化的制度研究中尚不多见。

不足：（1）由于城镇化发展是一个涉及经济学、社会学、人口学、管理学等多个交叉学科的系统研究工程，这就决定了影响中国特色城镇化进程的因素也必然很多，除制度因素外，还有诸如经济发展、社会历史背景和环境、国家发展战略等，而本书只关注了前者，即只对制度因素进行了重点研究。（2）城镇化的演进性决定了其问题研究本身的复杂性，这也使得我们对于某些问题的研究还需要在实践中不断地进行进一步的探讨和完善，如城镇化进程中政府的作用、政府改革模式、政府对城镇化进行干预、调控的路径以及政府在城镇化中绩效的评价等。（3）在城镇化进程中，农业发展所形成的推动力、工业发展所形成的拉动力以及第三产业发展所形成的加速力是城镇化发展的主要动力因素，是城镇化进程的重要特征，但因本书的研究框架所限，显然无法将其完整有效地纳入其中。

可以预见的是，本书的研究必将进一步推动广大专家和学者对中国特色城镇化制度发展问题的关注、研究和探讨，其研究成果也必将为我国城镇化快速、健康发展提供具有一定价值的理论参考和制度支持。

第一章

城镇化制度变迁的相关理论概述

本章研究的主要内容是：对几个基本概念的界定和研究的限定；马克思主义经典作家关于城镇化制度变迁的思想；西方学者关于中国城镇化制度变迁的理论；国内学者关于我国城镇化制度变迁的理论。主要是阐述城镇化和制度的内涵、本质，厘清这些基本概念在本书中的具体含义，并对以下各章的研究内容进行合理限定。同时，对马克思、恩格斯经典作家思想中关于城镇产生、发展的制度因素和实现城乡融合的制度条件，以及国内外学者关于我国城镇化制度变迁的理论进行梳理、分析、归纳和总结。

一 几个基本概念的界定和研究的限定

（一）几个基本概念的界定

1. 城镇化的内涵及本质

（1）城镇化的内涵

自20世纪70年代末80年代初"城市化"一词被我国地理学家吴友仁引入社会主义城市化问题的研究[1]以来，"城镇化"和"城市化"一词就频繁出现在党和中央文件、领导人讲话以及广大专家和学者的著作论文中，更有甚者有时在同一个文件或著作论文中就反复出现和交叉使用"城镇化"和"城市化"这两个名词，偶尔还会出现"都市化"，

---

[1] 吴友仁：《关于我国社会主义城市化问题》，《人口与经济》1980年第1期。

这在一定程度上造成了人们思想上的混乱和认识上的混淆。

实际上，无论是"城镇化"还是"城市化"以及"都市化"都来源于同一个英文词汇"Urbanization"。世界上"Urbanization"一词最早出现在 1867 年西班牙巴塞罗那城市规划师、建筑师兼工程师勒德丰索·塞尔达（Ildefon so Cerda，1816—1876）所著的《城市化的理论问题》一书中，20 世纪风行世界并在 70 年代被翻译成中文，传入我国。"Urbanization"在不同时期的不同文献、著作、论文中虽然曾被广泛译为"城市化"、"城镇化"、"都市化"等，但其实这三者之间在内涵上并无本质的区别。具体是使用"城镇化"还是"城市化"抑或"都市化"，所反映的只是国家和不同专家、学者在历史发展的某一阶段在城镇发展战略上侧重点和着眼点的不同而已。本书采用的是城镇化的提法，其着眼点在于我国的城镇发展不应人为地简单设定为大城市优先发展模式或小城镇优先发展模式，而是应从我国的实际出发坚持城镇化发展中有重点的两点论和两点论中的重点论，坚持大中小城市和小城镇多元协调发展。

关于城镇化的内涵和概念界定由于城镇化研究的多学科性和本身的复杂性，以及研究者视角和专业领域的不同而仁者见仁、智者见智，莫衷一是。

最早提出城镇化的塞尔达是从城市规划与建筑的角度来论述城镇化的。他认为，城镇化应侧重于城市形态的发展及城镇化过程中建筑景观的规划，城镇化最直观的表现就是地域景观的变化。[1]

人口学家认为，城镇化是指人口向城市集中的过程，表现为居住在城市地区的人口比重上升的现象。他们认为，城镇化主要是观察和研究农村人口迁移所带来的城市人口数量的增加，农村人口数量的减少，城市人口分布及其变动对经济、社会发展的影响及其后果，即农村人口涌入和转变为城市人口的现象、过程和结果。

社会学家则认为，城镇化是人类文化教育、价值观念、生活方式、宗教信仰等城市性生活方式的发展和扩散过程。它不仅意味着人们的生活方式不断被吸引到城市中、纳入城市中，而且意味着变农村意识、行动方式

---

[1] 郑长德、钟海燕：《现代西方城市经济理论》，经济日报出版社 2007 年版，第 227 页。

和生活方式向城市意识、行动方式和生活方式发展转变的全过程。[①]

经济学家认为，城镇化一方面是人类生产活动向第二、第三产业转换以及各种非农产业经济要素向城市聚集、流动，农村自然经济向城市社会化大生产转化的过程，另一方面它也是城市经济集聚——溢出效应发挥辐射带动作用，促进农村农业经济发展和效益提高的过程。城镇化是因社会生产力变革所引起的人类生产方式、生活方式和居住方式改变的过程。

地理学家认为，城镇化是人口、产业等由农村地域向城市地域转化和集中的过程，强调城乡经济和人文关系的变化。城镇化至少应该包括四个方面的内容：①原有城市、街道、地区的再组织、再开发；②城市地域的扩大；③城市关系的形成与变化；④大城市地域的形成。[②]

对于城镇化内涵和概念的界定，国内外还有一些具有代表性的观点。

科林·克拉克认为，城镇化是第一产业人口减少，第二、第三产业人口增加的过程；路易斯·沃斯认为，城镇化意味着从农村生活方式向城市生活方式发展、质变的过程；矶村英一认为，城镇化应分为形态的城镇化、社会结构的城镇化和思想感情的城镇化三个方面；[③] 埃尔德里奇认为，人口的集中过程就是城镇化的全部含义。[④]

高珮义认为，城市化是一个变传统落后的乡村社会为现代先进的城市社会的自然历史过程；[⑤] 李树琮认为，城镇化是指变农村人口为城市人口的过程，或人口向城市集中的过程。[⑥]

梅益、陈原等人在其主编的《中国百科大词典》中把城镇化界定为：城镇化，又称城市化，是指居住在城镇地区的人口占总人口比例增长的过程，是农业人口向非农业人口转化并在城市集中的过程。城市化过程表现为三个平行的发展方面：①城市人口的自然增加；②农村人口

---

① 刘传江、郑凌云：《城镇化与城乡可持续发展》，科学出版社2004年版，第3页。
② 高珮义：《中外城市化比较研究》，南开大学出版社2004年版，第407页。
③ 刘传江、郑凌云：《城镇化与城乡可持续发展》，科学出版社2004年版，第2—3页。
④ 郑长德、钟海燕：《现代西方城市经济理论》，经济日报出版社2007年版，第227页。
⑤ 高珮义：《中外城市化比较研究》，南开大学出版社2004年版，第2页。
⑥ 李树琮：《中国城市化与小城镇发展》，中国财政经济出版社2002年版，第3页。

大量涌入城市;③农业工业化,农村日益接受城市的生活方式;① 刘树成在其主编的《现代经济辞典》中则把城镇化定义为,居住在城市地区的人口占总人口比例增长、城市数量增加及其规模扩大、城市物质文明和精神文明不断向周围农村扩散的过程,认为城市化的动力主要有两个,即供给和需求。②

综上所述,我们可以看到人口学家、社会学家、经济学家、地理学家以及国内外其他研究领域的专家和学者们,从各自独特的研究视角和专业领域出发对城镇化进行了不同的界定,阐释了城镇化的内涵。从其各自的研究领域来看这无疑都是正确的,但都无法有效地揭示城镇化的一般性,因而也就无法被其他学科的专家和学者所广泛接受和认同。

笔者认为,就城镇化的一般性而言,所谓城镇化,又称城市化,是指由于社会生产力发展和社会分工所引起的乡村城镇化的过程,即人口、生产方式等社会经济关系和城市性生活方式、思维方式、价值观念在城市——乡村间集聚和扩散的过程。这一界定言简意赅,比较全面清晰地阐明了城镇化基本内容和城镇化这样一个"化"的显著的过程性特征,揭示了城镇化发生、发展的根本动力。

(2)城镇化的本质

虽然由于城镇化研究的多学科性和本身的复杂性,以及研究者视角和专业领域的不同,而对于城镇化的内涵和概念界定并未最终达成一致,但是这种不一致性并未影响广大专家和学者在对城镇化本质问题的认识上取得共识,这对于本书的研究来说就已经足够了。

从本质上说,城镇化是一种经济和社会现象,是生产力发展的必然结果,是从城乡分离走向城乡融合的必由之路,城镇化绝不是目的,而只是一种手段。城镇化的核心是乡村城镇化,最终目标是要实现城乡一体化和全体国民的共同富裕和和谐发展。

一般来说,城镇化可以分为两个互动的基本过程和三种具体表现形式。

两个互动的基本过程:一是农村人口、生产方式等社会经济关系和农村生活方式、思维方式、价值观念向城市集聚的过程;另一方面是城

---

① 梅益、陈原:《中国百科大词典》,中国大百科出版社2002年版,第271页。
② 刘树成:《现代经济词典》,凤凰出版社、江苏人民出版社2005年版,第107页。

市生产方式等社会经济关系和城市性生活方式、思维方式、价值观念向农村扩散的过程。

三种具体表现形式：

第一种表现形式是人口的城镇化。城镇化过程中的突出特点之一，就是城镇人口的不断增加。其中，除了原有城镇人口的自然增长以外，主要就是农村剩余人口和剩余劳动力向城镇的转移。农村人口逐渐减少，城镇人口逐渐增加，城镇人口占总人口比重（即城镇化率）不断提高。始于18世纪中叶的产业革命的发展不仅创造了许多大城市，而且更重要的是它改变了原有的农业生产及其经营方式，使得农业在生产力大幅提高、粮食产量和效益持续增长的同时，所需要的劳动力却大幅度减少，从而引起了农村人口向城镇转移的高潮。而这种人口转移的高潮又促进了城镇第二、第三产业的发展，城镇第二、第三产业的发展反过来又以其先进的生产方式、生活方式和相对较高的就业机会及优越的生活条件进一步强化了对农村人口的吸引力，在更深的层次上再次加速了农村人口向城镇转移的过程。

第二种表现形式是非农产业的城镇化。非农产业的发展是城镇化的基础，城镇化就其生产方式而言是从农村第一产业向城镇第二、第三产业转换的过程，亦即非农产业在城镇集聚和发展的过程，也可以称之为产业结构的城镇化。① 随着城镇化的推进，传统、落后、低效的农业生产方式必然会逐渐被现代、先进、高效的社会化大生产所取代，第一产业在整个国民经济中所占的比重必然不断降低，第二、第三产业在整个国民经济中的比重也必然不断提升，从而使得非农产业结构不断优化、升级，城镇规模日益扩大，城镇化质量日益提高。

第三种表现形式是城镇文明的有效溢出。城镇化本身就是一个城镇先进的物质文明和精神文明向农村不断扩展、渗透，农村居民不断地吸收、内化城镇先进的生活方式、思维方式和价值观念的过程。随着城镇化的发展，原有农村社会的生产方式必然会发生根本性的变化，这不仅会大大加快农村物质文明的进程，同时也必然会在思维方式、价值观念

---

① 浦善新：《走向城镇化：新农村建设的时代背景》，中国社会出版社2006年版，第27页。

等更深的层次上带来对农村居民的巨大冲击和吸引。为了主动适应这种变化，他们必然会通过各种途径来不断提高自身素质，更新观念和思维方式，并最终建立起有别于传统农业社会和城镇文明的现代城乡一体化的文明的生活方式、思维方式和价值观念等。

2. 制度与制度变迁

（1）制度内涵

①制度的内涵：对制度的内涵，不同的学者往往有不同的表述。最先对制度的一般含义作出规定的是旧制度经济学派的凡勃伦。他指出，"制度实质上就是个人或社会对有关的某些关系或某些作用的一般思想习惯；而生活方式所构成的是在某一时期或社会发展的某一阶段通行的制度的综合"[①]。在凡勃伦看来，制度不是组织结构，而是大多数人所共有的一些固定的思维习惯，即广泛存在的社会习惯。无论制度如何变化，它总是滞后于现实的要求，而且人们对于现有的思维习惯，除非是由于环境的压迫而不得不改变，一般总是想要无限期地坚持下去。因此，遗留下来的这些制度、思维习惯、精神面貌、观点、特征以及其他，其本身就是一个保守因素。

旧制度经济学的另一个代表人物康芒斯，则强调从集体行动的角度来定义制度。他在代表作《制度经济学》一书中指出："如果我们要找出一种普遍的原则，适用一切所谓属于制度的行为，我们可以把制度解释为集体行动控制个体行动。"[②]而在集体行动中，康芒斯认为，最重要的是法律制度。

格鲁奇·斯考特认为，"社会制度，指的是社会全体成员都先赞同的社会行为中带有某种规律性的东西，这种规律性表现在各种特定的往复的境界之中，并且能够自行实行或由某种外在权威实行之"[③]。

青木昌彦认为，制度的要义是"关于以博弈重复进行为主要方式的共有信念的自我维持系统"，"制度以一种自我实施的方式制约着参与人的策略互动，并反过来又被他们在连续变化的环境下的实际决策不断

[①] 凡勃伦：《有闲阶级论》，商务印书馆1964年版，第139页。
[②] 彭海斌：《公平竞争制度选择》，商务印书馆2006年版，第28页。
[③] 卢现祥：《新制度经济学》，武汉大学出版社2005年版，第107页。

再生产出来"①。

T. W. 舒尔茨则把制度理解为与具体行为有关的规范体系。他认为，制度就是一种行为规则，这些规则涉及社会、政治及经济行为。如管束结婚和离婚的规则、支配政治权力的配置与适用的规则以及确立由市场资本主义或政府来分配资源与收入的规则等。②

在多种关于制度的定义中，本书认为道格拉斯·C. 诺斯（Douglas C. North）在舒尔茨分析基础上提出的关于制度的定义，比较准确合理地反映了制度的内涵及本质。在诺斯看来，"制度就是人为设计的各种约束。它建构了人类的交往行为"。他认为，"制度是一个社会的游戏（博弈）规则。更规范地说，它们是为决定人们的相互关系而人为设定的一些制约。制度构造了人们在政治、社会或经济方面发生交换的激励结构"。"制度是由人类设计的用以安排政治、经济与社会交往的约束。"③

尽管有时诺斯关于制度的界定在具体表述时有所不同，但这只是用词的不同，其实质是一致的。即从本质上讲，制度就是一种规则，是调节和规范人与人之间、人与组织之间以及组织与组织之间互动行为的各种规则。④

②制度构成：一般而言，可以将制度分为正式制度和非正式制度两类。

正式制度又称正式规则或硬制度，是约束人们行为关系、有意识地面对全部社会经济活动或有针对性地根据某一领域活动而制定的一系列法律规则和契约安排，包括宪法、法律、财产权利等。其约束力主要来自于国家的强制力，主要用来明确社会分工中各类不同利益集团之间的职责和义务，这些规则可以细分为界定分工责任的规则、选择规则、惩戒规则和度量规则等。正式制度安排中规则的变动和修改需要受这一制度安排管束的一群（个）人的准许。

非正式制度又称非正式规则或软约束，是与正式制度相对的一个概

---

① 青木昌彦、周黎安、王珊珊：《什么是制度？我们如何理解制度？》，《经济社会体制比较》2000 年第 6 期。
② 彭海斌：《公平竞争制度选择》，商务印书馆 2006 年版，第 30 页。
③ 道格拉斯·C. 诺斯：《制度》，《新华文摘》2006 年第 20 期。
④ 汪丁丁：《制度经济学三人谈》，北京大学出版社 2005 年版，第 17 页。

念，是指从未被人们有意识地设计过的规则，主要包括风俗习惯、传统道德、宗教信仰、意识形态以及社会谴责和行为规范等。在非正式制度中，意识形态处于核心地位，借助于风俗习惯、传统道德、宗教信仰等的辅助作用，成为正式制度的理论基础和思想准则，在形式上往往构成了某种正式制度的"雏形"。非正式制度安排中规则的变动和修改纯粹是个人的行为，用不着也不可能由群体行动完成。

就正式制度与非正式制度的关系而言，正式制度的形成晚于非正式制度，是在非正式制度基础上形成的，在一定条件下非正式制度可以转变为正式制度。正式制度是法典化、成文的规则，是具体、有形的；非正式制度则是不成文的规则，是抽象的、无形的。正式制度依靠外在强制约束起作用，是刚性硬约束；非正式制度则依靠内在约束起作用，是软约束，其约束力来自于社会舆论和社会成员的自律。正式制度可以在一夜之间发生突变，而非正式制度的变化却是一个长期累积的渐进过程。正式制度的可移植性强于非正式制度，某些正式制度移植到其他国家同样适用，而非正式制度由于有着历史传统、文化积淀、地域人文等的深刻影响，可移植性较差。正式的制度只有在与非正式的制度相容的条件下才能充分发挥其作用，反之就会出现紧张和冲突，并最终影响其实施绩效。可见，二者既有联系又有区别。

③制度功能：舒尔茨认为制度具有五种功能，即提供便利、降低交易费用、提供信息、共担风险和提供公共品服务。他认为，"制度是某些服务的供给者，它们可以提供便利，便利是货币的特性之一；它们可以提供一种使交易费用降低的合约，如租赁、抵押贷款和期货；它们可以提供信息，正如市场与经济计划所从事的那样；它们可以共担风险，这是保险公司、合作社及公共社会安全安排的特性之一；它们还可以提供公共品服务，如学校、高速公路、卫生设施及实验站"[①]。

林毅夫认为，制度具有不可或缺的两大功能：安全功能和经济功能。即"由于人的生命周期和他面对的不确定性，也由于人'局限于知识、预见、技巧和时间'，人需要用制度来促进他与其他人的合作，从而为确

---

① Theodore W. Schultz, Institutions and the rising economic value of man [J], *American Journal of Agricultural Economics*, 1968 (6): 1113.

保年幼和年老时的安全作好准备,拉平随时间而变化的收入和消费水平,并获得对风险和灾难的保障";"制度存在的另一个理由是来自规模经济和外部效果的收益。作为生产单位的个人是太小了,以至于他不能把这些经济中的大部分内在化。为开拓这些收益需要有集体的行动"①。

盛洪认为,制度具有激励、资源配置和利益分配三项功能。张宇燕则把制度的功能概括为减少外部性、带来(非)中性制度收益、获取比较利益、降低交易成本、对离经叛道行为的惩罚和减弱不确定性七个方面。柯武刚和史漫飞认为,制度主要具有有效协调和信任、保护个人自主领域、防止和化解冲突、权势和选择等功能。②

鲁鹏在《制度与发展关系论纲》一文中,把制度概括为三大功能或机制,即约束机制、信息机制、激励机制,或满足人的需要,或限制人的需要,调节冲突、强化合作、规范人的行为,确立人们相互间特定的社会关系,从而共同构成了人的活动或发展的现实空间。他指出,. 约束机制是选择机制,它以某种关系为尺度对行为进行限制,实际上是一种社会选择。该选择决定哪些因素进入当下社会发展的主流,哪些因素被排斥在发展主流之外,从而也就规定了社会发展中各种因素实际的相互作用,规定了它的偏好,它的大小,以及对各种因素实际相互作用加以整合所得到的发展的现实样态或历史样态。信息机制是目的机制,在它提供的据以决策的信息背后,隐含着行为动机和行为运动的方向。行动运动方向与发展目标虽然都和"目的"有关,却不应等同看待,二者有时一致,有时不一致。由此产生一种奇异现象,人们建立一种制度,原本要它促进发展目标实现,然而制度的误导实际上却使行为方向偏离目标。在这里,制度把发展目标扭曲了。计划经济体制是一个例子,平均主义"大锅饭"的分配制度是另一个例子。激励机制是动力机制,它提供社会整体意义上的创新条件和活力源泉。社会发展动力学的核心问题是人的积极性、创造性和潜能的发挥。一个社会共同体的成员如能始终富有积极性、创造性,潜能得以充分发挥,这个社会便不愁没有发

---

① Lin Yifu, An economic theory of institutional change: in-duced and imp [J], *Cato Journal*, 1989 (1): 1.

② 柯武刚、史漫飞:《制度经济学:社会秩序与公共政策》,商务印书馆2000年版,第147页。

展的动力和自我更新能力。而共同体成员积极性、创造性和潜能的发挥，主要靠制度激发和保持。①

笔者认为，鲁鹏在《制度与发展关系论纲》一文中，对制度三大功能的概括，比较合理、全面和准确。因此，本书所认可和采用的正是他的基本观点。

（2）制度变迁

社会生产力的发展、最初制度供给者的有限理性以及不完全信息等，决定了任何一项制度都不可能是完美无缺的，任何一项在当时看来是最佳的制度都只能是一个相对概念。随着时间的推移必然会出现这样或那样的缺陷和不足，因此制度变迁的发生也就不可避免。所谓的制度变迁是指一种制度安排向另一种制度安排的转换，是一种新制度（或新制度结构）产生，并否定、扬弃或改变旧制度（或旧制度结构）的过程，它是一个非连续的自发的向更有效率的制度演化的动态均衡转换过程。② 制度变迁过程既可以由政府引入法律、政策和命令强制进行，也可以由个人或自愿团体为响应获利机会自发倡导、组织和实行。对新的制度安排的需求的增加以及维持新的制度安排的成本的降低，都有可能诱发制度变迁。

制度变迁按照衡量标准的不同，可以有不同的划分。按制度变迁的层次，可以划分为基础性制度变迁和次级制度变迁；按制度变迁的规模，可以划分为整体性制度变迁和局部性制度变迁；按制度变迁的主体，可以划分为诱致性制度变迁和强制性制度变迁；按制度变迁的速度，可以划分为激进式的制度变迁和渐进式的制度变迁。③ 由于我国城镇化发展中制度变迁主体的不同对其影响甚大，因此本书所选取的主要是按制度变迁主体进行划分的方式。

①诱致性制度变迁

诱致性制度变迁是因微观经济行为主体发现潜在获利机会而引发的一种自下而上的自发性制度变迁类型。具体来说，是由技术进步和人口增加等原因引起的，使得一个社会中某些原来有效的制度安排变得不再

---

① 鲁鹏：《制度与发展关系论纲》，《中国社会科学》2002 年第 3 期。
② 吴敬琏：《比较》，中信出版社 2005 年版，第 2 页。
③ 卢现祥：《新制度经济学》，武汉大学出版社 2005 年版，第 175—180 页。

是最有效的,而对现行制度安排所进行的变更或替代。它由一个人或一群人,在响应获利机会时自发倡导、组织和实行。但是市场自发诱致的制度变迁往往由于新的制度安排所产生的个人收益远远小于制度变迁的成本而很难发生。诱致性制度变迁中面临的最大问题是"外部性"和"搭便车"以及长期的时间跨度等问题。

诱致性制度变迁的特征:

特征一:变迁主体微观自发性。诱致性制度变迁的主体是微观经济行为的具体实施者,如农民、居民、企业等,诱致性制度变迁的许多特征都与主体有密切的关系。当微观经济行为的主体感受到或看到潜在的获利机会的时候,就会产生一种对现有制度进行改革的需求,从而使原有的制度均衡状态被打破,处于一种非均衡状态,这是制度变迁的最初动力。但是,由于个人或少数人进行制度谈判与改革的成本过高,使得在原有制度的均衡状态刚刚被打破时,要想使制度从一种均衡结构直接转入另一种均衡结构几乎不可能实现。只有当个人或少数人的制度需求,逐渐地在实践中变成多数人集体的制度需求时,真正的诱致性制度变迁才会开始,由潜在获利机会所引发的制度非均衡才会逐渐地过渡到另外一种制度的再均衡。

特征二:变迁过程自下而上渐进性。由于诱致性制度变迁的主体农民、居民、企业等来自基层,从其发现潜在获利机会到逐渐地内化为变迁主体的制度需求需要一个相对较长的时间,个人或少数人的制度需求转化为群体制度需求需要一个相对较长的时间,同时制度的转换、替代和扩散也是一个相对复杂的过程,这就决定了诱致性制度变迁是一个自下而上、从局部到整体的渐变的制度转换过程,渐进性发展的特征比较明显。

特征三:变迁成果(利润)共享性。制度本身是一种公共产品,"每一个人对这种产品的消费,并不能减少任何他人也消费该产品"。一般来讲,公共产品具有两种特性:(1)非排他性。这是指人们在消费公共产品时,无法排除他人同时也消费该产品,或者排除在技术上可行,但费用过于昂贵而使得排除没有意义,从而实际上也是非排他性的。(2)非对抗性。也称为公共产品消费时的合作性。这是指对于公共产品来说,新增他人参与消费的边际成本为零。因此,诱致性的制度变迁过程一旦完成，制度替代一旦实现，其变迁成果（利润）必然为所有人共同享有，而非最初发现潜在获利机会的一群（个）人。①

②强制性制度变迁

强制性制度变迁是由政府命令或法律引入和实现的一种自上而下、具有激进性的制度变迁类型。具体地说，就是政府凭借手中所掌握的国家政权的强制力（如税收、强制性的规则或政策等）和规模经济的优势，来迅速地推进或延缓制度变迁，其关键在于国家或政府是否能够顺应经济发展的需要及时调整制度安排。

强制性制度变迁的主要作用在于，它可以有效弥补诱致性制度变迁的不足，提供充足的制度供给，满足制度需求。这主要是因为市场自发诱致的制度变迁往往因新的制度安排所产生的个人收益小于制度变迁的成本而很难发生。这就使得诱致性制度变迁所能提供的新的制度安排总是少于最佳的制度供给，无法满足社会经济活动等主体对制度的需求，而不得不需要政府在某些领域出面采取合理的强制性方式来帮助实现和完成制度变迁。同时，强制性制度变迁在一定程度上可以有效减少和抑制制度变迁中的机会主义、信息不对称以及搭便车现象。不过，我们也应该清醒地意识到，也正是强制性制度变迁的强制性特征决定了它既可能对制度变迁起有力地的推动和促进作用，也可能起阻碍和延缓制度变迁发生、发展的作用。

强制性制度变迁的特征：

特征一：变迁主体政权性。与诱致性制度变迁的微观主体不同，强制性制度变迁的主体是国家或政府，包括中央政府和地方政府。虽然政府是国家政权的组织者和实施者，但同时政府也是一个追求利益最大化的群体经济人，"政府的一个重要职责就是要不断地权衡市场缺陷与政府替代的成本"②。当一项新的制度需求产生时，政府是否愿意和主动地推动，那就要取决于其预期收益是否大于其预期成本了。当政府的预期收益大于预期成本时，它就会动用手中所掌握的国家政权的力量和手中所掌握的巨大的规模经济，主动参与其中并积极主动地设计和安排制

---

① 张馨：《西方的公共产品理论及借鉴意义》[EB/OL]（http://news.sohu.com/20070328/n249021135.shtml，2007-03-28）。

② 徐平、李毅：《对日本赶超经济的探求与思考》，《日本研究》2005年第3期。

度，充分提供制度供给，推进制度变迁；反之，如果某一项制度变迁政府的预期收益小于预期成本，甚至于降低政府可获得的现有收益或威胁到其生存时，它就会失去对于制度变迁主动参与的热情和兴趣，而趋于固守现有的即使是低效率或无效率的制度安排。

特征二：变迁过程自上而下激进性。与诱致性制度变迁自下而上的渐进性特征不同，强制性制度变迁是由国家或政府具体制定和组织实施，由各部门强制贯彻执行的自上而下的制度变迁方式。不管是整体的制度变迁，还是局部的制度变迁，都不是渐进性的，而是国家或政府一旦认识到了潜在的巨大获利机会远远大于变迁成本时，就会立刻从最核心的制度开始进行改革，而且制度的出台往往是一步到位，而不必像诱致性制度变迁那样经历一个长期的复杂的转换过程，可见，强制性制度变迁具有明显的自上而下的激进性特征。

特征三：变迁成果（利润）共享性。无论是强制性制度变迁，还是诱致性制度变迁，其变迁成果都是一种公共产品，其变迁成果（利润）都具有共同享有这样一个共同的特性。具体内容在本节的诱致性制度变迁特征三中已有说明，这里就不再重新赘述。

③影响制度变迁的因素

实际上，制度变迁是对制度需求与制度供给之间非均衡状态的一种突出反映。当制度供给完全能够适应制度需求，满足制度需求的要求，并与之一致时，二者之间就会处于一种相对稳定的均衡状态，这时制度变迁就不会发生；反之，当制度供给不适应制度需求，无法满足制度需求的要求，甚至与之背离时，二者之间就处于一种制度的非均衡状态，这时制度变迁就会或迟或早地必然发生。

第一，制度需求。

制度需求就是现实中的各个利益集团（个人、组织、企业、政府）在不断地追求各自潜在的获利机会时，所希望获得的能提供便利、增进利益的制度支持。影响制度需求的因素可综合归纳为以下几个方面：要素和产品的相对价格、宪法秩序、技术和市场规模以及社会历史演变所形成的人文环境、人们对于自尊、安全、发展等诸方面的要求等。其中，以要素和产品的相对价格、宪法秩序、技术和市场规模的影响最为主要。制度需求主要是通过要素和产品的相对价格、技术以及市场规模等因素来表达,最后通过宪法秩序来实现的。

要素和产品的相对价格:即对制度变迁需求的转变是由要素与产品的相对价格的变化所导致的。① 这是因为随着生产力的发展,某些要素和产品相对价格的变化,必然会改变原有制度的成本与收益的稳定状态,破坏成本—收益的格局,并从根本上改变人们在市场竞争中的激励结构,改变人们讨价还价的能力,这最终又必然导致人们对特定制度的需求和重新缔约的努力。如2005年和2006年生猪价格的连续下滑,改变了原有的成本与收益的稳定状态,使很多的生猪养殖户退出了生猪生产,随着供给减少,生猪价格在2007年又急剧上升并居高不下。为改变这种状况,国家相继出台了稳定和惠及生猪养殖户的制度安排,这才使生猪价格逐渐趋于稳定。可见,要素和产品的相对价格的变化是引发制度需求与制度变迁的首要的内在因素。

宪法秩序:即建立在以承认宪法为最高社会规则基础上的社会秩序,它既包括宪法本身所确定的社会秩序,也包括以宪法为基础制订的其他法律所确定的社会秩序。宪法秩序的变化,即政权得以运行的基本规则的变化,能深刻影响创立新的制度安排的预期成本和收益,因而也就深刻影响对新的制度安排的需求。②

技术:制度变迁除了受利益、要素和产品相对价格以及市场规模等影响外,还要受技术因素的制约。技术进步是制度结构完善和发展的基础,是制度变迁的关键。如技术进步使电子银行业务、ATM机业务成为现实,它在有效降低银行和储户双方的交易成本和交易时间的同时,也提出了新的制度需求(许霆案就提出了要完善ATM机相关法律制度的需求),诱致了新的制度创新,出现了未曾有过的新的制度安排。

市场规模:市场规模的扩大会改变相关制度安排的收益、费用及实现成本分摊。任何一项制度变迁无论其成本或大或小都有一个相对合理稳定的区间,但随着社会分工的进一步细化,市场规模的扩大,制度变迁的交易成本会因交易次数的增加而被稀释呈现出递减趋势。这样,因制度变迁成本即新旧两种制度的摩擦所带来的对创新制度安排的阻碍也

---

① V. W. 拉坦:《诱致性制度变迁理论》,R. 科斯、A. 阿尔钦等《财产权利与制度变迁——产权学派与新制度学派译文集》,上海三联书店1991年版,第328页。
② 彭海斌:《公平竞争制度选择》,商务印书馆2006年版,第118页。

必然要小得多，制度变迁就更容易发生；同时市场规模的扩大也会带来经济上的规模效应以及相应的制度创新。

第二，制度供给。

制度供给是指各类制度供给主体为规范人们获得潜在利润[①]的行为而提供的法律、伦理或经济的准则或规则，是对制度需求的反映。制度供给的主体是国家、政府和立法机构，目的是为了追求制度的预期获利能力，至于制度供给的状况如何则在很大程度上要取决于政治秩序提供的新的制度安排的能力与意愿。制度供给的影响因素主要有以下几个方面。

生产力发展水平：生产力发展水平是具有决定意义的因素，它不仅决定着制度供给的内容，同样也决定着制度供给的形式。与原始社会极其低下的生产力状况相适应的是原始社会的公有制，与奴隶社会生产力状况相适应的是奴隶主所有制，与封建社会生产力状况相适应的是封建地主土地所有制，与资本主义社会生产力状况相适应的是资本主义私有制，与社会主义社会生产力状况相适应的是社会主义的全民所有制和集体所有制，与共产主义社会生产力状况相适应的则是"联合起来的社会个人所有制"[②]。可见，制度作为上层建筑的组成部分，既不能落后于生产力的发展，否则就要被历史所淘汰，同时也不能超越生产力的发展，否则就达不到有效规治的目的。

现存制度安排：它包括宪法制度和以宪法制度为基础所形成的各级各类的法律制度和规范，它直接影响着制度供给主体提供新的制度安排的能力。现存的制度安排是新的制度供给的初始状态，或者说是实现制度创新的一个前提条件，正是因为现存的制度安排未尽人意，人们才产生了对现存制度进行改革的需求。如果现存制度内在的发展方向与所要实现的制度供给方向是一致的，那么现存制度发展的惯性就会进一步地推动和促进制度供给和制度创新。反之，如果现存制度内在的发展方向与所要实现的制度供给方向是相悖的，那么现存制度发展的惯性就会阻

---

① 潜在利润来源主要有四个方面，即服从报酬递增的新技术应用及规模经济所带来的利润；外部经济内部化带来的利润；克服风险带来的利润；交易费用转移与降低带来的利润。

② 卫兴华：《正确理解马克思关于重建个人所有制的理论观点》，《光明日报》2007 年 9 月 25 日。

碍和延缓新制度的供给。

制度供给成本与收益：各类制度设计的预期成本与收益以及各类制度供给主体的决策倾向是决定制度供给的重要因素。一方面，当制度设计以及维护该制度设计与制度安排的成本小于该制度设计和制度安排的预期收益时，它就会极大地推动新的制度安排的出现；反之，则不利于新的制度安排的出现。另一方面，制度供给主体本身也有他们自己的利益，他们的决策倾向对有效制度供给的实现影响极大。如果制度供给主体的利益倾向与制度变迁所要实现的潜在利益是一致的，且收益大于成本时，他们就会积极主动地推动制度变迁，完成制度供给和制度创新；反之，他们就会消极地对待甚至于阻碍对现存制度进行改革。

此外，意识形态、宗教、文化、历史等因素对于制度供给也有着重要的影响。但由于意识形态、宗教、文化、历史的产生和发展以及对于制度供给影响的过程比较复杂且不属于本书研究的重点，因此，上述分析我们是在假定意识形态、宗教、文化、历史等影响因素不变的条件下进行的。

3. 城镇化与制度和制度创新

（1）城镇化与制度

一方面，新制度经济学认为，制度是重要的，是经济增长的源泉，居于经济学的核心，在经济增长中土地、劳动和资本等生产要素只有在有了有效的制度以后才能充分发挥作用。城镇化作为伴随着经济增长而出现的社会现象同样受制度因素的影响，与制度安排及制度变迁密切相关。有效率的制度安排会促进城镇化的发展，无效率的制度则会抑制或阻碍城镇化的发展。另一方面，从历史上看，一个国家的城镇化，要受工业化和制度两个因素的影响和制约。工业化是通过非农产业就业人口的集聚来促进城镇化，制度则是通过对各种经济社会运行规则的制定和执行来影响城镇化的，而在二者之中制度则是更加重要的关键性因素。因为如果缺乏有效的制度安排，或者出现了不利于农业、工业以及人口和生产要素发展和聚集的制度安排，那么即使出现了产业结构转换和要素流动，也并不必然导致城镇化。

制度和制度安排对于城镇化的作用，主要是通过以下四个方面来体现的：①通过有效率地推进农业发展的制度安排，促进农业生产效率和农业产出水平的提高，使得农业部门在维持本部门再生产的同时产生农业产品剩余和劳动力剩余，为非农产业和城镇化的发展提供推力；②通过有效率地推进工业、非农产业发展的制度安排，促进国民经济的工业化和非农化，从而加快工业化进程，为吸收农村剩余劳动力创造必要的拉力；③通过有效率地促进经济要素流动的制度安排，使农业部门的要素流出推力和非农业部门的要素流入拉力形成城镇化发展的制度合力；④通过有效率地推进城市建设的制度安排，促进城市基础设施的发展，以满足城市非农产业和人口集聚对城市公共品供给的不断增长的需求。①

（2）城镇化与制度创新

制度创新是指由于社会生产力的发展，原有制度的有限理性和信息的不对称等因素引起的社会规范体系的选择、创造、新建和优化演进的过程，它包括制度的调整、完善、改革和更替。制度创新的原动力在于国家、政府和个人对于减少社会制度变迁实施成本，追求个人利益最大化的心理预期。从宏观上讲，是为了谋取经济、政治和社会的最大收益；从微观上讲，是对不同主体的行动空间及其权利、义务和具体责任进行界定，以有效约束主体行为，缓解社会利益冲突。②

首先，制度创新有利于规范人们的交易行为，节约城镇化的实施成本。城镇化既是一种经济社会现象，也是一种交易行为，是一个以要进入城市的个体为交易主体的交易行为，是一种个人迁移和财产流动的过程。城镇化制度设计的目的，就在于建立秩序并最大限度地减少交易中的不确定性，节省交易成本，规范人们的交易行为。在迁移行为发生前，交易主体必然要对迁出和迁入前后的行为绩效进行成本与收益核算。合理的制度安排不仅能提高信息的透明度，使交易主体充分了解不同利益主体的基本倾向，从而减少交易主体同政府或企业、个人相互了解的交易时间和交易费用，而且还能有效规范人们的交易行为，惩治城镇化进程中各种违规行为，从总体上减少城镇化的实施成本，加快城镇化进程。

其次，制度创新是推进城镇化进一步发展的重要动力。一个国家城

---

① 刘传江：《论中国城市化发展的制度创新》，《经济论坛》2001年第5期。
② 卢现祥：《新制度经济学》，武汉大学出版社2005年版，第145页。

镇化的发展速度和发展水平受政治、经济和社会等多方面因素的影响和制约，其中制度是重要因素之一。促进农业生产力水平的提高，是推进城镇化的重要动力。国家和政府通过实施有利于现代农业发展的制度创新，使农业能在维持本部门再生产的同时创造出更多的剩余产品，节省更多的劳动力资源，为城镇化的发展提供推动力；通过实施有利于推进工业和非农产业发展的制度创新，促进国民经济工业化和非农化的快速发展，加快工业化进程，为城镇化创造必要的拉动力；通过实施有利于促进经济要素合理流动和资源合理配置的城镇化管理制度创新、产业制度与投融资制度创新以及服务制度创新，能够形成城镇化发展的制度合力。目前，我国城镇化发展正处在由自上而下的政府强制性制度变迁向政府宏观调控下自下而上的市场主导型诱致性制度变迁转换的过渡期，比较完善的城镇化制度安排与制度规范体系尚未建立，以制度创新推进城镇化健康发展的空间巨大。

最后，制度创新也是不断调整城镇化目标定位与价值选择的需要。随着国家在不同时期城镇化发展战略目标和价值选择的调整，必然涉及对原有城镇化制度与政策的创新与再调整。与计划经济体制下城乡分割的城镇化发展目标相适应的是城乡分割的土地制度、户籍制度、就业制度和社会保障制度等，而与社会主义市场经济体制下城乡统筹的城镇化发展目标相适应的必然是城乡一体化的土地制度、户籍制度、就业制度和社会保障制度等。

（二）研究的限定

1. 城镇化是一个涉及面广、多元化、多因素、复杂的经济与社会动态发展过程，受政治、经济、文化、社会、历史等多方面因素的影响和制约，而不是仅仅受制度一个方面因素的影响和制约，但本书的研究主要限定在制度方面，主要是从制度的视角来研究和探讨如何促进城镇化健康发展的问题。

2. 在对中国特色城镇化制度变迁和制度创新进行研究时，本书主要选取对城镇化发展有直接作用和重大影响的四个方面的具体制度为研究内容，即土地制度、户籍制度、就业制度、社会保障制度。其中，需要进一步说明的是，我国的土地制度又分为城镇土地制度与农村土地制度两部分，相应地土地制度创新也分为城镇土地制度创新与农村土地制度创新两部分。农村土地使用权的流转和城市扩建对农村土地的征用，是目前我国城镇化发展中遇到的最为突出的问题。因此，本书选取以农村土地制度的改革与创新作为研究的重点之一，对城市土地制度的改革与创新则不作单独介绍。

二　马克思主义经典作家关于城镇化制度变迁的思想

（一）城镇产生和发展的制度因素

马克思和恩格斯虽然没有对城镇产生、发展与制度变迁、制度创新的关系做过直接阐述，但我们从马克思、恩格斯所论述的生产力与生产关系变化和发展的思想中，还是可以找到其中的必然联系。

为了说明在城镇产生和发展过程中制度的作用，我们首先必须要明确制度与生产关系具有一种怎样的内在联系。恩格斯认为："在社会发展的某个很早的阶段，产生了这样一种需要：把每天重复着的生产、分配和交换产品的行为用一个共同的规则概括起来，设法使个人服从生产和交换的一般条件。这个规则首先表现为习惯，后来便成了法律。"①②它说明：第一，制度规则的产生是因应人类生产实践活动的一种需要而产生的；第二，制度是调节和规范人与人之间、人与组织之间以及组织与组织之间互动行为的各种规则的集合体。制度的形成过程就是生产关系以及与这种生产关系相适应并维持这种生产关系的社会机构和规则确立的过程。

在明确了这一点后，我们就来探讨一下，城镇产生和发展的制度因素即城镇产生和发展过程中生产关系究竟起了怎样的作用。我们知道，城镇的出现是生产力发展到一定历史阶段的产物，同时也是生产关系做

---

①《马克思恩格斯选集》第2卷，人民出版社1972年版，第538—539页。

② 文中在马克思恩格斯经典文献部分有的选用的是1995年版，有的选用的是1972年版或1960年版；有的选用的是选集，有的选用的是全集。之所以选用不同的版本和有选集、全集之分，原因在于：1.1995年版《德意志意识形态》中缺意识形态的现实基础部分；2.本书认为个别部分1972年版或1960年版在用词上比1995年版更准确、全面；3.1995年版选集中只有《英国工人阶级状况》的序言而缺少正文，因此选用的是1965年版的全集。

出的与生产力发展要求相符合的调整和修正的产物，这种调整和修正具体表现为我们大家所熟知的社会大分工。"一个民族内部的分工，首先引起工商业劳动和农业劳动的分离，从而也引起城乡的分离和城乡利益的对立。"[①] 从这个意义上说，"没有分工，就没有城市"[②]。

第一次社会大分工使畜牧业从农业中分离出来，原始群落中出现了在固定地域开展的农业和畜牧业，固定的居民聚居地开始形成，为城镇的产生奠定了最初的基础。对此，马克思和恩格斯向来是给予充分肯定的，认为"氏族内部分工转化而来的社会分工，直接产生和形成了城乡的分化，因而也现实地构成城市聚落产生的直接历史动因"[③]，并认为"物质劳动和精神劳动的最大一次分工，就是城市和乡村的分离"[④]。随着生产力的进一步发展，社会分工更加细化并且日益扩大，在这样的条件下开始出现少量产品的剩余，"第一次使经常的交换成为可能"[⑤]。于是，出现了为满足生活不同需要而进行的剩余产品在一定地点的交换，这种交换"起初是部落与部落之间通过各自的氏族首长来进行"[⑥]，这就使得某一个或某几个以致更多的原始部落的聚居地或边界某地具备了进行商品交换的场所即城镇的某些特性。"用石墙、城楼、雉堞围绕着石造或砖造房屋的城市"，逐渐"成为部落或部落联盟的中心。"[⑦]

"第二次大分工：手工业和农业分离了。生产的不断增长以及随之而来的劳动生产率的不断增长，提高了人的劳动力的价值……奴隶们不再是简单的助手了；他们被成批地赶到田野和工场去劳动。随着生产分为农业和手工业这两大主要部门，便出现了直接以交换为目的的生产，即商品生产；随之而来的是贸易，不仅有部落内部和部落边界的贸易，而且海外贸易也有了。"[⑧] 于是，在一些地理位置优越、交通便利、易于交换的地点，便逐渐形成了专门用于商品交换的现代意义上的城镇。

[①] 《马克思恩格斯选集》第1卷，人民出版社1995年版，第68页。
[②] 布罗代尔：《15至18世纪的物质文明、经济和资本主义》第1卷，生活·读书·新知三联书店1992年版，第570页。
[③] 《马克思恩格斯全集》第3卷，人民出版社1960年版，第24页。
[④] 《马克思恩格斯选集》第1卷，人民出版社1972年版，第56页。
[⑤] 《马克思恩格斯选集》第4卷，人民出版社1995年版，第160页。
[⑥] 同上。
[⑦] 同上书，第163页。
[⑧] 同上书，第163—164页。

"分工的进一步扩大表现为商业和生产的分离"①，即第三次社会大分工，它是"特有的、有决定意义的重要分工：它创造了一个不从事生产而只从事产品交换的阶级——商人"②。商人的出现使各"城市彼此发生了联系"，"随即引起了各城市间在生产上的新的分工，在每一个城市中都有自己的特殊的工业部门占着优势"③，"工业的迅速发展产生了对人手的需要；工资提高了，因此，工人成群结队地从农业地区涌入城市"④。"这些工人必须住在近处，甚至在不大的工厂近旁，他们也会形成一个完整的村镇。他们都有一定的需要，为了满足这些需要，还须有其他的人，于是手工业者、裁缝、鞋匠、面包师、泥瓦匠、木匠都搬到这里来了。这种村镇里的居民，特别是年轻的一代，逐渐习惯于工厂工作，逐渐熟悉这种工作；当第一个工厂很自然地已经不能保证一切希望工作的人都有工作的时候，工资就下降，结果就是新的厂主搬到这个地方来。于是村镇就变成了小城市，而小城市又变成了大城市。"⑤

(二) 城乡融合的制度条件

我们要了解马克思主义经典作家关于城乡融合的制度条件，就要以分析和了解马克思和恩格斯对城乡对立的产生和消灭的思想为出发点。

马克思和恩格斯认为，奴隶制的出现"把城市和乡村的对立作为整个社会分工的基础固定下来"⑥，与"城市本身表明了人口、生产工具、资本、享乐和需求的集中"相反，"在乡村里所看到的却是完全相反的情况：孤立和分散"⑦。"这种对立鲜明地反映出个人屈从于分工，屈从于他被迫从事的某种活动，这种屈从现象把一部分人变为受局限的城市动物，把另一部分人变为受局限的乡村动物，并且每天都不断地产生他们利益之间的对立。"⑧

---

① 《马克思恩格斯选集》第1卷，人民出版社1972年版，第59页。
② 《马克思恩格斯选集》第4卷，人民出版社1995年版，第166页。
③ 《马克思恩格斯选集》第1卷，人民出版社1972年版，第59页。
④ 《马克思恩格斯全集》第2卷，人民出版社1965年版，第296页。
⑤ 同上书，第300—302页。
⑥ 《马克思恩格斯选集》第4卷，人民出版社1995年版，第176—177页。
⑦ 《马克思恩格斯选集》第1卷，人民出版社1972年版，第56页。
⑧ 同上。

那么，这种城乡对立什么时候，需要具备什么样的制度条件才会消失，也就是实现城乡融合需要具备哪些条件，经历怎样的过程呢？马克思和恩格斯认为，"城乡之间的对立只有在私有制的范围内才能存在"①。因此，只有到了未来的共产主义社会，当私有制被消灭、社会的阶级划分和阶级统治都消失的时候，随着阶级和分工的消灭，城乡对立、脑力劳动和体力劳动的对立也将消灭，城乡才会出现融合。并且明确指出，城乡之间对立的消失也是一个持续、漫长的历史过程，它"取决于许多物质前提，而且一看就知道，这个条件单靠意志是不能实现的"②。指出，现在"乡村农业人口的分散和大城市工业人口的集中只是工农业发展水平还不够高的表现"③，"正像不能一下子就把现有的生产力扩大到为建立公有制经济所必要的程度一样"，"只能逐步改造现社会，并且只有在废除私有制所必需的大量生产资料创造出来之后才能废除私有制"④。

这里的"在废除私有制所必需的大量生产资料创造出来之后"，指的是"摆脱了私有制束缚的大工业……给社会提供足够的产品以满足它的全体成员需要"的时候，"资产阶级赖以生产和占有产品的基础本身也就从它的脚下被挖掉了"⑤。"社会划分为各个不同的相互敌对的阶级也就是多余的了"⑥，这时"城市和乡村之间的对立也将消失。从事农业和工业劳动的将是同样的一些人，而不再是两个不同的阶级"⑦。由此，我们可以得出这样的结论，马克思、恩格斯认为，城乡融合的制度条件是私有制的消灭，阶级的消失和以公有制经济为基础的社会制度下物质产品的极大丰富。

虽然马克思和恩格斯由于历史的局限性，没有对已经消灭了私有制和阶级对立的我国的社会主义社会，为什么依然存在着城乡差别做出科学的预见，但我们还是可以从马克思和恩格斯的深刻阐述中，了解和认

---

① 《马克思恩格斯选集》第1卷，人民出版社1972年版，第56页。
② 同上书，第57页。
③ 《马克思恩格斯选集》第1卷，人民出版社1995年版，第243页。
④ 同上书，第239页。
⑤ 同上书，第284页。
⑥ 同上书，第242页。
⑦ 同上书，第243页。

识到我国目前之所以存在城乡差别的根本原因，即我国当前的社会生产力并不发达，物质产品还远未达到极大丰富的程度，还无法"给社会提供足够的产品以满足它的全体成员需要"。

三 西方学者关于中国城镇化制度变迁的理论

（一）城乡发展的制度变迁

在对中国城镇化的发展过程进行分析后，大多数西方专家和学者均认为，中国在城镇化发展问题上，尤其是在城镇化发展的具体制度的变迁上采取的是一种城市偏向的政策。

Kym Anderson 和 Yujiro Hayami（1986）认为，发达市场经济国家在推进城市化的进程中，对其农业和农民进行保护是非常常见的现象。但与这种情况恰恰相反，中国与许多发展中国家一样，国家与农民的关系或者说城乡关系都是强制性的，是城市偏向的政策。[①]

Michael Lipton（1977）认为，在城市与农村的这场城市偏向政策的角逐中，农村拥有大多数贫困和潜在优势的低成本资源，而城市拥有大多数发言权、有力的组织和权力。所以，城市在与农村的对抗中，城市阶级可以赢得大多数回合。[②]

在实践中，这种城市偏向的政策，T. W. Schultz（1986）认为，通常是通过实行所谓的"剪刀差"政策，即通过政府扭曲产品价格和生产要素价格，创造一种不利于农业、农村和农民的政策环境，获得农业剩余以补贴工业化来实现的；Chan（1994）则认为，是通过户籍等制度防止农民进入城市来实现的。[③]

作为一种城市偏向的政策表现，Marton（2002）和 Wei（2000）认为，1978 年以来中国沿海地区特别是东南沿海城市的发展就与国家所

[①] 吴靖：《中国城市化制度障碍与创新——基于城市化制度支持系统的一个分析框架》，博士学位论文，西北大学，2006 年。
[②] 同上。
[③] 同上。

采取的这种城市倾向性的政策有着直接的关联。①

因此,要推进中国的城镇化进程,政府就必须努力消除一系列城市偏向的制度障碍,并要用经济力来鼓励农村人口的迁移。

(二) 城镇化发展滞后的制度因素

在研究和分析导致中国城镇化发展滞后的制度原因时,西方的专家和学者主要形成了两种不同的观点。

一种观点认为,新中国的重工业优先发展战略是导致中国城镇化滞后的主要原因。以 R.J. Krikby、Cannon 和美国华裔学者陈金永为主要代表,他们分别从城市发展、工业布局、资金供给等三个不同的角度进行了论述。

R.J. Krikby(1985)认为,是新中国重工业优先发展的战略直接导致了中国城镇化发展的滞后。他认为,新中国城镇化的缓慢增长是由于过分注重既定的工业化大目标的缘故。为了实现这一目标,中国忽略了城市基础设施的建设和农村经济的扩大生产,因而削弱了城市进一步发展的后劲。②

Cannon(1990)认为,是新中国在特定的历史和政治背景下做出的工业化战略选择,即新中国工业向"三线"地区分散的工业发展布局,导致了工业发展难以形成集聚效应,而这(指集聚效应)恰恰是城镇化发展中最主要的拉动力。正是工业拉动力的不足,才阻碍了中国城镇化的进程。③

陈金永认为,中国的经济发展战略深受苏联模式的影响,经济发展并不是偏向于农村,而是偏向于工业。为了获得和补充重工业优先发展战略中严重不足的发展资金,国家通过计划经济体制下工农业产品剪刀差的办法,把农业发展资金的积累转移到了城市中,转移到了城市工业发展中,使得中国的城镇化"后天不足",这在客观上阻碍了中国城镇

---

① 何念如:《中国当代城市化理论研究(1979—2005)》,博士学位论文,复旦大学,2006年。

② 陈琦:《我国城市化的制度安排与制度创新研究》,硕士学位论文,武汉大学,2005年。

③ 薛凤旋、蔡建明:《研究中国城市化理论学派述评》,《城市地理》1998年第2期。

化的发展。[①]

另一种观点认为，由中国长期以来形成的城市二元结构和计划经济体系所产生的制度障碍才是中国城镇化发展滞后的制度根源。以 Weiskopt Thomas E 和 Seeborg 等人为主要代表。

Weiskopt Thomas E（1980）认为，中国存在着一个源于本国封建社会后期的传统城市体系和一个源于资本主义发达国家影响的城市二元体系。这两个体系的相互作用所产生的制度缺陷，是导致中国城镇化进展缓慢的内在原因。他还认为，中国的城市二元结构有别于其他发展中国家的二元结构：一是二元结构并不明显，一体化程度高，低等级中心与高等级中心有较多重合，便于技术呈等级扩散；二是比例效应法则不鲜明，城市的增长速度与其规模并不呈明显的正相关；三是中小企业在各城市的分布相对均衡。[②]

Lin（2002）则认为，是中国长期以来的计划经济体系所产生的制度障碍导致了中国城镇化发展的滞后。他认为，户籍制度是中国城乡二元社会结构划分的基础条件，从1958年开始，户籍制度就和计划经济下的统购统销制度、人民公社制度、城市劳动力就业和社会福利保障制度等联系在了一起，维持着城乡二元结构的存在和发展，并进而阻碍了中国的城市化进程。[③]

四 国内学者关于我国城镇化制度变迁的理论

国内专家和学者对我国城镇化制度变迁理论的研究涉及面较广，内容较多，成果也比较丰硕。限于篇幅和研究的重点，本书只从城镇化制度供给、制度创新、城镇化滞后的原因和制度变迁四个方面，对一些学者的代表性理论观点作简要介绍。

---

① 刘青海：《中国城市化制度障碍的经济学分析》，硕士学位论文，华南师范大学，2003年。

② 王放：《论中国城市化——兼论现行城市发展方针》，博士学位论文，中国人民大学，1999年。

③ 何念如：《中国当代城市化理论研究（1979—2005）》，博士学位论文，复旦大学，2006年。

（一）关于城镇化制度供给

国内广大学者普遍认为，在现阶段城镇化制度供给中政府的作用必不可少。市场自身制度创新的盲目性和滞后性，决定了在政府制度创新缺位条件下的单纯市场制度创新必然受到压抑，必然导致城镇化有效制度供给不足。政府作为国家城镇化宏观调控与制度创新的主体，能通过提供有效的规则和具有普遍意义的制度规范，维护公平的竞争环境和良好的城市发展秩序，促进城镇化。

辜胜阻认为，在政府主体与非政府主体参与制度安排的社会博弈中，由于政府主体在政治力量对比与资源配置权力上均处于优势地位，所以是决定城镇化方向、速度、形式、战略安排的主导力量，是城镇化的唯一发动者。[1]

陈甬军认为，中国的城镇化是自然的、经济的、人文的发展因素和政府合力的结果，我国政府在过去的几十年中影响城镇化的两个主要作用领域表现在人口户籍制度和投资政策上。因此，逐步消除城镇化的体制壁垒，解除农业人口与非农业人口的流动限制，重置城市投资模式，加强城市基础设施建设，提供城市的"公共产品"服务是政府推动城镇化进程的主要着眼点。[2]

林国先主张，城镇化道路是市场对城镇化起基础性作用而不是政府对城镇化包办一切。城镇化的市场取向不应当也不可以变，但这并不排斥政府的作用。并阐明了政府的制度供给是当前我国城镇化的重要环节，政府要借助"看得见的手"着力供给系列化的制度，营造城镇化的发展机制。[3]

刘传江、杨虹认为，改革开放以后，虽然政府作为城镇化制度变迁中唯一的制度供给者的地位受到了挑战，但即便是在自下而上的城镇化制度安排的基本供给主体是农村社区政府、乡镇企业、城乡家庭或个人

---

[1] 辜胜阻、李正友：《中国自下而上城镇化的制度分析》，《中国社会科学》1998年第2期。

[2] 陈甬军：《问诊中国城市化道路——国内外专家聚首厦门共论中国城市化问题》，《开放潮》2002年第2期。

[3] 林国先：《城镇化道路的制度分析》，《福建农林大学学报》（哲学社会科学版）2002年第3期。

等民间和市场力量的条件下,当今中国社会,自发性的制度安排要想获得必要的生存空间和较好的制度绩效,也要务必征得上级政府的认可或支持。①

刘传江、杨虹与林毅夫的观点基本一致。林毅夫认为,即使是市场主导的诱致性城镇化制度变迁也无法离开国家的推动。因为任何一项制度变迁都需要支付较大的预期成本,而在潜在利益集团与既得利益集中的矛盾和冲突中,以及潜在的利益集团尚未得到充分发展的情况下,自发的个人或组织是难以成为制度有效变迁的主力军,支付较大的制度变迁成本的。"政府有必要冒超一般化的风险去建立一种鼓励个人生动活泼地寻求并创造新的可获利的生产收入流的系统,和一种允许用时间、努力和金钱进行投资并让个人收获他应得好处的系统。具有这种特征的制度安排——更确切地讲,在产品、生产要素和思想方面清楚界定并良好执行的产权系统——本来就是公共货品。它不可能由诱致性制度创新过程建立。没有政府一心一意的支持和强制性的推行,社会上不会存在这样的制度安排。""如果没有由政府提供的秩序稳定性,理性行为也不可能发生。"②

因此,在强调城镇化进程中市场主导作用的同时,我们绝不能否定政府在城镇化过程中的积极作用。政府在城镇化过程中,既要坚持有限性,防止越位,同时也要坚持有效性,防止缺位,做到有所为,有所不为。现阶段,城镇化过程中政府的主要力量应放在强化制度创新,打破原有体制性、制度性障碍上;放在建立起一个能使城镇化与工农业和经济发展相应推进的机制上;放在明确城镇化的发展战略、路径选择和城市功能定位上;放在理顺市场环境,弥补市场失灵,搞好城镇化发展规划,协调城市空间布局上。

(二) 关于城镇化制度创新

国内学者关于城镇化制度创新问题的研究主要体现在两个方面,即

---

① 杨虹、刘传江:《中国自下而上城镇化的制度分析》,《华中理工大学学报》2000 年第 2 期。
② 林毅夫:《关于制度变迁的经济学理论:诱致性变迁与强制性变迁》[EB/OL] (http://www.cnread.net/cnread1/jjzp/k/kesi/ccql/014.htm)。

一方面体现在对制度创新在城镇化发展中必要性和重要性的认识上，另一方面体现在对城镇化制度创新方向和内容的研究上。

在对城镇化发展中制度创新必要性和重要性的认识上，国内代表性的学者主要有刘传江、赵新平、周一星、郭志仪等。

刘传江认为，城镇化作为一种社会结构变迁，其进程不仅体现为表面的数量增长，更重要的是表现在增长的动力机制和制度安排上。中国城镇化水平的低下，主要原因不在于经济发展或工业化水平的低下，而在于制约、影响城镇化发展的社会经济机制。[1]

赵新平、周一星认为，只有把城镇化提到制度创新的高度，对于我国城镇化过程中的种种问题的认识才可能真正到位。在1978年以前，我国城镇化进程中出现的种种问题是因为制度不合理；而1978年以后在城镇化实践上的彷徨则是没有认清制度的强大作用。在新的城镇化制度与机制没有完全建立或理顺的时候，把大量精力花费在城镇化道路问题上是没有意义的。[2]

郭志仪认为，农业、工业和第三产业的发展只是为城镇化奠定了发展平台，是城镇化的重要物质动力，但却不是唯一的动力。制度同样是推动城镇化发展的强大动力，它可以加速或延缓城镇化发展的进程，制约城镇化发展的规模、速度和方向。如果没有制度上的创新，那么即使经济发展已经达到了一定水平，城镇化也必然是步履艰难。在城镇化进程中，根据发展的需要适时做出相应的制度安排，调整和规范相关的政策和措施，是对一个国家和一个地区实现城镇化快速、健康、有序发展的必然要求，也是一个国家和一个地区实现城镇化快速、健康、有序发展的必由之路。[3]

在对城镇化制度创新方向和内容的研究上，主要代表人物有叶裕民、刘平量、曾赛丰等。

叶裕民指出，制度障碍是中国城镇化的最大障碍之一，其作用具有

---

[1] 杨艳琳：《中国城市化发展研究的新成果——评刘传江的中国城市化的制度安排与创新》，《经济评论》1999年第6期。

[2] 赵新平、周一星：《改革以来中国城市化道路及城市化理论研究述评》，《中国社会科学》2002年第2期。

[3] 左学金、朱宇、王桂新：《中国人口城市化和城乡统筹发展》，学林出版社2007年版，第31—42页。

明显的刚性；制度创新是释放城镇化发展空间的重要路径。当前，对中国城镇化影响力最大、最直接的制度主要有户籍制度、土地制度和社会保障制度。户籍制度改革的难点在于如何放开大中城市的户口管理以及改变必须购买商品房的规定；城镇土地制度改革的关键在于建立城镇土地的年租制，降低企业和个人进入城市的门槛；社会保障制度创新的关键在于扩大保障面，根据不同的保障内容实行不同的过渡性的保障办法，逐步将农民工人纳入社会保障系统，为未来20—30年中国切实实现由农村社会向城市社会转换提供制度保障。①

刘平量和曾赛丰也认为，土地制度、户籍制度、社会保障制度是影响城镇化进程的三项主要制度。其中户籍制度是行政强制制度，土地制度和社会保障制度是经济强制制度；户籍制度是保护城市人口利益的制度，土地制度和社会保障制度是限制农村人口利益的制度；土地制度体现为阻碍农村人口进城的限制，社会保障制度体现为制约农村人口进城能力的限制。因此，城镇化制度创新必须以土地制度、户籍制度、社会保障制度为创新重点，同时也要积极推进投资、就业、行政管理与行政区划体制的改革和创新。②

（三）关于城镇化滞后原因的制度分析

郭志仪研究指出，影响城镇化与社会经济协调发展的因素很多，而制度安排是一个重要因素。改革开放前，为优先保证工业化这一首要目标，将城镇化人为地置于从属的受抑制的地位，使中国城镇化进程在刚刚起步之际就受到了明显的制度因素的阻滞。改革开放后，城镇化发展动力机制不足和制度创新滞后也限制了城镇化进程，突出表现为户籍制度、土地制度和社会保障制度的弊端。现行户籍管理制度是计划经济的产物，是我国城乡人口管理中特有的制度安排。虽然我们不能否认它曾有的历史作用，但当前它已严重阻碍了城镇化进程中城乡间正常合理的人口迁移流动，影响了农业人口向城镇转移的规模与速度，延缓了城镇

---

① 叶裕民：《中国城市化的制度障碍与制度创新》，《中国人民大学学报》2001年第5期。

② 刘平量、曾赛丰：《城市化：制度创新与道路选择》，湖南人民出版社2006年版，第25—26页。

化，因此必须加大力度予以改革。最近几年在一些地区出现的城镇化"超前"发展，也主要是错误的制度安排和地方政府急功近利使然。①

温铁军认为，中国城镇化发展滞后的根本原因是国家重工业优先的发展战略。重工业的优先必然导致城乡经济发展中的结构性偏差。随着工业化的推进，国家城乡经济发展中的这种结构性偏差不断扩大，则必然导致城镇化发展停滞不前。另一方面直接导致城乡长期分割的二元户籍制度又进一步加剧了这种状态。②

陈忠指出，城市制度不完善是我国城镇化发展滞后的重要原因；城市制度是城市的深层本质，城市存在的内在依据，城市发展的重要资源；构建与转换城市制度是城市发展进入新时期自觉阶段的根本标志；以制度创新引导社会发展，是我国城镇化跨越式发展的实践路径。③

（四）关于城镇化制度变迁问题

国内学者关于城镇化制度变迁问题的研究主要集中在对城镇化制度变迁方向、变迁模式以及变迁特点等的认识上。

刘维奇、焦斌龙在从新制度经济学的视角对城镇化的内涵进行研究后，认为城镇化就是一种制度变迁，即"所谓城市化，是在工业化进程的推动下，发生的从农村向城市的制度变迁过程"④。

李保江认为，从制度变迁的角度讲，城镇化是以农村人口向城镇转移和集中，以及由此引起的产业——就业结构非农化重组的一系列的制度变迁过程。这一制度变迁的实现有两种基本的模式：强制性的制度变迁模式和诱致性的制度变迁模式。前者是通过政府命令和法律引入，依靠国家权力实现的自上而下的变迁，而后者是由私人主体（个人或群体）在给定的约束条件下，为响应获利机会和实现自身收益最大化而自发倡导、组织和实行的自下而上的变迁。中国城镇化从新中国成立初期起步，之后经历了迂回曲折的发展历

---

① 左学金、朱宇、王桂新：《中国人口城市化和城乡统筹发展》，学林出版社2007年版，第3—4页。
② 刘青海：《中国城市化制度障碍的经济学分析》，硕士学位论文，华南师范大学，2003年。
③ 陈忠：《城市制度：城市发展的核心构架》，《城市问题》2003年第4期。
④ 戴为民：《国内外城市化问题研究综述》，《特区经济》2007年第5期。

程。1978年以前主要以政府主导的强制性变迁为主，而农村改革后则主要以在市场力量诱导下由农民群体和个人自发倡导、组织与实行的诱致性变迁为主。①

辜胜阻、李正友认为，与政府发动的强制性城镇化制度变迁相比，中国由农村经济利益主体在抓住产业非农化获利机会时自发倡导、组织促成的自下而上的城镇化制度变迁具有三个特点：（1）发动和投资主体是农村社区政府、乡镇企业、农民家庭或个人等民间力量。（2）动力是农业剩余劳动力的压力和农民追求收益最大化综合作用的结果。（3）调节机制是市场原则，要素的流动主要靠市场调节等。②

崔功豪、马润潮认为，自下而上城镇化制度变迁中的"下"除主要体现在发动和投资主体是农村社区政府、乡镇企业、农民家庭或个人等民间力量外，还体现在城镇化发生、发展的地域和层次在"下"——乡和镇一级，即在广大农村地区，城镇化人口来源以来自农村的就地转移为主。③

---

① 李保江：《中国城镇化的制度变迁模式及绩效分析》，《山东社会科学》2000年第4期。

② 辜胜阻、李正友：《中国自下而上城镇化的制度分析》，《中国社会科学》1998年第2期。

③ 崔功豪、马润潮：《中国自下而上城市化的发展及其机制》，《地理学报》1999年第3期。

第二章

中国特色城镇化制度变迁

本章研究的主要内容是：中国特色城镇化发展历程；中国特色城镇化制度变迁；中国特色城镇化制度绩效评价。主要是从制度角度回顾我国所走过的城镇化道路，具体考察对我国城镇化发展有重要影响的土地制度、户籍制度、就业制度和社会保障制度等制度变迁的过程和内容，并对上述四个方面制度的绩效进行分析和评价，从而进一步明晰现存制度的缺陷和不足。

一 中国特色城镇化发展历程

中国特色城镇化的"特"，就"特"在新中国独特的城镇化发展背景和改革开放后独特的城镇化发展模式。主要表现在：（1）独特的城镇化发展背景。新中国成立后，在政治上，一方面是国际上帝国主义势力对我包围封锁，企图扼杀我新生的人民政权，战争的威胁时刻存在；另一方面新生的人民政权和中国共产党人还缺乏国内建设的经验。在经济上，国内生产力水平落后，国民经济已处于崩溃的边缘，百废待兴。在发展战略上，选择什么样的发展道路，采取怎样的发展模式来实现国家的富强、民族的独立，建立独立完整的国民经济体系和工业体系，成了党和国家必须面对的艰难抉择。而这时苏联社会主义建设取得的巨大成就及成功经验，对我们形成了强大的吸引力，最终我们选择了模仿苏联进行社会主义建设的发展模式——重工业优先发展模式，建立了中央集权的计划经济体制，实行了低经济水平下的高积累政策和重工业优先发展战略，并逐渐形成了与重工业优先发展相配套的城乡分治色彩较为浓厚的户籍制度、土地制度、就业制度、社会保障制度等二元经济和社会结构。（2）独特的城镇化发展模式。改革开放前，在重工业优先发展战略下，我国形成了由国家（政府）主导的自上而下的城乡分割的城镇化发展模式。改革开放后，我国以经济体制改革为先导，兴起了新一轮的城镇化发展高潮。但是是优先发展大城市，还是发展中小城市，抑或发展小城镇，则曾长期困扰着我国城镇化发展的理论与实践，阻碍着城镇化发展的步伐。进入21世纪，我们逐渐认识到了发展大城市有利于辐射全球，发展中等城市有利于服务区域，发展小城镇有利于服务广大农村，不同的城市具有不同的功能、地位和作用，不可能相互替代。尤其是我国各地经济发展水平和区域发展程度不同，不能搞一刀切，单纯地强调某一种发展模式。基于这样一种共识，最终选择了大中小城市和小城镇相结合的多元城镇化发展模式。

按照新中国成立以来我国城镇化的发展轨迹，我们可以以1978年改革开放为分水岭，将我国城镇化发展历程划分为两个不同的时期：1949—1978年改革开放前的曲折发展期和1978年改革开放以后的快速发展期。

（一）1949—1978年改革开放前：城镇化曲折发展时期

这一时期我国城镇化的发展又可以大体划分为两个不同的阶段，即1949—1957年城镇化稳定发展阶段，1958—1978年城镇化不稳定发展阶段。

1. *1949—1957年：城镇化稳定发展阶段*

早在新中国成立前召开的七届二中全会上，党中央就明确指出了，"党的工作重心必须由乡村转移到城市，城市工作必须以生产建设为中心"和"中国由农业国转变为工业国……的发展方向"[①]。新中国成立以后到1957年第一个五年计划完成时期，党和国家正是遵循着这一战略方针，开始实施了国家的经济建设和社会发展战略。这一时期，国家集中力量开展苏联帮助设计的156个建设项目和694个限额以上的重点项目的实施。随着国民经济的恢复和社会主义建设的全面展开，大批农

---

① 《毛泽东选集》第4卷，人民出版社1991年版，第1424—1439页。

村人口进入城市和工矿就业,由此也揭开了新中国城镇化发展的序幕,迎来了新中国城镇化发展史上的第一个黄金发展期。

这一时期,主要表现为:(1)经济发展与城镇化同步进行。一五期间,我国国民收入年均增长8.9%,工农业总产值年均增长10.9%,其中工业总产值年均增长率达到18%。[1] 同一时期我国的城镇化水平也有了较大提高。新中国成立初期,我国只有城市136座,[2] 城市人口5765万人(同期农村人口为48402万人),城市人口占全国总人口的比重为10.6%。到1957年城市数量则增加到了176座,增加了29%,城市人口则达到了9949万人(同期农村人口为54704万人),[3] 增加了72.58%,城市人口占总人口的比重上升到了15.39%。8年间平均每年新增城市人口523万人,年均增长率为0.6%。不仅诞生了一批新兴工业城市,如纺织机械工业城市榆次,煤炭城市鸡西、双鸭山、焦作、平顶山、鹤壁和钢铁城市马鞍山,石油城市玉门等,而且一些老城市也得到了大规模的扩建,如鞍山、本溪、哈尔滨、齐齐哈尔、长春等。(2)城镇发展得到了初步规范。1954年颁布的《中华人民共和国宪法》明确规定了镇的设置,1955年国务院颁布的《中华人民共和国关于设置市镇建制的决定和标准》则又进一步规范了市镇设置人口下限和具体条件。设市标准规定:"聚居人口10万人以上的城镇可以设置市的建制;聚居人口不足10万的城镇,必须是重要工矿基地、省级地方国家机关所在地、规模较大的物资集散地或者边远地区的重要城镇,并确有必要时方可设置市的建制。"设镇标准规定:"县级或县级以上地方国家机关所在地,可以设置镇的建制;不是县级或县级以上地方国家机关所在地,必须是聚居人口2000人以上,有相当数量的工商业居民,并确有必要时方可设置镇的建制。"[4]

2. 1958—1978年:城镇化不稳定发展阶段

这一时期,由于受极"左"思想的影响,国家对经济社会发展的形

---

[1] 高寿仙:《1949年以来的中国城市化进程回顾与反思》,《湖南科技学院学报》2005年第3期。
[2] 汪冬梅:《中国城市化问题研究》,中国经济出版社2005年版,第82页。
[3] 陈颐:《中国城市化和城市现代化》,南京出版社1998年版,第43页。
[4] 宋俊岭、黄序:《中国城镇化知识15讲》,中国城市出版社2001年版,第26页。

势估计过于乐观，而出现了急于求成，盲目要求高速度的倾向，错误实施了大跃进、人民公社化运动和"文化大革命"，使得我国在经济和社会发展上先后出现了严重失误，原本正常稳定发展的城镇化也受到了极大的影响，出现了大起大落和停滞不前的偏态发展现象。20 年间，全国城镇化水平仅从 1958 年的 16.25% 提高到了 1978 年的 17.92%，平均每年只提高 0.08 个百分点。

城镇化发展上的大起大落，表现为 1958—1960 年的大起和 1961—1965 年的大落。从 1958 年开始，我国实施大跃进的发展政策和人民公社化运动，使工业化出现了"爆发式"的发展，大批农民涌入城市，城市人口骤然增加。从 1958 年到 1960 年的 3 年间城市人口从 10721 万人猛增到了 13073 万人，共新增城市人口 2352 万人，年均增加 784 万人，城市人口占总人口的比重从 16.2% 迅速上升到 19.7%，年均提升 1.2 个百分点，[①] 成为我国城镇化水平提升最快的年份。从 1961 年开始，国家实施"调整、巩固、充实、提高"的方针，对前一时期的过热现象进行治理整顿。动员更多的城市劳动力回到农村参加农业生产；调整城市工业项目，压缩城市人口，撤销不够条件的市镇设置，限制人口流动；加之三年自然灾害，又使城市人口出现了骤然下降。城市人口从 1960 年的 13073 万人下降为 1965 年底的 13045 万人，城市人口占总人口的比重从 19.7% 下降到 18%。如果按与 1960 年可比的市镇非农业人口计算，1965 年为 10170 万人，比 1960 年减少 2903 万人，平均每年减少 581 万人，年均递减为 5.4%，占总人口的比重相应地下降为 14%，下降了 5.7 个百分点，年均下降 1.1 个百分点，[②] 成为我国城镇化水平下降最快的年份。

城镇化发展上的停滞不前，表现为从 1966 年到 1978 年的 13 年间城镇化水平始终停留在 18% 左右的原点上。从 1966 年开始，我国进入了"文化大革命"的十年动乱时期，经济萎缩，工农业生产停滞，知识分子上山下乡和三线建设等更是使得城镇化进程雪上加霜。1966 年我国城市人口为 13313 万人，城市人口占全国总人口的比重为 17.9%，1978 年城市人口为 17245 万人，城市人口占全国总人口的比重仍为

---

① 武力：《1978—2000 年中国城市化进程研究》，《中国经济史研究》2002 年第 3 期。
② 浦善新：《走向城镇化：新农村建设的时代背景》，中国社会出版社 2006 年版，第 73 页。

17.9%,① 与1966年"文化大革命"开始前持平。

（二） 1978年改革开放以后：城镇化全面恢复与快速发展时期

以党的十一届三中全会为转折点，我国城镇化结束了曲折发展的历史，进入了全面恢复与快速发展时期。假如以1957年城市人口占总人口的比重15.39%为基准，以1949—1957年城镇化稳定发展阶段的年均城镇化增长率0.6%为发展标准，那么到1978年时如果我国城镇化没有经过不稳定的发展阶段，则正常的城镇化水平应为27%左右。据此，我们可以把在1978年以后，城镇化水平达到27%以前的城镇化发展时期看作是对1978年改革开放前城镇化发展不足的一种补偿，称之为补偿性发展阶段。同时，根据纳瑟姆曲线②对城镇化发展的阶段性划分，我们可以把我国城镇化水平突破30%前的发展阶段，称之为平稳发展阶段，突破30%后的发展阶段，称之为城镇化快速发展阶段。据此，1978年改革开放以后城镇化全面恢复与快速发展时期，可以划分为三个阶段，即1979—1991年的城镇化补偿性发展阶段，1992—1995年城镇化平稳发展阶段和1996年到现在的城镇化快速发展阶段。如表2-1所示。

表2-1　　　　1979年至今，城镇化全面恢复与快速发展
时期阶段划分

阶段	年份	城镇人口占全国总人口比重（%）	乡村人口占全国总人口比重（%）
补偿性发展阶段	1979	18.96	81.04
	1980	19.39	80.61
	1981	20.16	79.84

---

① 武力：《1978—2000年中国城市化进程研究》，《中国经济史研究》2002年第3期。
② 世界城镇化发展有一个共同规律——这就是著名的"纳瑟姆曲线"，它是1979年由美国城市地理学家Ray. M. Northam首先发现并提出的。纳瑟姆曲线表明发达国家的城镇化大体上都经历了类似正弦波曲线上升的过程。这个过程包括两个拐点：当城镇化水平在30%以下，代表经济发展势头较为缓慢的准备阶段，这个国家尚处于农业社会；当城镇化水平超过30%时，第一个拐点出现，代表经济发展势头极为迅猛的高速阶段，这个国家进入工业社会；城镇化水平继续提高到超过70%之后，出现第二个拐点，代表经济发展势头再次趋于平缓的成熟阶段，这时，这个国家也就基本实现了现代化，进入后工业社会。根据《2004—2005年中国社会形势回顾与展望》的报告，我国城镇化进程的第一个拐点出现在1996年。

续表

阶段	年份	城镇人口占全国总人口比重（%）	乡村人口占全国总人口比重（%）
补偿性发展阶段	1982	21.13	78.87
	1983	21.62	78.38
	1984	23.01	76.99
	1985	23.71	76.29
	1986	24.52	75.48
	1987	25.32	74.68
	1988	25.81	74.19
	1989	26.21	73.79
	1990	26.41	73.59
	1991	26.94	73.06
平稳发展阶段	1992	27.46	72.54
	1993	27.99	72.01
	1994	28.51	71.49
	1995	29.04	70.96
快速发展阶段	1996	30.48	69.52
	1997	31.91	68.09
	1998	33.35	66.65
	1999	34.78	65.22
	2000	36.22	63.78
	2001	37.66	62.34
	2002	39.09	60.91
	2003	40.53	59.47
	2004	41.76	58.24
	2005	42.99	57.01
	2006	43.90	56.10

资料来源：1985年以前的数据根据武力《1978—2000年中国城市化进程研究》（《中国经济史研究》2002年第2期）等相关数据整理而成；1985年以后的数据根据国家统计局《中国统计年鉴（1996）》［EB/OL］（http：//www.stats.gov.cn/ndsj/information/zh1/c011a）和国家统计局《中国统计年鉴（2007）》［EB/OL］（http：//www.stats.gov.cn/tjsj/ndsj/2007/indexch.htm）等相关数据整理而成。

1. 1979—1991年：城镇化补偿性发展阶段

伴随着以家庭联产承包责任制为标志的农村经济体制改革和以党的

十二届三中全会通过的《中共中央关于经济体制改革的决定》为标志的城市经济体制改革的全面展开，我国的城镇化进入了补偿性发展阶段。在这一阶段，改革开放成为城镇化发展的强大驱动力，主要表现为：（1）制定和修改了一系列城镇化发展方针和政策，明确了我国城镇化发展的方向。1978年3月，国务院在北京召开了第三次全国城市工作会议，制定了《关于加强城市建设工作的意见》，提出了控制大城市规模，多搞小城镇的方针，这是我国第一次明确提出城市发展方针。1980年12月，国务院批转了《全国城市规划工作会议纪要》，进一步提出了"控制大城市规模，合理发展中等城市，积极发展小城市"[①]的城市发展基本方针。1984年1月，国务院发布的《城市规划条例》则进一步确认了这一方针，这是我国第一次以行政法规形式确认的城市发展方针。1989年12月26日通过的《中华人民共和国城市规划法》第四条明确规定，"国家实行严格控制大城市规模、合理发展中等城市和小城市的方针，促进生产力和人口的合理布局"[②]，这是我国第一次以法律的形式确定城市发展方针。1984年和1986年国务院又先后两次修改了城镇建制标准，将设镇标准降低为不足2000人时也可建镇，将设市非农业人口标准由原来的10万人降低为6万人。这些方针政策的制定和执行在我国的城市发展史上具有非常重要的意义，对于推进我国的城镇化发挥了极其重要的作用。[③]（2）城乡经济体制改革，促进了城镇化水平的迅速恢复。一方面，农村家庭联产承包责任制改革，极大地调动了农民的生产积极性，促进了农业生产力水平的提高，大量农村剩余劳动力开始涌现，并向城市和非农产业转移。同时，由于国家对粮食统购统销制度进行改革，放松了对农民迁移的限制，开始允许农民自带口粮进入县城以下集镇落户，这些都极大地带动和促进了城镇化水平的提高。另一方面，城市经济体制改革的展开和乡镇企业的异军突起，使劳动密集型企业和轻工业迅猛发展，一些城市和工矿企业（如建筑、采

[①]《国务院批转全国城市规划工作会议纪要》[EB/OL]（http://www.cin.gov.cn/gc-wzcfb/200611/t20061101_4410.htm）。

[②]《中华人民共和国城市规划法》[EB/OL]（http://www.chinaorg.cn/zcfg/01_fl/2007-08/28/content_5118226.htm.2007-08-28）。

[③] 李秉仁：《关于我国城市发展方针的回顾与思考》，《城市发展研究》2002年第3期。

矿、纺织、环卫等）普遍出现了招工难，产生了对农村剩余劳动力的巨大需求。在城乡经济体制改革双重推拉机制的作用下，1991年我国的城镇化迅速恢复到了26.94%的水平。

2. 1992—1995年：城镇化平稳发展阶段

1992年邓小平南巡谈话和十四大的召开，确立了我国社会主义市场经济体制改革的总目标，标志着我国改革开放进入了新的发展阶段。这一时期，随着我国全方位对外开放格局的形成，以原有城市改造、开发区建设和北京、上海等国际性大都市建立为核心的城镇化在全国全面展开，城市数量明显增加，农村剩余劳动力转移明显加快，规模日趋扩大。据统计，1992—1995年城市数量由517座增加到了640座，3年间增加了123座，年均增加41座。其中，1992—1993年城市数量由517座增加到了570座，增加了53座；1993—1994年城市数量由570座增加到了622座，增加了52座；1994—1995年城市数量由622座增加到了640座，增加了18座。① 同期，城市人口由32175万人增加到了35174万人，3年间增加了2999万人，年均增加近1000万人。其中，1992—1993城市人口由32175万人增加到了33173万人，增加了998万人；1993—1994城市人口由33173万人增加到了34169万人，增加了996万人；1994—1995城市人口由34169万人增加到了35174万人，增加了1005万人（见表2-2）。从1992—1995年城镇化的统计数据看，无论是城市数量的增加，还是城市人口的增长都呈现出了明显的平稳发展、稳定增长的发展态势。

3. 1996年到现在：城镇化快速发展阶段

到1996年，我国城市人口已达到了37304万人，城市人口占总人口的比重突破30%，达到了30.48%，并总体上呈现出加快发展的态势。尤其是进入21世纪以后，伴随着工业化水平的迅速提高和人口转移速度的加快，我国城镇化更是进入了良性发展的快车道，目前正处于由第二阶段向第三阶段，即由城镇化加速发展阶段向城镇化完成阶段的发展过渡期，城镇化进程明显加快。具体年度城镇化发展情况见表2-2。

---

① 国家统计局：《中国统计年鉴（1993—1996）》，中国统计出版社1993—1996年版，第3页。

表 2 – 2　　　　　　1991—2006 年我国城镇化发展情况　　　　　　单位：万人

年份	年底总人口	按城乡分			
		城镇总人口		乡村总人口	
		人口数	比重（%）	人口数	比重（%）
1991	115823	31203	26.94	84620	73.06
1992	117171	32175	27.46	84996	72.54
1993	118517	33173	27.99	85344	72.01
1994	119850	34169	28.51	85681	71.49
1995	121121	35174	29.04	85947	70.96
1996	122389	37304	30.48	85085	69.52
1997	123626	39449	31.91	84177	68.09
1998	124761	41608	33.35	83153	66.65
1999	125786	43748	34.78	82038	65.22
2000	126743	45906	36.22	80837	63.78
2001	127627	48064	37.66	79563	62.34
2002	128453	50212	39.09	78241	60.91
2003	129227	52376	40.53	76851	59.47
2004	129988	54283	41.76	75705	58.24
2005	130756	56212	42.99	74544	57.01
2006	131448	57706	43.90	73742	56.10

资料来源：根据国家统计局《中国统计年鉴（2007 年）》［EB/OL］（http://www.stats.gov.cn/tjsj/ndsj/2007/indexch.htm）等相关数据整理而成。

统计数据显示，1991—2006 年，我国城镇化水平平均每年提高 1.09 个百分点；其中，1996—2006 年，城镇化水平平均每年提高 1.22 个百分点。如果以我国 2006 年 43.90% 的城镇化率为基数，按照 1991—2006 年城镇化水平平均每年提高 1.09 个百分点的速度计算（而且比对城镇化发展的一般规律和国际经验，在城镇化成长期，早期工业化国家城镇化率年均增长 0.3—0.7%，后工业化国家城镇化率年均增长 0.8—1.2%，[①] 1.09% 的城镇化增长率也是合理的），到 2012 年时我国城镇化率就会突破 50%，达到 50.44%，基本实现城镇化；到 2030

---

① 马凯：《"十一五"规划战略研究》（上），北京科学技术出版社 2005 年版，第 652 页。

年时我国的城镇化率将达到70.06%，进入稳定完成阶段，城乡差别逐渐消失，城乡一体化协调发展。具体预测情况见表2-3。

表2-3　　　　2009—2030年我国城镇化发展水平年度预测

年份	城镇化率（%）	年份	城镇化率（%）
2009	47.17	2020	59.16
2010	48.26	2021	60.25
2011	49.35	2022	61.34
2012	50.44	2023	62.43
2013	51.53	2024	63.52
2014	52.62	2025	64.61
2015	53.71	2026	65.70
2016	54.80	2027	66.79
2017	55.89	2028	67.88
2018	56.98	2029	68.97
2019	58.07	2030	70.06

说明：因发展差异，具体年度城镇化率可能略高或略低于该预测数值。

二　中国特色城镇化制度变迁

中国特色城镇化制度选择与变迁是一个复杂的制度体系，其具体内容既涉及土地制度、户籍制度、就业制度和社会保障制度，同时也涉及城市管理制度、国家产业制度、投融资制度、教育制度等配套制度，但前者是目前我国城镇化进程中最大、最直接的阻碍因素，也是当前以及今后一段时期内我国城镇化进程中制度创新的重点。因此，对土地制度、户籍制度、就业制度和社会保障制度进行总结和分析，也就理所当然地成为中国特色城镇化制度选择与变迁的考察重点。

（一）土地制度变迁

新中国成立以后，我国土地制度先后经历了三次较大的制度选择与变迁。

第一次：1949—1952年，废除封建地主土地所有制，实行农民土地所有制。

1950年6月28日，中央人民政府委员会第八次会议通过了《中华人民共和国土地改革法》。该法以《中国人民政治协商会议共同纲领》中第三条规定的"有步骤地将封建半封建的土地所有制改变为农民的土地所有制"[①]为总原则，确定了废除地主阶级封建剥削的土地所有制，实行农民的土地所有制，借以解放农村生产力，发展农业生产，为新中国工业化开辟道路的改革目标。该法规定，没收地主的土地、耕畜、农具、多余的粮食及其在农村中多余的房屋，但地主的其他财产不予没收。征收祠堂、庙宇、寺院、教堂、学校和团体在农村中的土地及其他公地，但对依靠上述土地收入以维持费用的学校、孤儿院、养老院、医院等事业，应由当地人民政府另筹解决经费的妥善办法。清真寺所有的土地，在当地回民同意下，得酌予保留。保护工商业，不得侵犯。地主兼营的工商业及其直接用于经营工商业的土地和财产，不得没收。不得因没收封建的土地财产而侵犯工商业。工商业家在农村中的土地和原由农民居住的房屋，应予征收，但其在农村中的其他财产和合法经营，应加保护，不得侵犯。保护富农所有自耕和雇人耕种的土地及其他财产，不得侵犯。富农所有之出租的小量地，亦予保留不动，但在某些特殊地区，经省以上人民政府的批准，得征收其出租土地的一部或全部。半地主式的富农出租大量土地，超过其自耕和雇人耕种的土地数量者，应征收其出租的土地。富农租入的土地应与其出租土地相抵计算。保护中农（包括富裕中农在内）的土地及其他财产，不得侵犯。所有没收和征收得来的土地和其他生产资料，除本法规定收归国家所有者外，均由乡农民协会接收，统一地、公平合理地分配给无地少地及缺乏其他生产资料的贫苦农民所有。对地主亦分配给同样的一份，使地主也能依靠自己的劳动维持生活，并在劳动中改造自己。新中国成立后开垦的荒地，在分配土地时不得没收，仍归原垦者耕种，不计入应分土地数目之内。土地改革完成后，由人民政府发给土地所有证，并承认一切土地所有者自由经营、买卖及出租其土地的权利。土地制度改革以前的土地契约，一律作废。[②]同年6月30日《中华人民共和国土地改革法》公布实施。自

---

① 《中国人民政治协商会议共同纲领》[EB/OL]（http：//maobo.7x.com.cn/maoxuan/wenxian/zhengxie.html）。

② 《中华人民共和国土地改革法》[EB/OL]（http：//www.e-law.cn/100/188663.html）。

此，中国历史上规模最大的土地改革运动在全国范围内迅速展开。到1953年春，除中央决定暂不进行土地改革的一些少数民族地区外，中国大陆范围内的土地改革运动基本结束。这是一次将土地所有权、经营权、使用权都收归农民的土地制度改革。经过改革彻底打破了封建地主阶级土地所有制，将土地按人平分给了农民，实现了"耕者有其田"。

第二次：1953—1978年，改革农民土地所有制，实行集体所有统一经营的土地制度。

废除封建地主土地所有制，实行农民土地所有制，虽然调动了农民的生产积极性，促进了农村生产力的发展，但却无法从根本上改变一家一户的农业经营方式技术落后、生产力水平低的状况，当然更无法满足国家工业化建设对农业发展的需求，这就必然要对其进行再次变革。

1953年6月，毛泽东在中央政治局会议上提出了过渡时期的总路线和总任务，12月形成了完整的表述，即"从中华人民共和国成立，到社会主义改造基本完成，这是一个过渡时期。党在这个过渡时期的总路线和总任务，是要在一个相当长的时期内，逐步实现国家的社会主义工业化，并逐步实现国家对农业、手工业和资本主义工商业的社会主义改造"[①]。对农业和农村土地制度进行改革成为其中的重要内容，实行集体所有统一经营成为这一时期土地制度改革的目标取向。这一改革目标的完成主要是在农业生产互助组基础上通过初级农业生产合作社、高级农业生产合作社和人民公社化运动逐步建立和形成的，是土地制度的又一次重大变革。农业生产互助组主要是一种互帮互助的生产联合，土地等生产资料仍属农民个人所有，自愿加入，具有一种过渡性。初级农业生产合作社是以土地入股和统一经营为特点，实行集体劳动，产品分配则采取按劳分配和土地入股分红相结合，在不改变农民土地所有制基础上具有了一定的土地集中经营的特点。发展到高级农业生产合作社时，土地等生产资料则由农民个人所有转变成了合作社集体所有，实行集体经营。[②]

[①] 中共中央文献研究室编：《建国以来重要文献选编》，中央文献出版社1993年版，第700—701页。

[②] 编写组：《毛泽东思想和中国特色社会主义理论体系概论》，高等教育出版社2008年版，第87页。

1958年开始的人民公社化运动虽然没有从根本上改变土地等生产资料集体所有制的性质，但在公有的程度上则是越来越高。逐步建立起了土地等生产资料集体所有、集体经营，三级所有、队为基础的所有制结构，即土地和其他主要农业生产资料分别归人民公社、生产大队、生产队三级集体经济所有和经营，各自独立核算，自负盈亏，但生产队是三级所有中最基本和最主要的部分。其中，公社所有的土地较少，生产资料主要是生产大队和生产队无力经营或不宜经营的林场、畜牧场、渔场、农机站，较大的工商业以及农业基础设施。公社的土地和财产归全公社农民集体所有，由公社统一经营。生产大队所有的土地也比较少，它主要经营生产队无力经营和不宜经营的公用性生产资料。生产大队的土地和财产归大队全体农民所有，由生产大队统一经营。生产队是土地的主要所有者，它占有90%左右的农村耕地以及宜于它经营的其他公用生产资料。[①] 这种集体所有、统一经营的土地制度一直延续到1978年家庭联产承包责任制改革前。

第三次：1978年以后，改革集体所有统一经营的土地制度，实行家庭联产承包责任制。

1978年12月，安徽省凤阳县小岗村的农民首先发起了以包干到组、包干到户为主要形式，以实现土地等生产资料所有权和经营权相分离为主要内容的农村土地制度改革运动，由此揭开了中国新一轮土地制度改革的序幕。

1979年9月28日，十一届四中全会通过的《中共中央关于加快农业发展若干问题的决定》强调指出，"可以在生产队统一核算和分配的前提下，包工到作业组，联系产量计算劳动报酬，实行超产奖励"[②]，从而突破了原有土地等生产资料集体所有、集体经营，三级所有、队为基础的制度结构的限制，实现了包工到组、联产计酬。1980年9月27日，中共中央印发了《关于进一步加强和完善农业生产责任制的几个问题》（即《1980年9月14日至22日，各省、市、自治区党委第一书记座谈会纪要》），进一步指出："两年来，各地干部和社员群众从实际出

[①] 王景新：《中国农村土地制度的世纪变革》，中国经济出版社2001年版，第15—16页。
[②] 中共中央文献研究室编：《十一届三中全会以来党的历次全国代表大会中央全会重要文件选编》（上），中央文献出版社1997年版，第40页。

发,解放思想,大胆探索,建立了多种形式的生产责任制……各级领导,应当和广大群众一道总结正反两个方面的经验,帮助社队把生产责任制加以完善和提高。""在生产队统一经营的条件下,分工协作,擅长农业的劳动力,按能力大小分包耕地;擅长林、牧、副、渔、工、商各业的劳动力,按能力大小分包各业;各业的包产,根据方便生产、有利经营的原则,分别到组、到劳力、到户;生产过程的各项作业,生产队宜统则统,宜分则分。"① 1982年1月1日,中共中央批转《全国农村工作会议纪要》。《纪要》指出:"包干到户是建立在土地公有基础上的……它不同于合作化以前的小私有的个体经济,而是社会主义农业经济的组成部分。随着生产力的发展,它将会逐步发展成更为完善的集体经济。""联产就需要承包,联产承包的运用,可以恰当地协调集体利益与个人利益,并使集体统一经营和劳动者自主经营两个积极性同时得到发挥"②,从而基本奠定了家庭联产承包责任制的改革取向。

到1983年底,全国实行家庭联产承包责任制涉及农户占农户总数的94.5%,③基本完成了以家庭联产承包责任制为核心的土地制度改革。在家庭联产承包责任制度确立之后,土地制度的改革主要就体现在稳定和完善土地承包经营权以及规范土地使用权流转等方面,目前这项工作仍在继续。

(二) 户籍制度变迁

在对新中国成立后户籍制度运行和发展的轨迹进行分析后,我们发现新中国的户籍制度大致经历了以下三个发展阶段。

第一个阶段:1949—1957年,非限制性人口政策运行阶段。

新中国的户籍管理始于1951年。1951年7月16日公安部公布了新中国成立以来的第一个户籍管理制度——《城市户口管理暂行条例》(十二条),开始由人民公安机关对城市居民依属地进行户口的登记与

---

① 《中共中央印发〈关于进一步加强和完善农业生产责任制的几个问题〉的通知》[EB/OL](http://news.xinhuanet.com/ziliao/2005-02/04/content_ 2547020.htm)。

② 《中共中央批转〈全国农村工作会议纪要〉》[EB/OL](http://news.xinhuanet.com/ziliao/2002-03/04/content_ 2543075.htm)。

③ 孙晓明、刘晓昀、刘秀梅:《中国农村劳动力非农就业》,中国农业出版社2005年版,第29页。

管理，但《条例》中没有任何限制自由迁移的内容。其中，《条例》第一条明确规定了《条例》制定的目的，是为了"维护社会治安，保障人民之安全及居住、迁徙自由"。第五条则对户口的自由迁出、迁入和新出生婴儿的户口登记进行了具体规定，"凡迁出者，须于事前向当地人民公安机关申报迁移，注销户口，发给迁移证（同一公安派出所辖区内之迁移不发给迁移证）。凡迁入者，须于到达住地三日内，向当地公安派出所申报入户。有迁移证者，应呈缴迁移证；无迁移证者，应补交其他适当证件。婴儿出生后一月内，由户主或其父母申报之"[1]。1954年颁布的《中华人民共和国宪法》第九十条再次确认了"中国公民具有居住自由和迁徙自由"[2] 的权利。1955年6月，国务院全体会议通过了《国务院关于建立经常户口登记制度的指示》，建立了城乡人口按居住地进行户口登记的制度，也同样没有对人口的自由迁徙进行任何的限制性规定。之后，于1956年12月30日国务院发出的《关于防止农村人口盲目外流的指示》和1957年12月18日中共中央、国务院联合发出的《关于制止农村人口盲目外流的指示》，虽有限制人口自由迁移的倾向，但其实质都是为了预防和制止农民盲目流动，进入城市，对经济发展和社会稳定造成不良影响的一种临时、应急措施，而并没有上升到国家制度的范畴，也并没有限制人口迁徙的自由。可见，1949—1957年我国实行的是非限制性的人口政策，人们享有迁徙的自由。

第二个阶段：1958—1984年，限制性户籍制度实施阶段。

我国对人口的自由迁徙进行限制始于1958年。1958年1月9日全国人民代表大会常务委员会通过了《中华人民共和国户口登记条例》，开始将人口迁徙的限制性管理纳入了户籍管理之中。该条例第十条规定，"公民由农村迁往城市，必须持有城市劳动部门的录用证明、学校的录取证明或者城市户口登记机关的准予迁入的证明，向常住地户口登记机关申请办理迁出手续。公民迁往边防地区，必须经过常住地县、

---

[1] 《城市户口管理暂行条例》[EB/OL]（http://www.e-law.cn/100/188632.html）。
[2] 《中华人民共和国宪法》[EB/OL]（http://www.publaw.org/gfpl/gfpl_gfwx/200703/t20070318_12464.htm）。

市、市辖区公安机关批准"①。自此,城乡间壁垒森严的二元户籍制度在我国开始逐渐形成。

1962年12月8日公安部通过的《关于加强户口管理工作的意见》和1964年8月14日国务院批转的《公安部关于户口迁移政策规定》则进一步强化了对城乡间人口自由迁徙的限制。其中,《关于加强户口管理工作的意见》明确规定,对农村迁往城市的,必须严格控制;城市迁往农村,应一律准予落户,不要控制;城市之间必要的正常迁移,应当准许,但中小城市迁往大城市的,特别是迁往北京、上海、武汉、广州等特大城市的,要适当控制。②1975年第四届全国人大一次会议修改宪法时,甚至删除了1954年宪法规定的"公民有居住和迁徙的自由"。1977年国务院批转了《公安部关于处理户口迁移的规定》,重申了1964年《关于户口迁移政策规定》的内容,并对农村人口迁往城镇,对农业人口转为非农业人口,对迁往北京、上海等特大城市的人口进行了更加严格的限制。此后,严格限制人口自由迁徙的户籍管理制度一直没有大的变动,直到1984年。

可见,1958—1984年我国实行的是城乡分割的户籍管理制度,其重要内容之一就是严格限制人口的自由迁徙。

第三个阶段:1984年至今,城乡分割、壁垒森严的户籍管理制度逐渐弱化阶段。

以1984年10月13日《国务院关于农民进入集镇落户问题的通知》颁发为标志,开始了新中国户籍制度改革的步伐。《通知》规定:"凡申请到集镇务工、经商、办服务业的农民和亲属,在集镇有固定住所,有经营能力,或在乡镇企事业单位长期务工的,公安部门应准予落常住户口,及时办理入户手续,发给《自理口粮户口簿》,统计为非农业人口。""对到集镇落户的,要事先办好承包土地的转让手续,不得撂荒;一旦因故返乡的应准予迁回落户,不得拒绝。"③第一次突破了1958年

---

① 《中华人民共和国户口登记条例》[EB/OL](http://news.china.com/zh_cn/focus/hjzd/hjzdfg/10001208/20010809/10076119_1.html)。
② 韩长赋:《改革开放前我国农村人口流动的简要回顾》[EB/OL](http://data.book.hexun.com/chapter-706-4-2.shtml,2007-08-03)。
③ 《国务院关于农民进入集镇落户问题的通知》[EB/OL](http://career.eol.cn/html/c/fagui/?article/35.shtml)。

以来形成的城乡分割、壁垒森严的户籍管理制度的限制。

随之，又先后出台了一系列的政策和措施，逐步放宽了对人口自由迁徙的限制性规定。如，1985年9月6日第六届全国人大常委会颁布的《中华人民共和国居民身份证条例》，第十四条明确规定"公民在办理涉及政治、经济、社会生活等权益的事务时，可以出示居民身份证，证明其身份"[1]。1997年5月20日公安部发布的《小城镇户籍管理制度改革试点方案》和《关于完善农村户籍管理制度的意见》则再一次放宽了这种限制，提出"从农村到小城镇务工或者兴办第二产业、第三产业的人员，小城镇的机关、团体、企业、事业单位聘用的管理人员、专业技术人员，在小城镇购买了商品房或者已有合法自建房的居民，在小城镇已有合法稳定的非农职业或者已有稳定的生活来源，而且在有了合法固定的住所后居住已满两年的，可以办理城镇常住户口；上述人员的共同居住的直系亲属，可以随迁办理城镇常住户口；外商、华侨和港澳同胞、台湾同胞在小城镇投资兴办实业、经批准在小城镇购买了商品房或者已有合法自建房后，如有要求，可为他们需要照顾在小城镇落户的大陆亲属办理城镇常住户口"[2]。2001年3月30日国务院批转了公安部《关于推进小城镇户籍管理制度改革的意见》，指出"凡在上述（指县级市、市区、县人民政府驻地镇及其他建制镇）范围内有合法固定的住所、稳定的职业或生活来源的人员及与其共同居住生活的直系亲属，均可根据本人意愿办理城镇常住户口。已在小城镇办理的蓝印户口、地方城镇居民户口、自理口粮户口等，符合上述条件的，统一登记为城镇常住户口"[3]。

可见，在1984年以后，我国逐渐打破和弱化了城乡分割的二元户籍管理制度，放宽了对人口自由迁徙的严格限制。

---

[1] 《中华人民共和国居民身份证条例》[EB/OL]（http：//news.xinhuanet.com/zhengfu/20010522/579995.htm，2001-05-22）。

[2] 《国务院批转公安部小城镇户籍管理制度改革试点方案和关于完善农村户籍管理制度意见的通知》[EB/OL]（http：//law.baidu.com/pages/chinalawinfo/1/89/f54414ad13438830c1336fa7196980a8_0.html）。

[3] 《国务院批转公安部关于推进小城镇户籍管理制度改革意见的通知》[EB/OL]（http：//law.baidu.com/pages/chinalawinfo/3/55/1ec6728a97550fae479f71c5e02c4c61_0.html）。

（三）就业制度变迁

从新中国就业制度形成和发展的历程来看，我国的就业制度大体上可以分为就业制度形成时期和就业制度改革与发展时期两个时期。

1. 1949—1978 年：就业制度形成时期

新中国成立以后，我国对国民党反动统治崩溃时遗留下来的所有旧公教人员及大批失业工人和失业知识分子，采取了全部包下来的政策。由此，统包统分的就业制度初显端倪。我国计划经济体制下城乡分割的二元就业制度真正开始形成于20世纪50年代初期，以1951年新中国颁布《中华人民共和国劳动保险条例（草案）》为起点，以1952年8月6日出台的《政务院关于劳动就业问题的决定》对企业用工进行限制为主要标志。

《政务院关于劳动就业问题的决定》规定："一切公私企业，对于因实行生产改革、合理地提高了劳动效率而多余出来的职工，均应采取包下来的政策，仍由原企业单位发给原工资（计入企业成本之内），不得解雇。某些私营企业因经济改组关系，本行业确无前途必须转业者，原则上应该是劳动随资本同时转业。某些私营企业确属亏本过甚，无力继续经营，经劳资协商后，仍无法开展业务，必须紧缩营业或歇业时，歇业应经工商管理部门批准，解雇一部分或全部职工亦应经劳动部门批准；如将来再扩大营业或复业时，应优先使原职工复工。未经批准歇业，擅自停工、停薪、停伙者，均应坚决制止。"[①]

1957年1月12日，国务院又发布了《关于有效地控制企业、事业单位人员增加、制止盲目招收工人和职员的现象的通知》，在1952年8月6日出台的《政务院关于劳动就业问题的决定》的基础上完全取消了企业的用工自主权。1957年4月4日，国务院出台的《关于劳动力调剂工作中的几个问题的通知》则再次明确规定了各企业、事业单位在人员多余或不足时，进行平衡调剂的原则和政策。从而，逐步形成了城乡分割的二元就业制度。

---

① 《政务院关于劳动就业问题的决定》[EB/OL]（http：//law.baidu.com/pages/chinalaw-info/3/4/c7c5b8a703dec036f98c511c8dc4975b_0.html）。

这一时期，就业制度的主要特点有：（1）城乡分割，国家对城市居民实行包下来的就业政策，对农村村民则是通过人民公社制度和土地等生产资料的集体所有制等限制性政策实行集体就业。（2）不存在劳动力市场，劳动力资源的配置是通过国家指令性计划和行政命令实现的。（3）劳动力就业采取统包统分的方式，企业和个人均没有选择的自主权。

2. 1978年至今：就业制度改革与发展时期

伴随着农村家庭联产承包责任制改革的推进，原来农村集体就业的制度基础逐渐消失，并开始出现了农村剩余劳动力向城镇转移的现象，而城市经济体制的改革则更是加快了城乡分割的二元就业制度冰融的速度。

就业制度的改革起始于1981年10月17日《中共中央、国务院关于广开门路，搞活经济，解决城镇就业问题的若干决定》。《决定》提出"在国家统筹规划和指导下，实行劳动部门介绍就业、自愿组织起来就业和自谋职业相结合的方针"，广开门路，发展集体所有制经济，解决城镇劳动就业问题。虽然《决定》仍规定，"严格控制农村劳动力流入城镇。对农村多余劳动力，要通过发展多种经营和兴办社队企业，就地适当安置，不使其涌入城镇。对于农村人口、劳动力迁进城镇，应当按照政策从严掌握。对于违反政策将家居农村的干部子女和亲属的户口迁进了城镇的，必须坚决制止和纠正。情节严重者，要给予必要的纪律处分。农村人口迁入城镇的要严格履行审批手续，公安、粮食、劳动等部门要分工合作把好关。要严格控制使用农村劳动力，继续清理来自农村的计划外用工"[①]，但毕竟是已经开启了尘封已久的对企业和个人自主选择进行严格限制的闸门。

1984年10月13日，国务院颁布了《关于农民进入集镇落户问题的通知》，规定"凡申请到集镇务工、经商、办服务业的农民和家属，在集镇有固定住所，有经营能力，或在乡镇企事业单位长期务工的，公安部门应准予落常住户口，及时办理入户手续，发给《自理口粮户口

---

① 《中共中央、国务院关于广开门路，搞活经济，解决城镇就业问题的若干决定》[EB/OL]（http://www.people.com.cn/item/flfgk/gwyfg/1981/L35501198102.html）。

薄》，统计为非农业人口。对新到集镇务工、经商、办服务业的户要同集镇居民户一样纳入街道居民小组，参加街道居民委员会活动，享有同等权利，履行应尽的义务"①。从而第一次打破了原来对农村村民进入城市务工经商进行严格限制的就业制度。

而 1984 年 10 月 15 日，由劳动人事部、城乡建设环境保护部联合发布的《国营建筑企业招用农民合同制工人和使用农村建筑队暂行办法》，则突破了原来国有企业只面向城市招工的限制。《暂行办法》规定，"企业所需的劳动力，除少数必需的专业技术工种和技术骨干外，应当招用农民合同制工人，逐步降低固定工的比例。企业也可以使用农村建筑队参加施工"②，并对招收农民工的原则和程序进行了明文规定。

此后，1994 年 7 月 5 日第八届全国人大常务委员会第八次会议通过了《中华人民共和国劳动法》。《劳动法》规定"劳动者享有平等就业和选择职业的权利、取得劳动报酬的权利、休息休假的权利"，"劳动者就业，不因民族、种族、性别、宗教信仰不同而受歧视"③。2003 年 1 月 5 日国务院发布了《关于做好农民进城务工就业管理和服务工作的通知》，要求"要取消对农民进城务工就业的不合理限制，取消对企业使用农民工的行政审批，取消对农民进城务工就业的职业工种限制，不得干涉企业自主合法使用农民工。要严格审核、清理农民进城务工就业的手续，取消专为农民工设置的登记项目，逐步实行暂住证一证管理。各行业和工种尤其是特殊行业和工种要求的技术资格、健康等条件，对农民工和城镇居民应一视同仁"④。2007 年 8 月 30 日十届全国人大常委会第二十九次会议审议通过了《中华人民共和国就业促进法》。《就业促进法》第三条明确规定"劳动者依法享

---

① 《国务院关于农民进入集镇落户问题的通知》［EB/OL］（http：//career. eol. cn/html/c/fagui/? article/35. shtml）。

② 《国营建筑企业招用农民合同制工人和使用农村建筑队暂行办法》［EB/OL］（http：//www. 51labour. com/lawcenter/lawshow-18622. html）。

③ 《中华人民共和国劳动法》［EB/OL］（http：//www. people. com. cn/item/flfgk/rdlf/1994/111801199431. html）。

④ 《国务院办公厅关于做好农民进城务工就业管理和服务工作的通知》［EB/OL］（http：//career. eol. cn/html/c/fagui/? article/769. shtml）。

有平等就业和自主择业的权利"①。2007年10月30日劳动和社会保障部出台了《就业服务与就业管理规定》,规定"农村劳动者进城就业享有与城镇劳动者平等的就业权利,不得对农村劳动者进城就业设置歧视性限制。劳动者依法享有自主择业的权利。用人单位依法享有自主用人的权利"②。从而进一步取消了对农民进城务工和城镇企事业单位招收农民工的限制性规定。

(四) 社会保障制度变迁

社会保障是国家或社会依法建立的、具有经济福利性的、社会化的国民生活保障系统,是各种社会保险、社会救助、社会福利、军人福利、医疗保障、福利服务以及各种政府或企业补助、社会互助等社会措施的总称。③被称之为缓解社会矛盾、维护安定团结的"稳定器",经济运行的"调节器"和实现社会公平的"安全网",是实现城镇化发展不可或缺的重要支柱。新中国成立后,与城乡分割的户籍制度相适应,我国逐渐形成了城乡有别的社会保障制度,即城市社会保障制度和农村社会保障制度。

1. 城市社会保障制度

城市社会保障制度主要是对非农人口或城市人口实行全面保障,保障的范围从出生、教育、就业到住房、医疗、养老等几乎无所不包。其中,国家机关、事业单位职工由国家财政提供保障,企业职工由企业提供保障,其他人员则由社会救济。

城市社会保障制度起始于1951年2月26日由政务院发布,后在1953年1月2日经过修正并正式颁布实施的《中华人民共和国劳动保险条例》,这是新中国第一部社会保障法令。《条例》规定,其实施范围为"有工人职员一百人以上的国营、公私合营、私营及合作社经营的工厂、矿场及其附属单位;铁路、航运、邮电的各企业单位及附属单

---

① 《中华人民共和国就业促进法》[EB/OL] (http://www.fmprc.gov.cn/ce/cegv/chn/shbz/relatedissues3/t384845.htm, 2007-08-30)。

② 《就业服务与就业管理规定》[EB/OL] (http://news.xinhuanet.com/politics/2007-11/07/content_7028862.htm, 2007-11-07)。

③ 郑功成:《社会保障概论》,复旦大学出版社2005年版,第5页。

位；工、矿、交通事业的基本建设单位；国家建筑公司。凡在实行劳动保险的企业内工作的工人与职员（包括学徒），不分民族、年龄、性别和国籍，均适用本条例"①。并对广大企事业单位职工的生、老、病、死、伤、残等保障标准进行了明文规定。

此后，通过1952年6月27日政务院颁布的《关于全国各级人民政府、党派、团体及所属事业单位的国家工作人员实行公费医疗预防的指示》，基本建立起了公费医疗制度；通过1955年12月29日国务院发布的《国家机关工作人员退休处理暂行办法》《国家机关工作人员退职处理暂行办法》《关于处理国家机关工作人员退职、退休计算工作年限的暂行规定》《国家机关工作人员病假期间生活待遇试行办法》等，基本建立起了国家机关、事业单位职工退休、退职制度。② 1956年后又将城市社会保障的实施范围进一步扩大到了商业、外贸、粮食、供销社、金融、民航、石油、地质、水产等部门，1957年则再次对国家机关、事业单位职工退休、退职制度进行修改和完善，进一步放宽了退休条件，提高了退休待遇标准。从而初步创立起了以国家为责任主体的城市社会保障制度。

城市社会保障制度的改革主要是在1984年10月20日中共中央十二届三中全会通过《关于经济体制改革的决定》以后开始的。为适应国家经济体制改革的需要，国务院先后颁布了《国有企业实行劳动合同制暂行规定》（1986）、《国营企业职工待业保险暂行规定》（1986）、《关于企业职工养老保险制度改革的决定》（1991）、《国有企业职工待业保险规定》（1993）、《国有企业富余职工安置规定》（1993）、《关于职工医疗制度改革的试点意见》（1994）、《关于建立统一的企业职工基本养老保险制度的决定》（1997）、《关于在全国建立城市居民最低生活保障制度的通知》（1997）、《关于进一步深化城镇住房制度改革加快住房建设的通知》（1998）、《失业保险条例》（1999）、《城市居民最低生活保障条例》（1999）、《关于印发完善城镇社会保障体系试点方案的通知》（2000）等一系列条例、法规，对城市社会保障制度进行修改、补

---

① 《中华人民共和国劳动保险条例》[EB/OL]（http://law.baidu.com/pages/chinalawinfo/0/0/7bfb56899fd578d1dbf857f682524f8e_0.html）。

② 郑功成：《社会保障概论》，复旦大学出版社2005年版，第58页。

充和完善。经过改革,虽然目前社会保障制度仍不健全,并且国家仍担负着社会保障的主要责任,但改革正朝着国家、企业、个人三方共同分担责任的现代社会保障制度迈进。

2. 农村社会保障制度

与由国家和企业负担的城市社会保障制度不同,改革开放前在我国的广大农村地区实行的则是以农村集体经济为基础,以家庭养老、"五保户"供养和合作医疗制度等为主要内容的农村社会保障制度体系。

农村社会保障制度主要开始形成于20世纪50—60年代,晚于城市社会保障制度的形成,以1956年6月30日第一届全国人民代表大会第三次会议通过的《中华人民共和国高级农业生产合作社示范章程》为主要标志。

《中华人民共和国高级农业生产合作社示范章程》第五十二条规定:"农业生产合作社应该在生产发展的基础上,随着合作社收入和社员个人收入的增加,根据社员的需要,逐步地举办以下各种文化、福利事业。"第五十三条规定:"农业生产合作社对于缺乏劳动力或者完全丧失劳动力、生活没有依靠的老、弱、孤、寡、残疾的社员,在生产上和生活上给以适当的安排和照顾,保证他们的吃、穿和柴火的供应,保证年幼的能受到教育和年老的死后安葬,使他们生养死葬都有所依靠。对于遭到不幸事故、生活发生严重困难的社员,合作社要酌量给以补助。"[①]

1960年4月10日第二届全国人民代表大会第二次会议通过的《1956年到1967年全国农业发展纲要》,标志着以"五保户"供养为核心的农村社会保障制度的框架基本形成。《纲要》规定:"农业合作社对于社内缺乏劳动力、生活没有依靠的鳏寡孤独的社员,应当统一筹划,指定生产队或者生产小组在生产上给以适当的安排,使他们能够参加力能胜任的劳动;在生活上给以适当的照顾,做到保吃、保穿、保烧(燃料)、保教(儿童和少年)、保葬,使他们的生养死葬都有指靠。对于缺乏劳动力的烈属和享受残废抚恤金以后仍然不能维持生活的残废革

---

① 《中华人民共和国高级农业生产合作社示范章程》[EB/OL](http://www.china.com.cn/law/flfg/txt/2006-08/08/content_ 7064291.htm,2006-08-08)。

命军人，合作社应当按照国家规定的优待办法给以优待，使他们的生活不致低于一般社员的水平。"①

1959年11月卫生部在山西稷山县召开的全国农村卫生工作会议，对农村合作医疗形式给予了充分肯定。此后，1966年毛泽东对湖北省长阳县乐园公社办合作医疗的经验进行了批示，广大农村地区掀起了合作办医疗的高潮，涌现出了大批"赤脚医生"，普遍建立起了县、乡（公社）、村（生产大队）三级医疗保障网。到1976年，90%的生产大队都办起了合作医疗，② 农村合作医疗制度也基本确立。

1978年实行家庭联产承包责任制改革后，原有农村社会保障制度受到了极大的冲击。原来以家庭养老为主，以集体救助为辅的养老保障，转换为主要依靠土地作保障。原来以村（生产大队）为基础的合作医疗制度，随着农村集体经济的瓦解也损失殆尽，名存实亡。只有"五保"供养制度硕果仅存。1994年1月23日，国务院发布了《农村五保供养工作条例》。《条例》规定："无法定扶养义务人，或者虽有法定扶养义务人，但是扶养义务人无扶养能力的；无劳动能力的；无生活来源的"。"由村民本人申请或者由村民小组提名，经村民委员会审核，报乡、民族乡、镇人民政府批准，发给《五保供养证书》。""五保供养所需经费和实物，应当从村提留或者乡统筹费中列支，不得重复列支；在有集体经营项目的地方，可以从集体经营的收入、集体企业上交的利润中列支。""具备条件的乡、民族乡、镇人民政府应当兴办敬老院，集中供养五保对象。"③ 2006年1月11日又对《农村五保供养工作条例》进行了修改，进一步规范了供养对象的申报、公示、认定以及供养形式等内容。

三　中国特色城镇化制度绩效评价

新中国成立以来，尤其是改革开放以来，在经济持续、快速发展和

---

① 《1956年到1967年全国农业发展纲要》[EB/OL]（http：//www.law-lib.com/law/law_view.asp?id=94818）。

② 孟醒：《统筹城乡社会保障：理论·机制·实践》，经济科学出版社2005年版，第110—111页。

③ 《农村五保供养工作条例》[EB/OL]（http：//www.xjbz.gov.cn/wmfw/dffg/jjgl/nl/940123.html，2000-01-01）。

政府加快配套制度改革的双重因素作用下,我国城镇化水平稳定提高,城镇化进程明显加快,取得了巨大成绩,效果显著。

1. 城市数量和城市人口增速明显

截至2001年底[①],全国建制城市达到了662座,比1949年的136座增加了526座,年均增加10.1座;比1978年的192座增加了470座,年均增加20.4座。全国城市人口达到了48064万人(如表2-4所示),比1949年的5765万人增加了42299万人,年均增加为813.4万人;比1978年的17245万人增加了30819万人,年均增幅为1340万人。城镇化水平达到了37.66%,比1949年的10.6%,增加了近四倍;比1978年的17.9%,增加了两倍多。

2. 城市规模明显扩大,大城市、特大城市明显增加

2001年同1978年相比,100万人口以上的特大城市由1978年的13座增加到了166座,增加153座,年均增加近7座;50万—100万人口的大城市由1978年的27座增加到了279座,增加252座,年均增加近11座;20万—50万人口的中等城市由1978年的60座增加到了180座,增加120座,年均增加5座。如表2-4所示。

表2-4　　　　　2001年与1978年城市数量及城市规模比较　　　　　单位:个

年份 城市类型	1978年	2001年
特大城市(100万人口以上)	13	166
大城市(50万—100万人口)	27	279
中等城市(20万—50万人口)	60	180
小城市(20万人口以下)	92	37
合计	192	662

资料来源:根据国家统计局:《中国统计年鉴(2002)》[EB/OL](http://www.stats.gov.cn/yearbook2001/indexC.htm)和王海霞《慎提乡村城市化》(《城市研究》2000年第4期)等相关数据整理而成。

虽然如此,但在充分肯定我国城镇化取得巨大发展成绩的同时,也应当看到,目前我国城镇化发展中依然存在着城镇化发展相对滞后、城

---

① 2003年开始,中国统计年鉴的统计口径发生变化,为避免数字的不准确,本书所采用的是2002年及2002年以前中国统计年鉴的相关统计数据。

镇化区域发展不平衡、城市土地增长速度大大高于城市人口增长速度等比较突出的矛盾和问题。

1. 城镇化发展相对滞后

首先，我国的城镇化水平仍低于世界平均水平。改革开放以来，我国城镇化进程得到了较快发展，到2000年时虽然我国的城镇化水平已经达到了36.22%，但仍大大低于同期世界城镇化47%的平均水平，同样低于发展中国家40%的平均水平，分别落后近11个和4个百分点。① 其次，我国的城镇化水平也明显滞后于工业化和经济发展水平。按照城镇化与工业发展高度相关规律，城镇化要与工业化发展水平相适应，但实际上我国城镇化发展水平一直滞后于工业化。1979年我国工业化率为47.4%，② 而同期我国的城镇化率仅为18.96%，工业化率高出城镇化率近28个百分点。此后，随着城镇化水平的快速稳步增长，工业化带动城镇化发展的作用有所增强，两者差距逐渐缩小。但到2000年时我国的工业化水平已达到50.9%，而同期的城镇化水平为36.22%，城镇化仍滞后于工业化近15个百分点。

2. 区域发展不平衡，城镇化布局有待进一步完善

目前，我国城镇化发展呈现出东高西低，阶梯状分布的特点。2000年，我国东部地区城镇化水平为44.6%，高出全国平均水平8.4个百分点，中部地区为33.5%，西部地区为27.7%，分别低于全国平均水平2.7个和8.5个百分点。③ 在全国城市中，东部地区占44.4%，中部地区占37.3%，西部地区占18.3%。东部地区城市占有率高出中部地区7.1%，是西部地区的2.4倍。④

3. 城市土地增长速度大大高于城市人口增长速度

以2000—2006年为例，我国城市土地增长率大大高于人口增长率。据统计，2000年我国城市建成区面积为22439.28平方公里，新征用土

---

① 浦善新：《走向城镇化：新农村建设的时代背景》，中国社会出版社2006年版，第48—49页。
② 国家统计局：《中国统计年鉴（2001）》，中国统计出版社2001年版，第50页。
③ 王梦奎、冯并、谢伏瞻：《中国特色城镇化道路》，中国发展出版社2004年版，第61页。
④ 高云虹、曾菊新：《西部地区城市化进程及其动力机制》，《经济地理》2006年第6期。

地面积为447.25平方公里；2006年我国城市建成区面积则达到了33659.8平方公里，新征用土地面积达到了1396.5平方公里。[①][②] 2000—2006年6年间，城市建成区面积增加了11220.52平方公里，年均增加1870.09平方公里，增幅为8.33%；新征用土地面积增加了949.25平方公里，年均增加158.21平方公里，增幅为35.37%。而2000—2006年6年间人口增幅与城市土地增长相比，2000年我国有城市人口45906万人，2006年这一数值则达到了57706万人，人口增加了11800万人，年均增加1996.67万人，增幅为4.28%，仅相当于城市建成区面积增长率的51.38%，相当于新征用土地面积增长率的12.10%（见表2-2）。

下面分别对土地制度、户籍制度、就业制度和社会保障制度的绩效进行分析与评价。

（一）土地制度绩效评价

新中国成立以后，我国经过三次大规模的土地制度改革，基本上确立了以"实现耕者有其田"为核心的土地制度。这样的土地制度，极大地调动了农民的生产积极性，促进了农村经济的发展和农业生产力水平的提高，对保证我国的工业化目标、改革开放的稳步推进和综合国力的增强以及人民生活水平的提高，发挥了重要作用。特别是家庭联产承包责任制改革，产生了极大的制度效应。如林毅夫研究认为，家庭联产承包责任制的制度变革使中国农业产出增长了约46.89%。[③] 但随着城镇化的深入发展，我国现行的土地制度也暴露出了种种弊端和问题。

1. 土地产权模糊，主体不清

《中华人民共和国宪法》及相关法律规定，农村和城市郊区的土地，除由法律规定属于国家所有的以外，属农民集体所有。至此，土地的产权主体应该已经清晰界定了，但问题的关键在于对"集体"的界

---

① 国家统计局：《中国统计年鉴（2001）》［EB/OL］（http://www.stats.gov.cn/tjsj/ndsj/2001c/k1105c.htm）。

② 国家统计局：《中国统计年鉴（2007）》［EB/OL］（http://www.stats.gov.cn/tjsj/ndsj/2007/indexch.htm）。

③ 钱忠好：《中国农村土地制度变迁和创新研究》（续），社会科学文献出版社2005年版，第43页。

定不清。如《中华人民共和国土地管理法》（1999年），除规定"农民集体所有的土地依法属于村农民集体所有的，由村集体经济组织或者村民委员会经营、管理"外，同时又规定"已经分别属于村内两个以上农村集体经济组织的农民集体所有的，由村内各该农村集体经济组织或者村民小组经营、管理；已经属于乡（镇）农民集体所有的，由乡（镇）农村集体经济组织经营、管理"①。那么，土地究竟是属于乡（镇）一级集体所有呢？还是属于村一级集体所有呢？是属于一个村集体所有呢，还是属于两个或两个以上村集体所有呢？显然没有界定清楚。此外，如果按照《中华人民共和国土地管理法》的规定，"集体所有的土地依照法律属于村农民集体所有"，那么土地的发包权就应该在村一级集体经济组织，但按照我国的相关法律，村民委员会既不是法人，又不是一级政府，它显然不具备这样的权力。如果集体所有的土地属于乡镇集体所有，那么又与《土地管理法》的规定不符。在土地产权主体残缺的条件下，农民显然缺乏对集体所有的土地的处分权、监督权和问责权。党的十七届三中会通过的《中共中央关于推进农村改革发展若干重大问题的决定》，虽然提出了要按照"产权清晰"的原则，进一步完善农村土地管理制度，但相关的具体规定和措施尚未出台。

2. 土地流转不畅

导致农村土地使用权流转不畅的原因主要有两个方面。一是现行的土地承包制度限制了土地流转。《城镇国有土地使用权出让和转让暂行条例》（1990年）第四条，虽然明确规定了"取得土地使用权的土地使用者，其使用权在使用年限内可以转让、出租、抵押或者用于其他经济活动，合法权益受国家法律保护"②，但在其后通过的《土地管理法》的第十四条和第十五条则对这种出租或转让进行了限制，规定"在土地承包经营期限内，对个别承包经营者之间承包的土地进行适当调整的，必须经村民会议三分之二以上成员或者三分之二以上村民代表的同意，并报乡（镇）人民政府和县级人民政府农业行政主管部门批准"，"农

---

① 《中华人民共和国土地管理法》［EB/OL］（http://www.gov.cn/banshi/2005-05/26/content_989.htm, 2005-05-26）。

② 《中华人民共和国城镇国有土地使用权出让和转让暂行条例》［EB/OL］（http://baike.baidu.com/view/437292.htm）。

民集体所有的土地由本集体经济组织以外的单位或者个人承包经营的,必须经村民会议三分之二以上成员或者三分之二以上村民代表的同意,并报乡(镇)人民政府批准"①。这就使得农户在对土地进行流转时,要面对的成本比较高、周期比较长,从而导致了土地流转可能性的降低甚至丧失。二是现行的土地承包制度降低了潜在土地承租、转让承包方(尤其是潜在的土地规模经营者)的承包意愿。《城镇国有土地使用权出让和转让暂行条例》(1990年)第二十二条规定,"土地使用者通过转让方式取得的土地使用权,其使用年限为土地使用权出让合同规定的使用年限减去原土地使用者已使用年限后的剩余年限"②。《土地管理法》(1999年)第十四条规定,"土地承包经营期限为三十年"③。这就使得潜在的土地承租、转让承包方不愿意承包即将到期或承包期限短的出租、出让的土地。

3. 征地补偿标准过低,常常损害农民利益

《土地管理法》(1999年)第二条规定:"国家为了公共利益的需要,可以依法对土地实行征收或者征用并给予补偿。"第四十七条则对补偿标准进行了具体化,规定:"征收土地的,按照被征收土地的原用途给予补偿。""征收耕地的补偿费用包括土地补偿费、安置补助费以及地上附着物和青苗的补偿费。征收耕地的土地补偿费,为该耕地被征收前三年平均年产值的六至十倍。征收耕地的安置补助费,按照需要安置的农业人口数计算。需要安置的农业人口数,按照被征收的耕地数量除以征地前被征收单位平均每人占有耕地的数量计算。每一个需要安置的农业人口的安置补助费标准,为该耕地被征收前三年平均年产值的四至六倍。但是,每公顷被征收耕地的安置补助费,最高不得超过被征收前三年平均年产值的十五倍。"④ 按照这个标准,对农民以现金形式补偿的通常都在每亩1.5万—3.5万元之间。而据2002年的统计,平均每

---

① 《中华人民共和国土地管理法》[EB/OL] (http://www.gov.cn/banshi/2005-05/26/content_989.htm, 2005-05-26)。

② 《中华人民共和国城镇国有土地使用权出让和转让暂行条例》[EB/OL] (http://baike.baidu.com/view/437292.htm)。

③ 《中华人民共和国土地管理法》[EB/OL] (http://www.gov.cn/banshi/2005-05/26/content_989.htm, 2005-05-26)。

④ 同上。

亩土地市场拍卖价格为 35.67 万元，协议价格为 12.97 万元，[①] 补偿价格差距悬殊，极大地损害了农民利益。

（二）户籍制度绩效评价

我国现行户籍制度是 20 世纪 50 年代计划经济的产物，是在我国重工业优先发展战略下，城乡人口管理中特有的制度安排。曾经为新中国成立初期经济的迅速恢复和发展，为实现社会的稳定和人口有效管理做出了巨大的贡献。但随着以市场为导向的经济体制改革的不断深入，二元户籍制度与经济社会发展越来越不相适应。

我国城镇化发展的制约因素较多，既有政治的、经济的因素，也有历史的、文化的因素，但在众多因素中制度因素，尤其是户籍制度因素无疑是关键性的因素之一。当前，它已成为了阻碍城镇化进程中城乡间正常合理的人口迁徙，影响农业人口向城镇转移的规模与速度，延缓城镇化的主要制约因素。其阻碍农村劳动力向城市转移，阻碍城市先进的生产生活方式向农村传递等带来的负面效应日益显现，越来越成为经济社会发展的严重桎梏。

1. 户籍制度改革滞后于经济社会发展的需要

实现城乡间人口、技术、资金等生产要素的自由流动，通过价值规律和市场供求进行优化配置，这是社会主义市场经济发展的内在要求。改革开放后，虽然随着我国市场经济体制改革的深入发展，与户籍相挂钩的食品配给制度已经取消，劳动就业制度也已打破城乡壁垒的严格限制，一定程度上打破和弱化了城乡分割的二元户籍制度，放宽了对人口自由迁徙的严格限制。但我们也应当看到，一方面时至今日我国的户籍制度仍未从根本上彻底消除对人口自由迁徙的限制性规定，人口自由流动的根本性制约因素并未消除。另一方面与户籍制度相配套的就业、教育、社会保障制度的改革则更是步履维艰，进展缓慢，致使为我国经济发展做出巨大贡献的农民工及其家属，虽然进了城，但却生存艰难。这些都极大地制约了我国经济发展、社会进步对人口自由流动的需求，制

[①] 刘平量、曾赛丰：《城市化：制度创新与道路选择》，湖南人民出版社 2006 年版，第 47 页。

约着劳动力等资源的合理配置，表现出了现行户籍制度与市场经济发展内在要求的极度不适应性。

2. 户籍制度造成了城乡经济发展的不平衡和社会的不平等

户籍制度人为地将我国人口划分为城市人口和农村人口两个群体，将社会划分为城市和乡村两个部分。相应地，也形成了以工业生产为主要特征的城市经济和以小生产为主要特征的农村经济，这就是我们通常意义上所讲的城乡二元经济和社会结构。城乡二元经济和社会结构，不仅造成了城乡经济发展的不平衡，使城乡居民收入差距呈扩大趋势，也造成了城乡间人们身份和社会地位的不平等，带来了城乡间公共福利分享的不公平。数据显示，2006年，城镇居民中20%的最高收入组，收入为25410.8元，农村居民中20%的最高收入组，收入为8474.8元，相差3倍；城镇居民中20%的最低收入组，收入为4567.1元，农村居民中20%的最低收入组，收入为1182.5元，相差4倍。2007年，农村居民人均纯收入比上年实际增长9.5%，为1985年以来增幅最高的一年；同期城乡居民收入比却扩大到3.33：1，绝对差距达到9646元，是改革开放以来差距最大的一年。基尼系数已由改革开放前的0.16上升到目前的0.47，不仅超过了国际上0.4的警戒线，也超过了世界所有发达国家的水平。[①] 我国大部分人生活在农村，但国家80%以上的教育、卫生等投入在城市。2004年，全国城市合作医疗的覆盖率为42%，而农村合作医疗的覆盖率却只有10%左右，且标准很低，绝大部分农民仍属于自费医疗群体。[②]

3. 户籍制度阻碍了农村剩余劳动力的有效转移，制约着我国的城镇化进程

自1951年以来，我国已经形成了一个以户籍制度为核心，以就业、教育、收入分配、住房福利和社会保障制度等为内容，利益向城市倾斜，措施配套、组织严密、集多种功能于一体的制度体系。不仅使户籍制度失去了本来面目，而且在城乡之间形成了一道隔绝城乡、难以逾越的制度藩篱，限制了人口的自由流动，客观上成为制约我国城镇化发展

[①] 何建华：《城乡居民收入差距进一步加大》，《中国产经新闻》2008年8月31日。
[②] 编写组：《〈中共中央关于构建社会主义和谐社会若干重大问题的决定〉辅导读本》，人民出版社2006年版，第63页。

的巨大障碍。2000年我国农村劳动力总计为4.82亿人,其中剩余劳动力1.7亿人,①占农村劳动力的35.27%,急需向城镇转移,而以户籍制度为核心的制度体系,不但没有起到必要的促进作用,反而成了农村剩余劳动力向城镇转移的主要制约因素。据统计,由于户籍等制度的制约,1990—2000年我国农村劳动力向城镇转移人数年均只有775万人,②实际转移人数与需要转移人数之间差距巨大。

4. 户籍制度已丧失其基本功能,无法实现对人口的有效管理

户籍原本是记载各户成员姓名、住所、亲属、出生、死亡等事项,确定公民法律地位的主要依据。具有确定公民权利能力及行为能力开始和终止时间,确定继承人的范围和顺序,为编制国民经济计划、统筹安排劳动力提供人口资料,为维护人民群众利益和社会治安服务等基本功能。③ 但是,由于我国原有户籍制度管理方式落后,僵化运行等原因,造成了户籍无法及时做到户随人走,以至于随着农村剩余劳动力转移的加剧以及城市间人口的频繁流动,大量人户分离现象的出现等,户籍制度已无法真实反映我国实际人口状况,无法再对人口进行有效管理,已丧失了其基本制度功能。据统计,2000年进行的第五次人口普查中瞒报、拒报、漏报现象严重,如陕西省应该登记的人数少了200万,湖南省则少近千万。同时发现重庆市13万死亡人户口未注销。④

(三) 就业制度绩效评价

从1951年新中国颁布《中华人民共和国劳动保险条例(草案)》开始,我国逐渐形成了计划经济体制下以统包统配、终身就业、平均分配、企业保险等为基本特征的城乡分割的就业制度。1980年我国实行以"三结合"为特征的市场取向就业制度改革,这种城乡分割的就业制度开始逐渐被打破。30年来,就业制度改革成果显著。(1)社会主义市场经济条件下以自主择业、双向选择为基本特征的市场就业制度基

---

① 范小玉、且淑芬:《我国农村劳动力及转移状况分析》[EB/OL](http://www.stats.gov.cn/was40/gjtjj_detail.jsp?searchword=%CE%D2%B9%FA%C5%A9%B4%E5%C0%CD%B6%AF%C1%A6&channelid=5705&record=5,2002-04-28)。
② 刘怀廉:《中国农民工问题》,人民出版社2005年版,第90页。
③ 梅益、陈原:《中国百科大词典》,中国大百科出版社2002年版,第860页。
④ 编辑部综述:《我们为什么要户籍改革》,《领导决策信息》2001年第36期。

本形成。(2) 就业结构和就业人数均发生了显著变化。据统计，1994年第二产业从业人员为13961万人，占从业人员总数的22.7%，第三产业从业人员为14123万人，占从业人员总数的23.0%，①第三产业从业人员首次超过了第二产业。1997年第一产业从业人员为34730万人，占从业人员总数的49.9%，第二产业从业人员为16495万人，占从业人员总数的23.7%，第三产业从业人员为18375万人，占从业人员总数的26.4%。②第二、第三产业从业人员之和首次超过了第一产业从业人员。(3) 初步建立了包含职业介绍、就业训练、失业保险和劳动就业服务企业等四项主要内容的就业服务体系。

但是随着我国城镇化的深入发展，现有的就业制度和就业体制也逐渐暴露出一些缺点和不足，存在着一些改革和创新的难点，亟待突破。

1. 就业监督机制不健全，相关立法滞后

1995年我国在颁布实施劳动法的基础上，又先后颁布实施了职业教育法、劳动合同法、就业促进法和劳动争议调解仲裁法等就业法律法规。国务院也先后颁布实施了女职工劳动保护规定、残疾人就业条例、职工带薪休假条例等相关条例，似乎就业制度已经比较健全和完善了。但我们更清楚，一项制度的实施并非仅仅靠该制度本身，更要靠一系列与之相配套，保证其有效执行的完善的法律制度体系。我国就业制度的现实情况是，我们虽然已经制定了一系列就业制度，但与之相配套的制度执行机制和监管机制以及违法申诉和惩戒机制却迟迟未能出台，使得已有制度在实践中的效力大打折扣。一些企业违法拖欠工资、擅自延长劳动时间、侵害女职工合法权益等现象时有发生，就是有力证明。

2. 就业培训机构庞杂，培训效果差

一方面，我国的就业培训工作承担主体较多，机构庞杂。这其中既有国家和地方政府组织的常设或临时性培训机构，又有中等职业技术学校和社会各级各类职业培训机构，这些培训机构水平参差不齐，缺乏有效规治。培训内容也存在一定的盲目性和滞后性，针对性、实效性不强，往往与用人单位的需求相去甚远。另一方面，国家虽然已经出台了

---

① 国家统计局：《中国统计年鉴（1995）》，中国统计出版社1995年版，第83页。
② 国家统计局：《中国统计年鉴（1998）》［EB/OL］（http://www.stats.gov.cn/ndsj/information/nj98n/E5-2C.htm）。

一些就业培训机制以及相关规定，以规范就业培训市场，但却并未建立就业培训的长效机制和健全的组织机构及培训体系，致使就业培训仍然收效甚微。据国家统计局江苏调查总队2007年底的统计，在江苏省尚未转移出去的1001.7万农村劳动力中，有89%的人没有接受过技能培训，而在转移出去的1660.85万劳动力中接受过专业技能培训的人仅占37.2%。[1]

3. 劳动力市场体系分割，导致劳动力无序流动

从总体上来看，我国劳动力市场仍处于发育的初级形态。虽然我国已经初步建立起了职业介绍、就业训练、失业保险和劳动就业服务企业等就业服务体系，但各种服务体系仍存在着严重的城乡分割和区域不统一问题。城乡之间、市县之间、省市之间因相互分散，各自为政，缺乏有效信息沟通和协调而难以形成促进就业的整体合力，导致劳动力无序流动、自发流动较为突出，就业成本较高。其中，2005年湖南省有组织的劳务输出仅占劳务总输出的30%左右；怀化市通过中介组织介绍和广告信息引导外出就业的仅有22.2%；湖北省外出就业中，通过中介机构等组织渠道实现就业的仅占12.23%。[2] 劳动力外出务工仍主要靠"血缘、人缘、地缘"等关系，还存在比较明显的自发性。

（四）社会保障制度绩效评价

新中国成立后，在重工业优先发展的战略安排下，我国不仅形成了一套以计划经济为基础的城镇化发展机制，而且也形成了一系列由相关制度和政策构成的国家统包为主的社会保障制度体系，如离退休制度、养老制度、医疗制度、五保供养制度等。总的来看，这样一套社会保障制度的建立与当时的计划经济体制是基本适应的，符合当时中国的基本国情，对维护当时的社会稳定，促进社会发展，保障城乡居民的基本生活需要发挥了重要作用。改革开放以后，伴随着城镇化发展和经济社会

---

[1] 国家统计局江苏调查总队：《当前江苏农民就业创业现状、问题与建议》[EB/OL]（http://www.stats.gov.cn/was40/gjtjj_detail.jsp?searchword=%BD%AD%CB%D5&channelid=5705&record=16，2009-02-02）。

[2] 曹子坚、熊庆国、王文斌：《2006中国经济年报》，兰州大学出版社2006年版，第277页。

转型，我国的社会保障事业再次得到了前所未有的发展，不仅进一步完善了城乡养老保障制度和医疗保障制度，规范了农村五保供养制度，而且初步建立了失业保险制度、下岗职工保障制度和城乡最低生活保障制度，形成了具有中国特色的社会保障制度体系，有效地化解了市场经济体制改革可能带来的社会风险，保障了城乡居民的基本生活权益。对社会保障制度在我国城镇化发展中所起的积极作用，所取得的巨大成就，我们应当承认。但我们也应当看到，由于历史的原因、现实的困难和制度设计本身的缺陷，我国的社会保障制度仍然存在着许多亟待解决的突出矛盾和问题。

1. 社会保障覆盖率低，保障范围有限

由于经济发展和传统社会主义制度安排的限制，我们曾长期实行城乡分治的社会保障制度。这种传统的社会保障制度就其本质而言是一种典型的城市居民社会保障制度，不仅覆盖面窄，而且作用也极为有限。据统计，到 2003 年 6 月，我国城镇居民最低生活保障人数为 2182.7 万人，农村居民最低生活保障人数为 392.7 万人，农村传统救济人数为 1069.9 万人，三项合计约为 3645.3 万人，只占应保人数的 20%—26%。[①] 2003 年底，城镇参加企业养老保险和机关事业单位养老保险的人员为 11646 万人，占同期城镇就业人员 25639 万人的 45.4%，而在城镇务工的农民工，其养老保险的覆盖率充其量为 5% 左右。[②] 目前，加入社会保障的主要是国有企业和事业单位，相当多的个体工商户、私营企业主以及大部分进城务工的农民工和农村居民尚未被纳入社会保障体系。

2. 社会保障资金不足，保障压力逐年加大

据统计，1999—2000 年全国失业保险金的收缴额约为 460 亿元，而同期有 2100 万失业职工，所需救济金约为 715 亿元，缺口为 255 亿元；1999 年在 3100 万城镇贫困人口中只有 300 万享受到了最低生活保

[①] 于洋、吕炜、肖兴志：《中国经济改革与发展：政策与绩效》，东北财经大学出版社 2005 年版，第 337 页。

[②] 陈佳贵、王延中：《中国社会保障发展报告（2001—2004）》，社会科学文献出版社 2004 年版，第 6 页。

障，2000年亦只有400万人享受到了最低生活保障；① 1997年社会养老金空账规模为140亿元，1998年上升到将近450亿元，1999年已经超出1000亿元，到2000年累计达到2000多亿元。② 随着我国人口老龄化的到来，社会保障资金不足的压力正逐年增加。据预测，到2020年我国老年人口的比重将从现在的7%上升到11.8%，2050年60岁以上的人口将超过4亿人，65岁以上的人口将超过3亿人，80岁以上的高龄老人将超过1亿人，为现在的10倍，这无疑将会给我国社会保障体系的有效运行带来极大的挑战。③

3. 社会保障体系不健全，立法滞后

首先，从我国社会保障制度的形成和发展过程上看，城市已基本建立起了相对完善的社会保障体系，但农村社会保障体系的发展却相对滞后，仍然以家庭保障为主；从社会保障制度的监督机制上看，一个健全的社会保障体系，应当是由规范、健全的项目体系，严格的监管体系和完善的社会化服务体系构成的。但是，我国目前除了养老保障等少数项目的监督机制正日趋完善，社会化服务进程在加快之外，其他社会保障制度的监管体系和服务体系则相对不足。其次，社会保障制度关系着国计民生和社会的稳定发展，涉及面广，管理难度大，因此必须以完备的法制为基础和保障，做到有章可循、有法可依。而我国现行的社会保障制度，大多是国务院及相关部门以行政命令的形式颁布的条例或规定。迄今为止，还尚未颁布专门的社会保障法或社会保险法，没有建立起统一的、适用范围比较大的社会保障法律制度，造成了我国现有社会保障制度层次不高，制度权威性不够的局面，也使得社会保险费用的征缴、运营、支付、管理等存在着较大困难，极大地制约了我国社会保障事业的发展。主要表现为：①一些企业拖欠、挪用社会保障资金的现象比较严重。1995年全国有59亿元社会保障资金被挪用，1996年为68.5亿

---

① 王朝明：《中国转型期城镇反贫困理论与实践研究》，西南财经大学出版社2004年版，第187—189页。

② 陈佳贵、王延中：《中国社会保障发展报告（2001—2004）》，社会科学文献出版社2004年版，第212页。

③ 浦善新：《走向城镇化：新农村建设的时代背景》，中国社会出版社2006年版，第98页。

元，1997年被挪用、挤占近百亿元。① 1998年全国拖欠养老保险费100万元以上的企业为5000户，欠缴金额达170多亿元，全国基本养老保险欠费则达到了360多亿元。② ②社会保障费的征收标准差异也比较大。以养老保障费用的征收为例，按照我国现行政策规定，企业缴纳基本养老费的比例为企业工资总额的20%，但在一些老工业基地的缴费比例却远远超过了企业工资总额的20%，而在一些新兴城市的缴费比例却还不足工资总额的10%。③ 因此，必须加快社会保障立法工作，尽快制定相关的社会保障法律法规，完善制度体系，形成法制化、规范化、高效化的社会保障制度体系和运行机制，以提高社会保障的制度权威性，保证社会保障体系的有效运行。

---

① 郑功成：《构建和谐社会——郑功成教授演讲录》，人民出版社2005年版，第282页。
② 陈佳贵：《中国社会保障发展报告（1997—2001）》，社会科学文献出版社2001年版，第162页。
③ 郑功成：《社会保障概论》，复旦大学出版社2005年版，第151—152页。

第三章

发达国家城镇化发展的制度经验教训与启示

马克思在1867年《资本论》第一版序言中指出,"一个国家应该而且可以向其他国家学习。一个社会即使探索到了本身运动的自然规律,——本书的最终目的就是揭示现代社会的经济运动规律,——它还是既不能跳过也不能用法令取消自然的发展阶段。但是它能缩短和减轻分娩的痛苦"[①]。目前,我国正处于城镇化加速发展期,人口转移明显加快,城镇化率明显提高,但同时也暴露出了一些制度性的矛盾和问题。如城乡二元制度结构成为城镇化深入发展的最大障碍,社会保障和就业制度滞后严重影响着城镇化的质量,土地制度的缺陷在城镇化发展中变得日益突出,等等。所有这些问题我们必须认真对待,尽快加以解决,而发达国家已基本上走完了城镇化由兴起、发展到成熟的过程,正处在自我完善和进一步发展提高阶段。因此,在对我国城镇化制度变迁与制度创新问题进行研究时,系统地分析总结和批判地借鉴吸收发达国家在城镇化形成、发展和成熟过程中的一些有益经验和教训,对于我国城镇化在发展中少走弯路,及时正确地解决发展中的矛盾和问题,促进城镇化健康发展和城镇化水平的迅速提高,具有十分重要的理论意义和实践意义。

本章研究的主要内容是:发达国家城镇化的基本过程;发达国家城镇化发展的特点和主要经验教训;发达国家城镇化发展的制度启示。

---

① 《马克思恩格斯选集》第2卷,人民出版社1995年版,第101页。

一 发达国家城镇化的基本过程

（一）发达国家城镇化的发展阶段

城镇是人类社会发展到一定历史阶段，经济社会和生产力发展水平进一步提高的产物，产生于原始社会向奴隶社会过渡和发展的过程中。虽然据考古发现，世界上的早期城镇出现于公元前 3500 年左右的西南亚地区，以幼发拉底河和底格里斯河流域中下游最为集中，以及公元前 3100 年左右的尼罗河流域、印度河流域、黄河流域，[①] 但一般认为，真正意义上的现代城镇化开始于 18 世纪中叶的英国产业革命。主要是因为：第一，英国的产业革命实现了从工场手工业生产向大机器生产的飞跃，并由此引领了人类从农业社会向工业社会，从乡村时代向城镇化时代的真正转变。第二，对于城镇化历史起点的确定，主要考虑两个因素。一是从静态上，城市人口占总人口的比重必须达到一定比例，通常在 10% 以上。二是从动态上，要进入现代工业和城市持续增长时期。[②]

在城镇化发展的阶段性划分上，广大专家和学者们比较一致地认为，当城镇化水平达到 10% 时，城市发展进入了临界值，城镇化处于起步阶段；当城镇化水平达到 50% 时，则意味着一个国家或地区已经基本实现了城镇化；当城镇化水平超过 50%，不足 70% 时进入了城镇化的成熟发展期；当城镇化水平超过 70% 时，则进入了城镇化的平稳发展期，处于进一步完善阶段。据此，我们可以按照城镇化水平分别达到 10%、50%、70% 的这几个确定的标准，将发达国家城镇化的基本过程，大致划分为以下四个阶段。

第一阶段：发达国家城镇化起步，英国率先基本实现城镇化阶段（时间：1760—1850 年，城镇化率≤10%）。

这一时期的城镇化主要表现为，以英国为首的发达国家城镇化的兴

[①] 浦善新：《走向城镇化：新农村建设的时代背景》，中国社会出版社 2006 年版，第 42 页。

[②] 张鸿雁、高红：《中美城市化与城乡关系发展基本规律比较——中美城市化比较的社会学视角》，《江海学刊》1998 年第 2 期。

起和迅速发展。虽然农村人口规模依然很大，但城镇人口持续增长，其增长规模远远大于农村。

与产业革命的兴起相映衬，现代城镇化的发展起步于英国。1760年英国的城镇化水平仅有10%左右，[①]但在经过了产业革命90年的发展后，1850年则达到了50%，成为世界上第一个基本完成了城镇化的国家。英国的城镇化以轻工业的发展为先导，最早是棉、毛纺织业，继而才是能源、工矿、冶金、交通等工业。工业的发展和工业化的进程不仅促进了一批以工业和商业经济职能为主的新兴城市的出现和原有城市规模的扩大，而且促进了城市本身基础设施的完善，从而使城镇化进程大大加快。反过来，城镇规模的不断扩大、基础设施的日益完善，又进一步为工业、商业和其他经济的发展创造了良好的外部条件，为生产、交换和生活提供了更加便利的条件，进而吸引着更多的工业和人口向城市集聚，由此又在新的更深的程度上加快和促进了城镇化发展。恩格斯在《英国工人阶级状况》一书中在分析资本主义城市的形成和发展时曾经写道，"可以大胆地假定，在1845年，机器的数量和生产能力……使得郎卡郡完全革命化，把它从一个偏僻的很少开垦的沼泽地变成了热闹的熙熙攘攘的地方；这种工业在八十年内使郎卡郡的人口增加了9倍，并且好像用魔杖一挥，创造了居民共达70万的利物浦和曼彻斯特这样的大城市及其附近的城市。此外，苏格兰的格拉斯哥形成了第二棉纺织区的中心，这个主要城市的人口自兴办这种工业的时候起到现在也从3万增加到30万"，"工人成群结队地从农业地区涌入城市"[②]。"这些工人必须住在近处，甚至在不大的工厂近旁，他们也会形成一个完整的村镇。他们都有一定的需要，为了满足这些需要，还须有其他的人，于是手工业者、裁缝、鞋匠、面包师、泥瓦匠、木匠都搬到这里来了。这种村镇里的居民，特别是年轻的一代，逐渐习惯于工厂工作，逐渐熟悉这种工作；当第一个工厂很自然地已经不能保证一切希望工作的人都有工作的时候，工资就下降，结果就是新的厂主搬到这个地方来。于是

[①] 刘小雪：《中国与印度的城市化比较》[EB/OL]（http://www.chinaelections.org/newsinfo.asp? newsid=112484，2007-07-12）。

[②] 《马克思恩格斯全集》第2卷，人民出版社1965年版，第296页。

村镇就变成了小城市，而小城市又变成了大城市。"① 据统计，在从 1801 到 1851 年短短的半个世纪的时间里，英国 5000 人以上的城镇从 106 座增加到了 265 座，城镇人口的比重也由 26% 上升到了 45%；② 全部城镇人口占总人口的比重则从 32%③上升到了 50%。

与英国城镇化迅速发展，并在 1850 年率先基本实现城镇化不同的是，发达国家的平均城镇化水平在 1800 年只是达到了 7.3%，尚不足 10%，到 1850 年时也只是达到了 11.4%，④ 刚刚跨过城镇化的临界点，加入到城镇化发展的行列中。

不过，需要进一步说明的是，英国虽然只是世界上为数众多的发达国家中的一个，但其城镇化水平尚不足以完全代表全球城镇化的发展程度，而英国的产业革命所引发的包括英国在内的世界范围内城镇化的迅速兴起和发展却是一个不争的事实。因此，英国也就理所当然地成了世界范围内城镇化开始的标志性国家。

第二阶段：欧美主要发达国家基本实现城镇化阶段（时间：1850—1950 年，10% < 城镇化率 ≤ 50%）。

这一阶段，主要表现为继英国率先开始并基本实现城镇化之后，欧美主要发达国家和地区在产业革命和工业化的强力推动下，劳动力重心也逐渐地由第一产业向第二产业转移，使得城镇人口不断增长，规模不断扩大，数量不断增多，水平不断提高。其城镇化水平从 1850 年的 11.4%，经过 100 余年的发展，在 1950 年达到 52.5%，从而也基本实现了城镇化。

城镇数量和城镇规模不断扩大。在 1800 年以前，全世界还没有一个百万人口以上的大城市，到 1850 年时，世界上也只有伦敦、巴黎两个城市的人口达到了百万以上的规模。⑤ 但到了 1950 年，发达国家不仅

---

① 《马克思恩格斯全集》第 2 卷，人民出版社 1965 年版，第 300—301 页。
② 浦善新：《走向城镇化：新农村建设的时代背景》，中国社会出版社 2006 年版，第 43 页。
③ 谭纵波：《普通高等教育十一五国家级规划教材——清华大学建筑学与城市规划系列教材：城市规划》，清华大学出版社 2005 年版，第 32 页。
④ 叶裕民：《中国城市化之路：经济支持与制度创新》，商务印书馆 2001 年版，第 11 页。
⑤ 张文华：《论城市化与中国农民收入问题的相互关系——兼论农村剩余劳动力的转移》，《山东农业大学学报》（社会科学版）2003 年第 1 期，第 46—49 页。

人口规模为5万—100万人的城市增加到59个（全世界共105个），而且人口规模为100万—500万人的城市也有43个（全世界共75个），人口规模为500万—1000万人的城市有5个（全世界共7个），甚至还出现了世界上第一座人口规模超过1000万人的大城市——纽约。①

城镇化水平不断提高。1850年欧美发达国家的城镇人口还只有4000多万人，1950年则发展到4.49亿人，净增4亿人，城镇人口占总人口的比重也从11.4%上升到52.5%，比世界同期平均城镇化水平高出23.5个百分点，是发展中国家城镇化水平的两倍多。其中，英国1850年到1950年城镇人口占总人口的比重从50%上升到77.9%；美国1850年到1950年城镇人口占总人口的比重从14.8%上升到64%；德国1870年到1950年城镇人口占总人口的比重从36%上升到71%；法国1880年到1950年城镇人口占总人口的比重从34.8%上升到52.9%，②欧美主要的发达国家基本都实现了城镇化。如表3-1所示。

第三阶段：发达国家城镇化成熟阶段（时间：1950—1980年，50%＜城镇化率≤70%）。

这一阶段，发达国家的平均城镇化水平从1950年的52.5%发展到了1980年的70.2%（如表3-1所示）。主要表现为，发达国家在城镇化水平较高的情况下逐渐向城镇现代化迈进，城镇基础设施进一步完善，社区服务和社会综合治理大大加强，人们的生活更加舒适和方便，劳动力开始从第二产业向第三产业转移。不仅大城市的数目在增加，地域范围在扩展，而且出现了众多的城市连绵区、城市群、城市带、城市圈，大都市区成为发达国家城镇化的主体。

大都市区的概念最早出现在美国。1910年美国预算总署（后改为美国管理与预算总署）在人口统计中首次使用了大都市区概念。大都市区是指，以一个人口聚集达到一定规模的城市为核心，并与周边有密切联系的中小城市、城镇和农村组合而成的地理区域单元、城市空间形态

---

① 姚士谋、朱英明、陈振光：《中国城市群》，中国科学技术大学出版社2001年版，第456—457页。
② 浦善新：《走向城镇化：新农村建设的时代背景》，中国社会出版社2006年版，第44页。

和经济组织形式。[①] 它不仅是经济发达国家城市发展到一定程度而必然出现的规律性现象,同时也是世界城镇化发展的方向,在城镇化进程中发挥着重要作用。

表3-1　　　　　　　　世界城镇化进程及地区差异[②]

年份	全世界 城镇人口（百万人）	全世界 城镇化水平（%）	发达国家和地区 城镇人口（百万人）	发达国家和地区 城镇化水平（%）	发展中国家和地区 城镇人口（百万人）	发展中国家和地区 城镇化水平（%）
1850	80	6.3	40	11.4	40	4.4
1875	125	8.8	75	17.2	50	5.0
1900	220	13.3	150	26.1	70	6.5
1925	400	20.5	285	39.9	115	9.3
1950	724	29.0	449	52.5	275	16.7
1960	1032	34.2	571	60.5	460	22.2
1970	1371	37.1	698	66.6	673	25.4
1980	1764	39.6	798	70.2	966	29.2

资料来源：根据叶裕民《中国城市化之路：经济支持与制度创新》（商务印书馆2001年版，第11页）和张琴、魏美才《城市问题的生态学实质》（《湖南环境生物职业技术学院学报》2005年第3期）及世界银行数据库相关数据整理而成。

以美国大都市区的发展为例。自1920年以来,大都市区在美国的城市发展中始终占据着主导地位。美国大都市区的发展可以分为两个时期：第一个时期,1920年到1940年,大都市区数量和规模普遍发展时期。大都市区数量从1920年的58个上升到1940年的140个,增加了82个,总人口从3593.6万人增加到6296.6万人,占全国总人口的比重从33.9%上升到47.6%。其中,人口在百万以上的大都市区由6个增加到11个,增加了5个,人口由1920年的1763.9万人增加到1940年的3369.1万人,占全国总人口的比重从16.6%上升到25.5%。第二个时期,1950—1980年,大型都市区的超先增长期,大都区人口占全国总人口的比重超过50%,成为国家城镇化的主体。从1950年到1980

[①] 杨重光：《城市区概念有利于促进中国城市化》,《现代经济探讨》2004年第7期。
[②] 1980年,英国、美国、德国、法国的城镇化水平分别达到了90.8%、73.7%、84.7%、77.9%。苏雪串：《中国的城市化与二元经济转化》,首都经济贸易大学出版社2005年版,第53页。

年的30年间，美国大都市区数量从168个上升到318个，增加了150个，总人口从8450万人增加到16940万人，占全国总人口的比重从55.8%上升到74.8%。其中，人口在百万以上的大都市区发展速度更快，其数量从1950年的14个猛增到1980年的38个，增加24个，人口由1950年的4443.7万人增加到1980年的9286.6万人，占全国总人口比重从1950年的29.4%上升到1980年的41.1%。其面积占全国土地面积的比例也迅速提高，1940年大都市区占美国土地面积的5.9%，1960年上升到8.7%，1970年上升到10.9%，而1980年竟骤增到16.0%。① 美国制造业和第三产业就业人数的3/4聚集在大都市区内，制造业中最大公司的绝大部分以及第三产业机构的大多数，其总部均设在几十个最大的大都市区内。大都市区在美国国民经济中占有绝对优势。② 如表3-2所示。

表3-2　　　　　　1920—1980年美国大都市区情况比较

年份	所有大都市区			百万人口以上的大都市区		
	数量	人口数（万）	占美国总人口数（%）	数量	人口数（万）	占美国总人口数（%）
1920	58	3593.6	33.9	6	1763.9	16.6
1930	96	5475.8	44.4	10	3057.3	24.8
1940	140	6296.6	47.6	11	3369.1	25.5
1950	168	8450.0	55.8	14	4443.7	29.4
1960	212	11959.5	66.7	24	6262.7	34.9
1970	243	13940.0	68.6	34	8326.9	41.0
1980	318	16940.0	74.8	38	9286.6	41.1

资料来源：根据U. S. Census Bureau, Census 2000; 1990 Census, Population and Housing Unit Counts, United States (1990CPH 2-1, http://www.census.com) 和王旭《美国城市发展模式：从城市化到大都市区化》(清华大学出版社2006年版，第157页) 等相关数据整理而成。

第四阶段：发达国家城镇化进入稳步发展和进一步完善阶段（时间：1980年至今，城镇化率>70%）。

---

① 孙群郎：《20世纪70年代美国的"逆城市化"现象及其实质》，《世界历史》2005年第1期。
② 曾艳红：《国外典型大都市区发展对我国大都市区建设的启示》，《地域研究与开发》1998年第1期。

发达国家城镇化水平在 1980 年达到 70.2% 以后，城镇化就进入了进一步完善发展阶段。这一阶段主要表现为，城镇化水平平稳提高，稳步发展，城市的功能逐渐由产品加工和低层次服务向信息处理和高层次服务转变；农业现代化程度进一步提升，农村的经济和生活条件大大改善，乡村人口向城市转移的动力减小，农村的推动力和城市的拉动力趋向均衡，城乡间人口转移达到动态平衡，部分国家城镇人口进入了相对饱和状态。

以城镇化水平达到 70.2% 的 1980 年为分界点，通过前 30 年即 1950—1980 年与后 30 年即 1990—2020 年的预测比较。如表 3-3 所示。

表 3-3　发达国家 1950—1980 年与 1990—2020 年城镇化发展比较

年份	城镇人口（百万）	城镇化水平（%）	递增人口（百万）	递增率（%）
1950	449	52.5	—	—
1960	571	60.5	122	8
1970	698	66.6	127	6.1
1980	798	70.2	100	3.6
1990	877	72.5	79	2.3
2000	950	74.4	73	1.9
2010	1011	76.0	61	1.6
2020	1063	77.2	52	1.2

资料来源：根据叶裕民《中国城市化之路：经济支持与制度创新》（商务印书馆 2001 年版，第 11 页）和张琴、魏美才《城市问题的生态学实质》（《湖南环境生物职业技术学院学报》2005 年第 3 期）及世界银行数据库相关数据整理而成。

我们清晰地看到，1960 年发达国家城镇人口为 5.71 亿人，占总人口的 60.5%，比 1950 年的 4.49 亿人，增加 1.22 亿人，城镇化水平提高 8 个百分点；1970 年发达国家城镇人口达到 6.98 亿人，占总人口的 66.6%，比 1960 年增加 1.27 亿人，城镇化水平提高 6.1 个百分点；1980 年发达国家城镇人口为 7.98 亿人，占总人口的 70.2%，比 1970 年增加 1 亿人，城镇化水平提高 3.6 个百分点。

1990 年发达国家城镇人口为 8.77 亿人，占总人口的 72.5%，比 1980 年增加 0.79 亿人，城镇化水平提高 2.3 个百分点；2000 年发达国家城镇人口为 9.50 亿人，占总人口的 74.4%，比 1990 年增加 0.73 亿人，城镇化水平提高 1.9 个百分点；预计到 2010 年发达国家城镇人口将达到 10.11 亿人，占总人口的 76%，比 2000 年增加 0.61 亿人，城镇化水平提高 1.6 个百分点；预计到 2020 年发达国家城镇人口将达到 10.63 亿人，占总人口的 77.2%，比 2010 年增加 0.52 亿人，城镇化水平提高 1.2 个百分点。

从 1950 年到 1980 年的 30 年间，平均每 10 年城镇化水平递增 4 到 8 个百分点，递增差为 4 个百分点，递增人口在 1 亿人以上，波动幅度较高，人口流动量较大；而从 1990 年开始到 2020 年的 30 年间，平均每 10 年城镇化水平递增 1 到 2 个百分点，递增差为 1 个百分点，递增人口不足 1 亿人，波动幅度较小，人口流动量较为平稳。由此可见，20 世纪 80 年代以后发达国家城镇化进入了稳步发展期，处于进一步完善阶段。

（二）典型发达国家的城镇化发展过程

1. 英国城镇化发展过程

以英国为主要代表的西欧市场经济国家所走过的城镇化道路是一种典型的政府调控、市场主导型的发展模式。市场机制在这些国家的城镇化进程中发挥了主导作用，政府则是通过法律、行政和经济手段，对城镇化发展进行间接干预，以此来引导和规范城镇化的发展。

英国是世界上最早进行城镇化的国家，也是世界上城镇化程度最高的国家之一。英国城镇化的发展可以追溯到 15 世纪，长达几个世纪的农业革命（圈地运动）、商业革命，不仅为英国的工业革命打下了基础，而且为城镇化启动积累了资金，但其大规模的城镇化开始于 18 世纪中叶工业革命以后。[1]

英国的城镇化可以划分为四个阶段。

（1）15—16 世纪：英国的城镇化处于萌芽状态

这一时期，在英国农村出现了一批介于城市和农村之间，具有工业性质的过渡形式的村庄。这些村庄主要是为开展工商业活动提供服务，如商业、运输业、服务业等。它的出现和发展促进了商业、运输业、服

---

[1] 纪晓岚：《论城市本质》，中国社会科学出版社 2002 年版，第 205 页。

务业的发展，并出现了人口的集聚式增长，从而使这些工业村庄逐渐具有了一定程度的现代"城市"的性质和功能。这些村庄主要分布在三个区域：第一，在市场或港口区附近的一些渔村和小码头，借助于商品的集散、运输得到相应的发展，并逐渐出现了一些从事加工业务的手工工场，利兹和利物浦属于这一类。第二，在水源充沛、落差较大的河谷地区建立村庄，出现了当时以水作为主要动力的纺织作坊，肯达尔、利兹尔内、比斯列、奥尔德后来都发展成为了英国早期的纺织业中心。第三，矿产资源丰富的地区，随着采矿、冶金等工业的发展，促进了矿业村庄的发展，伯明翰、谢菲尔德就属于这类村庄。15—16 世纪，英国这类的工业村庄已有 400—500 个左右，[①] 英国城市总人口由 12.5 万人增至 33.5 万人，城市人口占全国总人口的比例也由 5.25% 增加到了 8.25%。[②]

（2）16—18 世纪：英国的城镇化进入了发展启动期

这一时期，英国城镇化的主要动力来源于对外贸易。一方面随着航运事业的发展英国成为欧洲和世界贸易的中心，另一方面加之英国推行重商主义政策，这些都极大地促进了国内工商业的发展，而遍及全国各地的工业村庄，在相互促进、相互依存、共同发展之中，逐渐形成了以乡村工商业为依托的中小城镇。这些中小城镇主要向两个方面发展：一是进一步强化手工加工业职能。他们以几项手工业发展为特色，同时又对四周乡村的初级产品进行再加工，形成了以加工业为中心的工业城镇，如拉文翰、带弗顿、曼非尔德、哈利法克斯、威克菲尔德、曼彻斯特、波尔顿和伯明翰等。二是进一步强化商业职能。表现为一些乡村工业村庄把本地的工业产品向外输出，同时又担负起为本乡村工业调进原材料的职能，发展了批发、零售商业，并成为小城镇商业经营的主要形式，而且出现了各种专业市场，如利物浦等。1709 年经常出入利物浦的船只已达 1092 艘，货物 27210 吨，到 1750 年进出口吨位则达到了 65000 吨。17—18 世纪，英国这类工商业中小城镇已达到了 700 多个。[③]

[①] 纪晓岚：《论城市本质》，中国社会科学出版社 2002 年版，第 209 页。
[②] 康宛竹：《试论近代早期西欧城市化道路及其与农业的关系》，《华南师范大学学报》1997 年第 1 期。
[③] 纪晓岚：《论城市本质》，中国社会科学出版社 2002 年版，第 209 页。

英国城市人口由 1600 年的 33.5 万人增加到了 85 万人，城市总人口在全国总人口中所占比例也从 8.25% 迅速上升到了 17%。①

(3) 18—19 世纪中期：英国基本实现城镇化的阶段

其中，1700—1800 年英国的城市人口由 85 万人增加到了 238 万人，占全国总人口的比例也从 17% 上升至 27.5%，② 到 1850 年占总人口的比例则达到了 50%。主要原因是，一方面对外贸易的发展及其积累的大量货币财富，为英国工业革命创造了有利的条件。另一方面机器大工业代替了手工工场，使人利用自然资源的能力大为增强，劳动生产率提高了几十倍，大批农村人口涌入城市，城市人口迅速增加，城市规模迅速扩大。许多原来以乡村工商业为依托的中小城镇，发展成不同类型的工商业城市。如曼彻斯特、索尔福德、博尔顿、普雪斯顿、斯托克波特、奥尔德等城市成了以棉纺织业为主的工业城市；斯洛普、任斯特、斯塔福德形成了以采矿和冶金为主的工业城市；利兹、哈德斯、菲尔德是以毛纺织业为主的工业城市。③ 英国基本上从一个以农村为基础的乡村社会转变成为了以工业和商贸服务为基础的城市社会。

(4) 19 世纪中期到现在：英国城镇化的完善发展时期

从城市数量上看，1851 年英国有 580 座城市，而到 1901 年仅万人以上的城市就已有 437 个。④ 再从城市人口占总人口的比例来看，1850 年城市人口占总人口的比重为 50%，1950 年城市人口占总人口的比重从 50% 上升到了 77.9%，1980 年英国城市人口占总人口的比重则达到了 90.8%。伴随着城市人口的迅速增加，城市不断向外延伸，在大城市的四周，出现了众多中小城市。

2. 美国城镇化发展过程

美国位于北美洲中部，东临大西洋，西靠太平洋，总面积 937 万平方公里。气候地域差异明显，多为温带和亚热带气候。矿产资源丰富，水源充足，土地、草原、森林资源均居世界前列，是世界上经济最发达

---

① 康宛竹：《试论近代早期西欧城市化道路及其与农业的关系》，《华南师范大学学报》1997 年第 1 期。

② 同上。

③ 纪晓岚：《论城市本质》，中国社会科学出版社 2002 年版，第 211 页。

④ 李敏：《中国城市化路径分析》，硕士学位论文，河南师范大学，2006 年。

的国家，同时也是城镇化水平最高的国家之一。它在 100 多年的时间里就完成了城镇化从萌芽到成熟的全过程，速度之快，程度之高，令世人瞩目。

与英国的政府调控、市场主导型的城镇化发展模式不同，美国采取了完全市场化的自由放任式的城镇化发展模式，在美国的城镇化和城市发展过程中，市场发挥着至关重要的作用。也正因为如此，政府没有像英国等西欧国家那样及时对城镇化发展加以必要和有效的引导，造成了城镇化发展的自由放任，并为此付出了高昂的代价。突出的表现就是城市不断向外低密度蔓延，城镇建设无序发展，空间和社会结构性问题突出，土地资源浪费严重，经济成本居高不下，生态环境破坏愈演愈烈，资源、能源消耗过度、贫富差距加剧等一系列社会问题，直到其城镇化发展的后期，这种状况才逐渐得到改善。

具体来说，美国的城镇化可以划分为四个阶段。

（1）1830 年前：城镇化的萌芽阶段

这一阶段是美国城镇化的起步时期，城镇化主要发生在经济和贸易相对比较活跃的美国东北部地区。城市数量少，规模小，城市人口增长不稳定，发展缓慢。全国城镇化普及率仅从 5.1% 上升到 8.8%，[1] 2500 人以上的城市数目只有 90 个。[2]

（2）1830—1880 年：城镇化的发生阶段

这一时期的城镇化是和美国中西部地区的开发、农业和交通运输业发展紧密联系在一起的。19 世纪中期，受欧洲工业革命的影响，美国工业发展的步伐明显加快，工业资本主义迅速发展，并完成了第一次工业革命。工业革命尤其是蒸汽机的发明使交通运输技术发生了新的变化，火车成为主要的交通工具。这就打破了原有的城市空间体系，使中西部地区与东部地区的联系大大加强，并在中西部地区产生了大批作为贸易与服务中心的新兴城市，从而极大地推动了中西部地区城市的发展和城镇化的进程。到 1880 年，美国城市总数达到了 939 个，其中有 863 个城市的人口为 2500—25000 人，有 69 个城市的人口为 25000—

---

[1] 李敏：《中国城市化路径分析》，硕士学位论文，河南师范大学，2006 年。
[2] 陈雪明：《美国城市化和郊区化历史回顾及对中国城市化的展望》，《国外城市规划》2003 年第 1 期。

250000 人，有 8 个城市的人口在 250000 人以上，城市人口比重由 1830 年的 8.8% 上升到 1880 年的 28.2%。[①]

（3）1880—1950 年：城镇化加速发展阶段

该阶段为美国实现工业化时期。一系列经济、社会变化，尤其是工业化的快速发展，加速了城镇化向纵深发展并基本实现了城镇化。到 1920 年，美国的城市人口增长了 5 倍，达到了 4100 万人，占总人口的比率达到 51.4%。其中，纽约大都市区人口达到了 530 万人，波士顿、芝加哥、费城和匹兹堡的人口均达到了 150 万人以上，西部地区的洛杉矶、旧金山、西雅图，西南的达拉斯，中西部的堪萨斯城、米尔沃基、明尼阿波利斯、圣路易斯，东北部的巴尔的摩、辛辛那提等城市则达到了 50 万人。[②] 到 20 世纪 20 年代东北部城镇化率已达到了 75.7%，属于高度城镇化，到 20 世纪 70 年代南部地区也达到了 64.6%，西部则为 82.9%。[③] 1950 年，全国城市人口占总人口的比重达到了 64%。[④]

（4）1950 年至现在：城镇化成熟阶段

主要表现为，在城镇化发展速度放缓的同时，城市郊区化速度却在明显加快。一方面，科技的进步，信息时代的到来，带来了交通运输业的革命，促进了城市布局在空间上的分散。另一方面，传统制造业的衰落、城市中心区地价的上升、环境污染以及城乡差别的缩小、农村基础设施的完善等，导致经济活动和人口持续不断地向城市外围、中小城市迁移和扩散，郊区人口的比例越来越大。1970 年，美国第一次出现了郊区人口超过城市人口的现象。据统计，1970 年，美国郊区人口为 7600 万人，占全国总人口的比重为 37.2%，而同一时期中心城市和非都市区人口则各占 31.4%。[⑤]

3. 日本城镇化发展过程

在亚洲各个国家和地区中，绝大多数是发展中国家，只有日本等少

---

① 王旭：《美国城市发展模式：从城市化到大都市区化》，清华大学出版社 2006 年版，第 6 页。
② 宋金平、李香芹：《美国的城市化历程及对我国的启示》，《城市问题》2006 年第 1 期。
③ 李敏：《中国城市化路径分析》，硕士学位论文，河南师范大学，2006 年。
④ 浦善新：《走向城镇化：新农村建设的时代背景》，中国社会出版社 2006 年版，第 44 页。
⑤ 吴颖：《浅析城市郊区化》，《城市开发》2004 年第 9 期。

数几个国家属于发达国家。与欧美等国的城镇化不同，日本的城镇化是一种较为典型的自上而下的政府主导型城镇化发展模式。日本城市的发展不是因为商品经济发展的需要而自然形成的，而是出于政治上的考虑，在统治者的推动下借强力而形成的。其早期城市建设的重点在于如何维护中央集权统治，显示统治者的威望，后期城市建设政策则将重点放在了发展生产所需的基本建设事业上，而将市民的生活设施放于次要位置，这个特点贯穿于日本整个城市发展的历史。[①]

日本的城镇化开始于明治维新时期，虽然比西方发达国家的城镇化晚百余年，但发展迅速，只用了几十年时间，就已达到了西方发达国家的城镇化水平。

日本的城镇化大体也可以分为四个阶段。

（1）19世纪中后期到20世纪20年代：城镇化的萌芽阶段

明治维新之前，日本主要是一个农业国。1868年，第一产业人口占日本就业总人口的87.9%，第二产业只占4.1%，全国只有为数很少的几个城市。[②] 随着第一次世界大战的爆发，日本经历了第一次经济上的飞速发展。在此阶段，日本的工业增长了3倍，生产力水平得到了巨大的提高，大量日本人口开始涌入城市工业中心。到1920年，从事第一产业的人数下降为53.8%，从事第二产业和第三产业的人数比例分别上升为20.5%和23.7%，有18%的日本人生活在城市中。[③]

（2）20世纪20年代到50年代：城镇化基本实现阶段

随着日本经济的发展，劳动力逐渐由第一产业向第二、第三产业转移，人口和经济向城市区域集中。城市人口的比重由1920年的18%上升到了1940年的35%。之后，由于第二次世界大战日本战败，大量劳动力回到了农村，使其城镇化速度开始放缓，这在客观上延长了其基本实现城镇化的时间，到1950年时日本的城镇化水平仅为37%。战后，日本成功进行了政治、经济和社会改革，使日本的经济迅速恢复，日本人口再次大量涌入了城市，城市人口激增。到1955年时，日本城市人

[①] 沈悦：《日本的城市化及对我国的启示》，《现代日本经济》2004年第1期。

[②] 汪冬梅：《日本、美国城市化比较及其对我国的启示》，《中国农村经济》2003年第9期。

[③] 李敏：《中国城市化路径分析》，硕士学位论文，河南师范大学，2006年。

口比例迅速上升到56.1%，农业人口比例则下降到了不足41%。[1]

(3) 20世纪50年代到70年代：城镇化高速发展阶段

从1950年到1977年，日本的城镇化水平从37%上升到76%，年均增长1.5个百分点。其中，1956—1973年是日本工业发展的黄金时期，18年中工业生产增长8.6倍，平均每年增长13.6%，由此也带动农业劳动力转移达到了创纪录的水平，每年平均转移42.9万人，年均转移递增率为3.6%，[2] 极大地促进了城镇化的快速发展。东京、大阪和名古屋，这三大都市区1960—1970年的城镇化水平以年均2.51%的速度增长，是整个国家城镇化增长速度的两倍多，到1970年有72.1%的日本人口居住在城市中。[3]

(4) 20世纪70年代至今：城镇化稳定成熟阶段

这一时期，日本由于城市人口基本达到饱和状态，因此城镇化的推进速度逐渐放缓，进入了稳定发展期。据统计，1996年时日本的城镇化水平为78%，仅比20年前高出了两个百分点，并且很多居民开始从以东京为核心的东京大都市圈、以大阪为核心的大阪大都市圈和以名古屋为核心的名古屋大都市圈三大都市圈向外迁移，[4] 出现了城市郊区化的趋势。

二 发达国家城镇化发展的特点和主要经验教训

(一) 发达国家城镇化的特点

1. 城镇化与工业经济发展高度相关

城镇化作为一种复杂的经济社会现象，与许多发展因素有着密切的相关性，但经济因素与之最为密切，其中工业化最为关键。虽然农业发展是城镇化的初始动力，但城镇化快速发展所依赖的核心动力，却是来自工业化。这一点也正如社会经济学家吉斯特（Gist）和费瓦（Fava）

---

[1] 李敏：《中国城市化路径分析》，硕士学位论文，河南师范大学，2006年。
[2] 孙姐：《我国城市化进程中的制度优化与创新》，硕士学位论文，东北师范大学，2006年。
[3] 沈悦：《日本的城市化及对我国的启示》，《现代日本经济》2004年第1期。
[4] 孙姐：《我国城市化进程中的制度优化与创新》，硕士学位论文，东北师范大学，2006年。

所指出的那样，农业革命使城市诞生于世界，工业革命则使城市主宰世界。工业化天然地承担着城镇化根本动力的使命，是城镇化的发动机，直接和间接地以多种方式为城镇化输送着"血液"。一方面，工业化发展本身在客观上，要求集中生产以实现规模效益，这也是工业化本身的特点和优势所在，尤其是当工业化进入中期阶段以后更是如此。这种内在的客观要求必然带来产业、资本、人口的高度集中和就业岗位、就业机会的增多，而城镇就业岗位、就业机会的增多，必然形成对农村剩余人口和生产要素的更大的拉动力，必然引发农村剩余劳动力向城镇的更大规模的流动和迁移；另一方面，工业化的发展速度决定着城镇化的发展速度，工业化的发展模式也决定着城镇化的发展模式。工业化的迅速发展，生产规模的迅速扩大，也带动和刺激着中小城市迅速发展为大城市，并且通过产业连锁反应间接地推动着城市规模的扩大。

据测算，1841—1931 年英国工业化和城镇化的相关性系数为 0.985；1866—1946 年法国的相关性系数为 0.970；1870—1940 年瑞典的相关性系数为 0.967；整个发达国家 1820—1950 年工业化与城镇化的相关性系数为 0.997。美国 1890—1950 年工业化和城镇化也保持了极高的相关性，工业化率与城镇化率两条曲线几乎是平行的。[①] 美国经济学家兰帕德（E. E. Lam pard）在《经济发展和文化变迁》第三卷中发表了一篇名为《经济发达地区城市发展历史》的文章明确指出，近百年来美国城市发展与经济增长之间呈现一种非常显著的正相关，经济发展程度与城镇化阶段之间有很大的一致性。

2. 大城市优先发展

在发达国家城镇化发展过程中，因为大城市具有经济发展的各种有利条件，经济发展水平较高，对人口以及各种要素具有较强的吸引力，因此大城市在发达国家的城镇化中常常扮演着主力军的角色即大城市优先发展，并衍生出以大城市为中心的大都市区、城市带（圈）的结构体系，从而进一步推动着城镇化进程。

大城市优先增长主要具有两种表现形式：一是大城市人口占城市人口

[①] 姜斌、李雪铭：《世界城市化模式及其对中国的启示》，《世界地理研究》2007 年第 3 期。

和总人口比重的提高（如图 3-1 所示）。1950 年 10 万人口以上的城市在世界城市总人口中所占的比重为 56.34%，1960 年为 59.01%，1970 年为 61.51%，1975 年为 62.25%。大城市人口的增长明显快于小城市。其中，1900—1980 年 50 万以下的城市的人口增长 5 倍，50 万—100 万的城市的人口增长 6 倍，100 万—250 万的城市的人口增长 19 倍，250 万—500 万的城市的人口增长 16 倍，500 万—1000 万的城市的人口增长 20 倍。① 二是大城市数量和规模增长更快，主要体现为城市圈、城市带、大都市区的形成。随着经济一体化程度的提高，毗邻的大城市由于专业化分工体系和频繁的贸易往来，经济结构逐渐融为一体，形成了城市圈（带）或大都市连绵区等新的城市形态。如，1970 年美国 12 个特大城市大约集中了美国 30% 的人口和 35% 的工业生产，而 62 个居民超过 50 万的城市集中了美国 51% 的人口和近 60% 的加工工业。日本的三大城市圈由 20 座城市组成，集中了日本一半以上的人口和 2/3 的工业生产。②

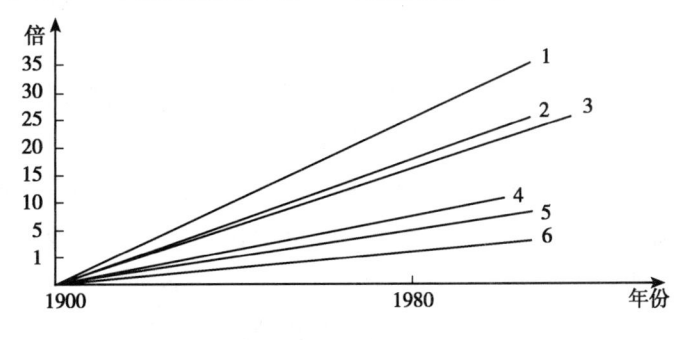

图 3-1 世界大中小城市增长速率

1　500 万人口以上的大城市　　2　250 万人口以上的大城市
3　100 万人口以上的大城市　　4　50 万人口以上的大城市
5　世界城市总人口　　　　　　6　50 万人口以下的中、小城市

3. 逆城镇化现象较为普遍

逆城镇化概念是由美国规划师贝利于 1976 年首先提出来的，所谓逆城镇化是指城市人口规模和密度不断下降并向郊区转移的过程。逆城镇化是大城市过度集聚造成集聚经济向集聚不经济转变的必然结果，同时也是城市中心区人口过剩，生活费用上升，交通网络日益完善和私人

---

① 毕琳：《我国城市化发展研究》，博士学位论文，哈尔滨工程大学，2005 年。
② 胡崇庆：《人口与城市》，人民教育出版社 1993 年版，第 78 页。

交通工具日益普及，以及企业寻找更廉价的劳动力和土地的必然结果。这里的"逆"并不是指城镇人口的农村化，城镇文明和城镇生活方式的农村化，而是指一种人口流动方向上的"逆"。实质上，逆城镇化并不意味着一国城镇化水平的下降，而只是城市发展的一种新的区域再分配，是发达国家城镇化的升级和空间重构，是城镇化的继续和深化，是更高层次的城镇化。

逆城镇化现象最早出现在西欧和北欧，随后在20世纪70—80年代逐渐扩展到了美国和日本等其他发达国家，而且这一现象仍在继续，其中以美国和英国最为典型。逆城镇化主要表现为：（1）郊区人口增长速度大大高于城市人口增长速度。美国12个最大城市的市区人口除洛杉矶外，在1950—1975年的25年间，平均减少9.6%，而郊区人口平均增长207%。结果，12个城市总人口中，市区人口的比重由61.3%下降为31.8%，而郊区人口则从38.7%上升到68.2%。[①]（2）城市中心区生产功能逐渐弱化，吸引力下降，郊区生产集中度日益增强。由于大城市中心区成本增加以及土地价格上涨等因素的影响，迫使传统的钢铁、纺织机械等制造业纷纷从城市中心向城市边缘及郊区转移。1960—1980年，美国出现了2000多个郊区工业园区。到1988年，全美已经拥有6000多个郊区工业园。1982年在全美最大的城市地区，郊区制造业雇佣工人占53.85%，城市核心地区占46.15%。[②] 1980—1988年，仅纽约就丧失了14.2万个制造业岗位，占其制造业总岗位数的1/3。

4. 市场机制是城镇化的制度前提和基础

发达国家城镇化的历史表明：城镇化的根源在于市场经济，市场经济是城镇化的推进器，城镇化则是市场经济发展的必然要求和必然产物。城镇化的过程，实质上就是市场机制发挥作用的过程，就是人口、资源、技术等要素资源在市场机制作用下由农村向城市转移和集聚的过程。如果没有发达的市场特别是要素市场来诱导资源和经济要素向最佳区位集聚，那么纵有再好的区位动力，也不能很好地吸引生产要素流入。在美国，不论是政府投资城市建设还是社会投资城市建设，市场需

[①] 高珮义：《中外城市化比较研究》，南开大学出版社2004年版，第25页。
[②] 徐和平：《美国郊区化的经验与教训》，《开发研究》2007年第3期。

求和效益都是决定性的因素。美国的城市规划没有人口和规模的限定，最早的城市规划主要是土地使用规划，至于何时进行建设、建什么则要根据市场的需求，由市场主体来选择决定。

市场和市场经济对城镇化的作用主要表现在：（1）市场和市场经济的发展为城镇化发展提供了一种内在的机制和原动力。产业集聚和扩散的统一是城镇化的内在要求，正是在市场机制和价值规律的调节和引导下，人口、资源、技术、资金等生产要素才向比较利益较高的城市流动，进而形成一定的规模经济和集聚效应，而这种规模经济和集聚效应反过来又吸引着更多的人口、资源、技术、资金等生产要素向城市集聚，从而推动了城镇的形成、发展和壮大。马克思和恩格斯指出，"城市本身表明了人口、生产工具、资本、享乐和需求的集中"，[1] 没有这种高度集聚，也就无所谓城市。（2）城镇化的实现有一个前提，即人们可以自主地决定自己的经济和社会行为，没有任何的人身依附关系和行为及观念束缚，这是由人们追求个人利益最大化的利己本性决定的。市场机制不仅最全面、最生动地体现了人们的这种本性需求，而且在市场机制作用下形成的日益完善的市场经济体制，又为实现人口和经济要素的自由流动创造了相应的制度前提和制度保障。（3）市场和市场经济内在蕴含的竞争环境和效率原则，不仅是第二产业和第三产业向城镇集中的主要动力，而且也是使第二产业和第三产业进一步发展壮大，成为城镇化发展的主要拉动力和后续发展力的重要因素。

（二）发达国家城镇化的主要经验教训

1. 发达国家城镇化的主要经验

（1）在强调市场作用的同时，要充分发挥政府的宏观调控作用

发达国家城镇化的历史表明，城镇化是市场和政府共同作用的结果。充分发挥市场作用绝不意味着政府的不作为和完全退出，因为市场调节本身存在着盲目性和滞后性，导致市场失灵的现象时有发生。一些国家存在的种种"城市病"就是市场失灵的突出表现。同时，城市发展本身在一定程度上就意味着公共基础设施建设的增加、完善和扩大，这

---

[1] 《马克思恩格斯选集》第 1 卷，人民出版社 1972 年版，第 56 页。

需要政府从中进行合理的组织、规划与引导。因此，城镇化进程绝不能单纯地由市场调节，在坚持市场基础性调节作用的同时，政府必须辅之以科学有效的宏观调控。

美国和日本虽然都是市场经济国家，但在整个城镇化过程中从国土利用规划、工业发展规划等的制定，一直到规划的贯彻执行等，都可以见到政府在城市发展中的作用和影响。

美国政府对城镇化的大规模直接干预主要表现在罗斯福新政期间和新政之后，主要是通过以工代赈，干预城镇化；建立政府专门机构——公共工程局，实现再城镇化；兴建基础设施促进区域城镇化等方式来实现的。在新政期间，中央和地方政府拿出132亿美元，以以工代赈的方式利用大批廉价劳动力，大规模建设城市公益福利设施和许多私人资本不愿提供的具有远期效益的工程项目。据统计，仅工程进展总署就建筑了12.2万幢公用房屋，66.4万英里公路，7.7万座桥梁，285个机场，1600所学校，2万个体育馆、美术馆和医院，开辟了20万英亩国有公园，以及许多游乐场所、水库和遍布全国的几十万个厕所，极大地改善了城市基础设施和生态环境。1933年6月成立的公共工程局和1935年5月成立的工程进展署，则举办了许多大型的、永久性的基础设施建设，包括公路、给水和排水系统、煤气厂、发电站、学校、法庭、县政府办公大楼、医院、监狱、水坝、运河大堤和防洪工程、桥梁、高架路、船坞、隧道、水利和灌溉工程的建筑以及开垦荒地。从1933年到1939年，公共工程局帮助建筑了美国新教育设施的70%，县政府办公大楼、市政厅和污水处理厂的65%，医院和公共卫生设施的35%，公路、桥梁、地铁等公共交通设施的10%。[①]

日本政府对城镇化的干预主要表现在国土开发和城市发展规划两个方面：在国土开发方面，第二次世界大战后日本开始了大规模的国土整治计划，对国土开发利用进行全面规划，以提高土地资源的利用效率和合理安排产业布局，保障城镇化的有序、高效进行。先后制定并实施的有关国土开发与城市发展的法律，共分为9大类，近220件。设置了专门负责国土整治的机构——国土厅，制定了被称为"国土开发宪法"的

---

① 纪晓岚：《论城市本质》，中国社会科学出版社2002年版，第231—232页。

《国土综合开发法》。后来，为保证《国土综合开发法》的顺利实施，日本政府又根据各地的特殊条件，分别制定了《北海道开发法》、《东北开发促进法》、《九州地方开发促进法》、《四国地方开发促进法》等一系列法律法规。[①] 在城市发展规划方面，日本政府先后制定了多层次、多种类型的城镇发展计划，以确保政府规划乃至城镇化进程的顺利实施。城镇发展计划分为全国计划、大城市圈发展计划和地方城镇开发计划等3个大类、14个小类，共有200余项计划。[②] 如《全国综合开发计划》、《国土利用计划》、《大都市圈整备计划》以及《地方城镇开发建设计划》等，明确地提出了城镇发展的方向、目标和主要内容。

（2）根据国情特点选择适合本国的城镇化道路

英国、美国、日本等发达国家城镇化发展的实践表明：任何一个国家城镇化发展模式的选择都是本国政治、经济、文化和社会发展水平等多种因素综合作用的结果，其城镇化的发展必须要根据自己的国情特点选择适合自己的发展道路。

在城镇化发展模式和发展道路的选择上，首先必须要正确认识本国在世界城镇化进程中所处的历史方位和国别特点，从而准确、合理地确定城镇化发展战略；其次必须要从国家的人口状况和经济社会发展实际出发，正确分析城镇化发展所面临的阶段性特征和区域发展实际，做到统筹兼顾、适当安排，使国家的城镇化进程与经济社会发展实际相符合，与人民生活水平相适应。

在城镇化发展中，城市不是越大越好、越集中越好、越多越好。城市过少、过大、过于集中，容易产生"城市病"；城市过多、过小、过于分散，就会影响集聚效益和规模效益。因此，城市发展布局必须坚持集中与分散相结合的原则，大、中、小城市结构适当、搭配合理。只有这样，才能在经济社会发展的基础上不断推进城镇化进程。

（3）城镇化要建立在产业发展的基础上

产业革命和现代大工业是城镇化的动力源和物质技术前提，只有产业发展到一定程度，才可以吸纳大量劳动力，才会吸引人口在城市的集

---

① 李林杰、申波：《日本城市化发展的经验借鉴与启示》，《日本问题研究》2007年第3期。

② 杨书臣：《日本小城镇的发展及政府的宏观调控》，《现代日本经济》2002年第6期。

聚，才能推进城镇化。

总的来说，没有工业化就没有城镇化，但工业化发展到一定阶段以后，工业化对城镇化的促进作用渐趋减弱，而服务业等第三产业的兴起，将会继续推动城镇化向纵深发展。工业化是城镇化的核心动力，但城镇化发展的后续拉动力，则主要来自于第三产业。如果说工业化发展所带来的是城镇化外延式量的扩张即城镇规模的扩大和城市数量的增多的话，那么第三产业发展所带来的则是城镇化内涵型质的发展即城镇软硬件设施的完善、城镇功能的健全和人民生活水平的提高。

美国、日本等发达国家在工业化过程中，除重视工业产业的发展和升级换代外，也非常重视服务业等第三产业的发展。其第三产业就业从工业化较早阶段开始就呈现出与第二产业同步增长或比第二产业就业优先增长的趋势。在城镇化初期，第三产业在城镇化发展中所担负的主要是工业化的辅助和补充作用；当工业化的分工和集聚达到一定程度后，尤其是工业化的中后期，社会上的企业与个人对第三产业开始有着越来越大的需求。企业社会化大生产要求城市提供更多更好的生产性配套服务，如通信、电子、科技等，而人民生活水平的提高则要求城市生活、娱乐、休闲设施的完善，要求城市提供更多的消费性配套服务，这些都极大地推动和促进了第三产业的发展、壮大。第三产业的发展和壮大在强化了城镇对农村剩余劳动力吸引力的同时，也为他们提供了更多的就业机会，从而进一步加速了农村剩余劳动力的转移和析出，并引导他们走进城镇，加速了城镇化，由此第三产业也就成为城镇化向纵深、更高质量发展的主导产业和强劲的后续动力。

(4) 城乡一体化协调发展

一个国家在实施城镇化发展过程中，首先必须合理确定和正确处理好城市发展与乡村发展之间的关系。实践证明，当城乡之间能够协调发展、实现了一体化发展时，就会促进和推动城镇化的良性、纵深发展，反之，最终则必然阻碍和延缓城镇化的发展。

在此，发达国家在城镇化发展中所采取的城乡一体化的发展战略和发展模式为我们提供了可资借鉴的经验。美国在推进城镇化过程中建立起了以国际性大都市—全国性中心城市—区域性中心城市—小城市和中心镇等为主体构成的多层次的城乡协调发展体系。依托大城市的辐射影响和带动作用,着力发展众多的小城市和中心镇,逐步形成大规模的城镇连绵群,从而完全打破了区域间的封闭和阻隔状态,突破了原有城乡界限,使得城镇与郊区、城镇与乡村的差异逐渐消失。在全国50个州,3043个县(郡),35153个市、镇(村),[1] 基本实现了城乡一体化发展的格局。

与美国所采取的发展模式不同,日本则是一方面通过制定相关的产业支持和鼓励政策推动和引导城市工业逐渐向农村区域扩散,从而在农村一定区域内形成新的产业集聚,带动城乡经济与社会结构的加速融合与发展,建设新城,从而实现农村村民的就近就地转移和就地城镇化;另一方面是把处于同一地域空间的城市和农村作为统一的整体,由中央政府和地方政府统一规划管理,并适时根据实际需要,进行统一调整。同时,各城市的城市建设规划也不再仅仅局限于城市内,而是扩展到了周围的农村地带。[2]

2. 发达国家城镇化的主要教训

(1) 缺乏有效发展规划,将影响城镇化健康发展

在城镇化进程中,搞好城镇发展规划是至关重要的。大到一个国家,小到一个城市,好的城市发展战略和发展规划不仅能起到事半功倍、促进城镇化健康、协调、快速发展的效果,而且能够有效节约城市用地,避免重复建设,提高资金利用率,防止产业结构雷同,制止和降低环境污染和生态破坏。

美国、日本作为一个高度城镇化、现代化的发达国家,其城市发展规划所走过的路,所经历的主要教训,对于城镇化快速发展中的我国今后的城市发展战略和发展规划,尤其是大城市的发展战略和发展规划无疑是提供了非常宝贵的经验借鉴和启示。

美国国土辽阔,人均土地占有面积是我国的4倍多。丰裕的土地资源导致了美国在很长时期内对其城市发展缺乏有效规划,采取了一种自由"蔓延式"的城市发展模式。蔓延(urban sprawl)式的城市发展模式是指在服务和城市就业核心区以外的一种低密度、青蛙跳跃式的空间

---

[1] 朱文忠、杨章明、朱坚强:《小城镇发展导论》,立信会计出版社2002年版,第413页。
[2] 李林杰、申波:《日本城市化发展的经验借鉴与启示》,《日本问题研究》2007年第3期。

发展模式。这种模式将居住与就业、购物、娱乐、教育等分离，因而要求通过小汽车来实现空间移动。从社会经济的可持续发展的角度而言，蔓延式的城市发展不仅是一种不负责任的城市发展模式，因为它会带走内城社区的税基、破坏农地和空地，增加城市成本（交通和环境）；① 同时，蔓延式的城市发展也是一种低效的城市发展模式，短期看它可以实现城镇化水平的快速提高，但从长期看它必将给其城市的可持续发展造成巨大的压力。①造成了土地浪费和大量农田、湿地和森林被毁。1982—1992年，美国全国平均每小时失去农地45.7英亩，每天损失400万英亩。尽管美国的城市人口不多，但是城市面积却很大，并且其城镇化所占土地增幅大大高于其人口的增长速度。如芝加哥从1985年至2000年的15年间城市用地扩大了40%，而城市人口只从270万增加到290万，增长不到5%。② ②加剧了城市空心化。从1970年起，美国郊区人口就超过了中心城区人口。许多城市老城区破败，设施得不到更新，商业服务、文化教育、休闲娱乐的优势得不到很好发挥，市中心经济空洞化，呈现出颓败的景象。③ 在20世纪后期出现的这种"蔓延式"的城市发展模式，是美国在其城镇化进入加速发展期以后缺乏有效规划的一种集中体现。

当前，我国正处在城镇化加速发展期，也同样存在着对城市发展缺乏有效规划和治理以及摊大饼式的无序发展等问题。我们必须从美国这种"蔓延式"的城镇化发展中汲取经验和教训。最根本的，是要立足于我国的现实国情和发展实际，明确思路，开阔视野，借鉴先进经验，吸取惨痛教训，把理论与实践、共性问题与个性问题紧密结合起来，设计好、规划好、管理好我国的城市发展。

（2）防止城市病

城镇化在为经济社会发展、人类进步做出了重大贡献的同时，也给人类社会带来了许多问题与挑战，其中最为突出的就是城市病。对城市

---

① 丁成日、孟晓晨：《美国城市理性增长理念对中国快速城市化的启示》，《城市发展研究》2007年第4期。

② 杜和平：《美国城市规划建设的经验教训和启示》[EB/OL]（http：//www.villachina.com/2007-07-18/1141135.htm，2006-6-18）。

③ 杜和平：《忠县县委书记杜和平考察美国城市规划建设的认识与思考》[EB/OL]（http：//old.zzxw.net/home/text.asp?ClassTop=999&TextType=&id=9896，2006-6-18）。

病问题，不同的专家、学者有不同的观点和看法，但一般认为，所谓城市病是指在城市发展过程中，伴随着人口和生产集聚程度的提高而出现的，城市基础设施、自然资源、生态环境等与城市发展不相协调的一系列问题。

英国是世界城镇化的肇始国，不仅首先开始和实现了城镇化，同时它也是世界上第一个受到城市病影响和较为成功地治理城市病的国家。由于英国一味追求工业的发展和财富的积累，忽视人口、资源与环境的协调发展，因此在城镇化发展的后期，英国原来隐性存在的城市病，逐渐地显现出来。

①人口膨胀，住房短缺。伦敦在1801年只有大约100万人口，主要集中在一个距离市中心大约3.2公里半径的范围内，到了1851年人口则增长了两倍，达到了200万人口，但半径只扩展了1.6公里，城市人口密度畸高。[①]并且，城市病导致了城市住房短缺，居住条件恶化，形成了众多的贫民窟。其中，仅伦敦万人聚居的贫民窟就有20个以上；曼彻斯特市内有2万人居住在地下室里，占工人总数的12%；在利物浦每6人中就有1人住在地窖里，百姓的平均寿命仅为29岁。[②]

②环境污染，生态恶化。1952年12月5—9日，伦敦发生了震惊世界的烟雾事件———一次严重的空气污染事件，造成多达12000人因为空气污染而死亡。据史料记载，从12月5日到12月8日的4天里，伦敦市死亡人数达4000人。根据事后统计，在发生烟雾事件的一周中，48岁以上人群死亡率为平时的3倍；1岁以下人群的死亡率为平时的2倍。一周内，伦敦市因支气管炎死亡704人，冠心病死亡281人，心脏衰竭死亡244人，结核病死亡77人，分别为前一周的9.5、2.4、2.8和5.5倍，此外肺炎、肺癌、流行性感冒等呼吸系统疾病的发病率也有显著增加。12月9日之后，由于天气变化，毒雾逐渐消散，但在此之后两个月内，又有近8000人因为烟雾事件而死于呼吸系统疾病。此后的1956年、1957年和1962年又连续发生了多达12次严重的烟雾事件。

③交通拥挤，出行困难。据统计，英国在1920年只有18.7万辆私

---

① 刘亭、史先虎：《推进郊城化，防止"城市病"》，《浙江经济》2001年第4期。
② 李冈原：《英国城市病及其整治探析——兼谈英国城市化模式》，《杭州师范学院学报》2003年第6期。

人小汽车，1939年则猛增到203.4万辆，1950年为230万辆，1960年为550辆，1973年则达到1350万辆，从1920年到1973年的半个世纪的时间里私人汽车拥有量比原来翻了72倍。① 迅猛地发展，使得城市交通不堪重负。与英国同为发达国家的美国，约有2.9亿人口，其机动车拥有量约1.8亿辆，汽车的普及虽然带来了便利，但也使交通堵塞成为美国城市的一大顽症。据美国交通部门统计，美国城市因堵车使人们每月在公路上多停留了36个小时。②

④道德沦丧，犯罪率高。正如1835年托克维克论及曼彻斯特市时所说："从这污秽的阴沟里流出人类最伟大的工业溪流，肥沃了整个世界；从这肮脏的下水道中流出了纯正的金子。人性在这里获得了最为充分的发展，也达到了最为野蛮的状态，文明在这儿创造了奇迹，而文明人在这儿却几乎变成了野蛮人。"据统计，1819年苏格兰因刑事罪被捕的只有89件，而1837年则是达到了3176件，1842年更是高达4189件。③

今天，我国在城镇化进程中，虽然由于城乡二元结构的限制尚未出现严重的城市病，但随着城乡一体化的推进及原有城乡壁垒的消除，城市问题也必然日益突出。如何妥善解决这些问题，避免重复走发达国家走过的老路，是摆在我们面前的一项十分重要而紧迫的任务。造成城市病的主要原因是城市发展缺乏合理规划和有效的城市管治，因此防止城市病也必须以此为切入点。最根本、最可行的路径，就是要以科学的城市规划预防"城市病"，以科学的城市管理医治"城市病"。

三 发达国家城镇化发展的制度启示

发达国家城镇化的历史表明，城镇化的过程，不仅仅是一个人口向城市集中的过程，同时它更是一个与之相关的法律制度不断发展和完善

---

① 谭仲池：《城市发展新论》，中国经济出版社2006年版，第47页。
② 杜和平：《忠县县委书记杜和平考察美国城市规划建设的认识与思考》[EB/OL]（http://old.zzxw.net/home/text.asp?ClassTop=999&TextType=&id=9896，2006-6-18）。
③ 李冈原：《英国城市病及其整治探析——兼谈英国城市化模式》，《杭州师范学院学报》2003年第6期。

的过程。西方发达国家在其实现城镇化的过程中均建立和实施了相对完备、融统一性与灵活性为一体的城市发展制度规范和制度保障体系,这些制度规范和制度保障体系成了发达国家实现城镇化的又一个积极的推动因素。目前,我国在加速城镇化发展过程中,也遇到了发达国家在城镇化实践中不同程度地出现和存在过的,诸如土地制度、户籍制度、就业制度、社会保障制度等方面的亟待解决的突出矛盾和问题。虽然我国现在和这些发达国家城镇化发展时所处的政治、经济、文化等基本国情不同,但他们解决问题的思路,丰富的经验,先进的成果,宝贵的制度模式,为我国实现城镇化的健康发展提供了难得的经验借鉴和启示。

(一) 发达国家的土地制度及启示

1. 发达国家的土地制度

土地问题是任何一个国家进行城镇化必然会面临的一个现实问题。美国和日本等发达国家城镇化进程中,在土地征用补偿、土地转让、土地保护等方面所制定的制度,所采取的政策和措施效果较为显著,值得我们学习、借鉴。

(1) 土地征用补偿

土地征用在美国称为"最高土地权的行使",在日本称为"土地收用"或"土地收买"。美国联邦宪法第五条修正案规定:"非依正当法律程序,不得剥夺任何人的生命、自由或财产;非有合理补偿,不得征用私有财产供公共使用。"[①] 这就意味着,土地征用必须具备三要件,即正当的法律程序、合理补偿、公共使用。在美国,一个具体的土地征收行为是否符合公共利益性要求,要由法院判决。在确认征用行为符合公共性利益要求后,就进入了征地程序。先由具有资格的正式审核员审核,审核员在征得土地所有者同意后,实地调查、汇总,提交审核报告给负责征地的机构。再由高级监督员进一步研究能否同意审核员提交的审核报告中的补偿价格。最后是征地机构向土地所有者或与之有利害关系的人报价,如果双方在价格上有分歧,可进行谈判,如果经过谈判后仍不能达成一致,则实施强制征用。土地征用补偿标准是根据土地征地

---

① 李茂:《美国土地审批制度》,《国土资源情报》2006 年第 6 期。

之日的土地市场价格、愿买愿卖的现金额计算，但确定的市价不反映买后的财产价值。其特点是不仅充分考虑土地所有者的利益，补偿土地现有价值，而且考虑补偿土地可预期、可预见的未来价值，以及必须考虑补偿因征用而导致邻近土地所有者经营上的损失。

日本政府于1951年制定了《土地征用法》。根据该法的规定，重要公共事业都可以运用土地征用制度。《土地征用法》第三条共列举了51项可以发动土地征用权的"公共（益）事业"，并且几乎每种"公共事业"均相应有一部法律来约束，政府没有任意行政权，以求最大限度地减少征用权行使的自由裁量度，维护公共利益的权威性。其征用土地一般遵循以下程序：申请征地→登记土地和建筑物→起业者与地权人达成征购协议→申请征用委员会的裁定→让地裁定→征用终结。土地补偿以"按正常市场交易价计价"为原则，采用正当补偿的标准，在大多数情况下以完全补偿标准确定土地补偿费。补偿项目主要由征用损失补偿、通损赔偿、数残存者赔偿、离职者的赔偿、事业损失赔偿五部分组成。

（2）土地转让

在美国、日本等发达国家由于较为普遍地实行土地私有制，因此在这些国家土地就是一种商品，在市场上可以自由买卖、租赁、抵押和赠予，买卖价格由市场决定。美国法律规定，保护私有土地和公有土地的所有权不受侵犯，允许土地买卖和出租，政府不予干涉。土地买卖双方达成协议后，只要到县政府办理变更登记，所有权便实现转移。

（3）土地保护

发达国家均制定了比较完善的土地保护制度，以保证城市和农业发展的可持续性。美国先后制定了《土壤保护法》（1933）、《泰勒放牧法》（1934）、《土壤保护和国内配额法》（1936）、《农业调整法》（1938）、《农业法》（1956）、《农业完善和改革法》（1996）以及《土地分区法》（州、县）等法律对土地的使用类型、范围等进行了严格规定，对农业用地转化成非农业用地进行严格限制。同时，推行"土壤银行计划"和"土壤保护储备计划"等，吸引和鼓励农场主对土地进行休耕、退耕，保护耕地。日本则制定了以《土地改良法》（1949）、《农地法》（1952）、《农业振兴区域整备法》（1969）、《农业经营基盘强化促进法》（1993）四项基本法为核心的农地制度规范体系。其中《农地法》明确规定,不从事农业耕作的法人和个人,不能拥有土地的所有权和借贷权;《农业振兴区域整备法》规定,严格限制在市、町、村确定的优良农业振兴区域内的土地转用和经济开发活动。①

2. 发达国家土地制度的启示

(1) 进一步完善土地征用及补偿等相关制度,加强对土地的规范管理

建立、健全完备的土地征用、开发、补偿和耕地保护制度,不仅是一个国家实现对土地资源可持续利用的根本保证,同时它也是一个国家土地发展战略、目标和政策的具体体现。与国外许多国家和地区相比,我国的土地征用范围太广,缺乏一个明确的限制性规定。这既不利于对我国的耕地进行有效保护,也不利于防止公共利益征地权的滥用。在土地征用补偿上,一直采用政府定价的不合理方式,导致补偿费用与土地实际价格差距较大。因此,我国必须采取切实可行的措施,尽快建立、健全和完善土地征用及补偿制度、基本农田保护制度等,加强对土地的规范管理,严格控制优质耕地转化为非农建设用地。

(2) 加快建立、健全土地市场,实现土地使用权的合法有序流转

土地市场是以价格为杠杆,调整土地供需关系,实现土地使用权的合法有序流转和土地资源优化配置的最佳场所。建立、健全土地市场是完善社会主义市场经济体系,充分发挥市场配置土地资源基础性作用,提高土地经营利用水平和使用效率的基础和前提。当前,重点是要建立、健全土地市场各项基本制度,如土地储备制度、建设用地总量控制制度、城市建设用地集中统一供应制度、土地使用权公开交易制度、基准地价定期更新和公布制度、土地登记资料可查询制度、集体决策制度等,以此来规范市场运行。

(3) 建立和完善政府理性干预机制和非政府监督机制

由于市场运行的外部性等原因,土地市场也同一般商品市场一样存在"市场失灵"现象,需要政府综合运用经济、法律手段以及国家的宏观发展战略、区域发展战略对土地市场进行科学的间接宏观调控。当

---

① 王景新:《中国农村土地制度的世纪变革》,中国经济出版社 2001 年版,第 340—428 页。

然，政府干预土地市场的行为必须保持在一个理性的范围内，目的必须在于保证土地市场的健康运作，即进行调控的目的是为了保证土地市场的高效率，校正市场的"失灵"，实现公共利益用地目标和控制土地价格上涨及土地投机行为等。

同时，要建立、健全非政府的土地监督组织。如美国的农场局联合会，它是代表农场主利益、拥有 340 多万会员的非政府组织。它根据农场主的利益需求来确定自己的政策倾向，通过游说国会、政府和议员来支持或反对某一项法案，它的存在不仅有利于土地的合理利用，同时也有利于抑制土地投机，约束政府的不合理土地行为。

（二）发达国家的户籍制度及启示

1. 发达国家的户籍制度

户籍管理制度是一个国家的基本社会管理制度，是其他各项社会管理制度的基础和前提。国外一般称之为"民事登记"、"生命登记"或"人事登记"，而我国称之为户籍管理。虽然叫法不一，但基本上与我国的"户籍"管理相似，即它所证明的只是人的出生、居住、职业、教育和婚姻等基本情况，并不代表人的身份。世界上大多数国家不仅在户口管理中不存在身份的不平等，而且在相关的社会领域里也极力避免因身份不同而造成不平等待遇。

民事登记内容详尽，不仅有公民出生年月、性别、单双胞胎等内容，甚至还有其父母的职业、经济收入、国籍、宗教信仰等相关内容。

管理主体明确，多数国家由内务或司法部门主管，少数国家划归卫生、统计部门管理或由其他部门分管，个别国家由国家直属的人口登记局管理（阿根廷）或教会管理（瑞典）。

管理方式灵活，以法国、日本和美国为例。

在法国，婴儿从出生之日起，他的出生年月、性别、父母的职业、经济收入、国籍、宗教信仰等相关内容便记录在案。并且每一个公民只对应一个社会保险号码（类似美国的社会安全号码），在全国范围内享受医疗保险、失业救助、住房补贴、看病就医等一切福利。没有城乡界限和差别，无论是城里人下乡，还是农村人进城，都没有任何强制性或非强制性的限制措施，如果进行迁徙，只要通知以前的社会保险机构，将其个人资料转到新住址所在地的相应机构即可。父母调动工作，子女的入学也不会受到任何影响。①

在日本，每一个国民都需要办理一种住民票，这是日本户籍管理中常用的一种文本，它以每一个人的居住地为基础设立，上面标有姓名、出生年月日、性别、与户主的关系等，住民票完全随住址迁移。如果居民要搬离现居住地，只需要在搬出之前先到当地政府办理住民票迁出证明，注明迁出原因和计划前往地址，搬入新址后，14天内到新住地政府办理迁入登记即可。

美国实行的是出生、死亡登记制度，即国家只进行公民出生、死亡登记。平时公民只要持有护照或社会安全号码②，就可以自由迁移、移民、旅游和工作。迁移登记以个人纳税地点为依据，即一个人及其子女能否获得在当地的发展权，不在于他有没有当地户籍，而在于他有没有向当地政府纳税，充分体现了权利与义务的对等原则。

2. 发达国家户籍制度的启示

(1) 实现人口自由迁徙，必须以制度无障碍为前提

发达国家城镇化的经验表明，人口自由迁徙是城镇化的前提，而我国实现城乡有别户籍制度的一个基本考量却是固化农村人口，限制城市人口。户籍除了具有证明公民身份的功能外，同时它也是衡定利益和资源分配的重要依据，控制着人们的活动范围，是充当调控人口向城市流动和流量阀门的主要手段之一。在发达国家，公民之间身份平等，公民的医疗保险、失业救助、住房补贴、看病就医等一切福利也呈现出无差别的特征，而在我国不仅城镇户口与农村户口以及不同规模城市的户口之间，存在着身份等级差异，而且在生活资料的供应、医疗卫生、子女入学、就业、养老保险、失业救济等方面享受的待遇也明显不同。户籍成了城乡居民之间难以逾越的制度藩篱，造成了城乡之间两大截然不同

---

① 刘怀廉：《中国农民工问题》，人民出版社2005年版，第332页。

② 在美国，社会安全号码（Social Security number, SSN）是发给公民、永久居民、临时（工作）居民的一组九位数字号码，是依据美国社会安全法案（Social Security Act）205条C2中的记载。这组数字由联邦政府社会安全局针对个人发行。这个号码动态记载个人的身份资料、教育阅历、供职变更、家庭情况、财产情况、纳税报告、信用记录、违规违章违法记录等，好像是一个活的个人档案资料库，全国联网。社会安全号码主要的目的是为了追踪个人的赋税资料，但近年来已经成为实际上（De facto）的国民辨识号码。

的利益群体，成了我国城镇化进程的巨大阻碍。

（2）进一步明确管理主体和管理职能

目前，我国人口管理政出多门、职能分散。比如，国家计划生育委员会控制人口的出生、统计育龄妇女数及人口的生育状况；公安部管理户口登记、控制人口迁移、进行年末人口统计；国家统计局进行人口抽样调查；国家计委管理"农转非"计划；国务院还直接领导全国人口普查，导致计划生育政策的执行与人口的出生登记制度经常发生冲撞；公安部、国家统计局、国家计划生育委员会分头统计人口，统计数据间也经常互相有出入。我们应该借鉴发达国家的成功经验，尽快建立统一的人口管理委员会或类似机关，或指定部门负责，明确管理主体和管理职能，统筹全国的人口管理工作。

（3）采取积极措施，简化管理体制，减少迁移环节

与国外在居民迁移管理上普遍实行事后迁移制度不同，我国实行的是事前迁移制度。即居民如果要由农村迁往城市首先必须获得迁移目的地城市劳动部门的录用证明、学校的录取证明或者城市户口登记机关开具的准迁入证明或文件，然后持相关证明或文件到常住地户口登记机关申请办理迁出手续，拿到户籍迁出手续后再到迁移目的地公安机关办理落户手续，进行相关户籍登记。管理环节多、迁移手续繁琐、迁移周期长。

（4）改革原有城乡有别的居民身份管理模式，探索无差别管理模式

在我国，婴儿出生，随母落户。母亲的户口性质不同，婴儿的户口性质就不同，一旦被登记落户，要想迁移，将受到劳动用工制度、社会福利制度等多方面的限制。农村居民的子弟除考学等少数途径外，绝大部分都承袭父母的农村户籍，城乡有别色彩较浓。如何强化动态情况下无差别的人口管理，仍是户籍制度改革所面临的难题。对此，发达国家实行的社会保险号和社会安全号的做法为我们提供了一条可行的有效途径。

（三）发达国家的就业制度及启示

1. 发达国家的就业制度

就业有广义就业和狭义就业之分。广义的就业是指劳动力要素和生产资料要素结合的状态，它是通过劳动过程中人和物的结合形成社会生

产力，为社会创造财富。狭义的就业是指具有劳动能力并处在法定劳动年龄阶段的人，从事某一岗位的工作或合法的社会经济活动以获取劳动报酬或经营收入的一种活动。① 充分就业是凯恩斯1936年在他的《就业、利息和货币通论》中提出来的，是一个相对概念，它不是指一切有劳动能力的人全部就业，而是指在某一倾向工资水平下愿意就业的人都能就业。当充分就业实现时，便消除了非自愿性失业现象。②

一国劳动力的就业状况如何，制度完善与否，不仅直接关系着劳动力资源的配置效益，而且直接影响着社会资源的合理利用和城镇化的水平及质量。发达国家在城镇化发生、发展的各个时期均制定和实施了一系列有利于促进就业和再就业的政策措施，为我国就业和再就业制度的完善及相关工作的开展提供了难得的参考样本。

（1）高度重视就业和再就业制度建设

为保障就业，发达国家一直把完善就业和再就业制度作为经济工作的中心问题。美国先后制定和通过了《社会保障法》（1935）、《就业法案》（1945、1946、1964）、《人力开发与培训法》（1962）、《职业教育法》（1963）、《青年就业与示范教育计划法》（1974）、《充分就业与平衡发展法案》（1978）、《就业培训合作法》（1983）、《工人调整和再训练通知法》（1988）等相关法律制度及其修正案。日本则先后制定了《职业安定法》（1947）、《失业保险法》（1947）、《紧急失业对策法》（1949）、《职业训练法》（1958）、《职业安定法》（1960）、《残疾人雇用促进法》（1960）、《雇用对策法》（1966）等相关法律制度，形成了以雇用对策法为基础的完整的就业促进法律体系。

（2）改革失业保险制度

发达国家普遍建立了失业保险制度，为失业者提供物质帮助，维持其基本生活，为他们再就业提供缓冲期。失业保险制度具有保护失业的劳动者将来从事劳动和维护社会稳定的功能，而不是要使不想工作的人不劳而获。因此，各国在不断完善已有失业保险制度，强化其保障功能的同时，也制定了相应的失业保险约束机制，对"自愿失业"的劳动

---

① 郑功成：《社会保障概论》，复旦大学出版社2005年版，第188页。
② 同上书，第189页。

者进行限制。如英国为18—24岁的失业青年提供了四种选择：①在就业机构允许的范围内接受为期6个月的全日制教育；②同雇主实行联合就业培训制，对同意实行这种做法的雇主实行减税；③在伴有培训安排的尽义务的部门就业；④在伴有培训安排的当地环境部门就业。① 除规定失业青年必须从中选择一种外，还规定失业人员只有在愿意接受职业培训和能证明其在积极寻找工作的情况下，才可领取为期6个月的失业救济金，期满仍未找到工作的则要申请其他救济金。

（3）不断强化和完善就业培训

发达国家在失业人员中广泛开展就业和再就业培训，并设立相应的机构，把它视为实现再就业的重要内容和基本前提。

美国建立了以"一揽子职业中心"为主体的就业再就业培训体系。就业培训由劳工部具体负责，州、地方政府、企业和个人配合进行，联邦政府提供资金支持。职业中心向全体求职者提供全国各地的职业培训计划及实施机构情况，再就业服务项目情况，以及劳动力市场信息；对求职者进行评估和测试，以帮助其选择适合的职业培训计划；开展职业介绍，进行工作匹配；宣传介绍失业保险规定，帮助失业者领取失业保险金；接待与就业有关的一切咨询，并协助解决问题。同时，建立了由用于登记和发布用工信息的工作岗位网，用于登记和发布求职信息的人力资源网，提供地区经济和产业发展动向、就业增长预测、各产业工资福利水平等的劳动力市场信息网，提供培训信息、出售培训课程计划的培训网等构成的完善的劳动力就业信息服务网络。在克林顿政府执政期间，美国的失业率一直保持在近三十年来的最低水平——5%左右，这其中就业培训功不可没。②

日本则分别建立了由国家或都、道、府县、劳动福利事业团等公共部门主办的和民间主办的就业培训体系，对失业者进行就业训练和相关指导。

（4）积极鼓励、促进中小企业发展

汪继福教授在对西方国家的就业状况进行考察后认为，"中小企业一般在创造就业机会方面更具活力，更容易适应经济环境的变化，也是

---

① 穆怀中：《社会保障国际比较》，中国劳动保障出版社2001年版，第232页。
② 张小冲、张学军：《经济体制改革前沿问题：国际比较与借鉴》，人民出版社2003年版，第508—510页。

吸收就业的主要渠道。在西方国家，失业人员走向中小企业或自办小企业，是近年来就业市场的特点之一。在欧盟，中小企业已成为本国工人的最大雇主，各国中小企业占企业总数的比重为99.9%，就业人数占就业总数的比重为72%。各国为促进中小企业发展采取了多种措施。主要有提供专项贷款，实行优惠利率，减免税收，简化各种行政手续，公平合理地让中小企业参与政府项目的投资，探索建立服务系统、提供技术服务和实行合作网络等"[1]。

2. 发达国家就业制度的启示

(1) 完善就业和再就业制度

目前，我国就业工作中所面临的法律基础不完善、实施方式不规范、劳动力市场多重分割等问题，实质上都是就业制度建设不健全、不完善的具体表现。它不仅影响了就业工作的高效开展，而且也严重制约着我国经济社会的发展和城镇化进程。因此，在现阶段，我们必须把制度建设放在就业再就业工作的突出位置。抓紧、抓好就业监督及配套机制建设，重点是要加快建立、健全适合我国国情的失业保险体系。健全的失业保险体系是采取积极有序的就业政策缓解失业压力的重要基础。面对我国隐性失业显性化、国有企业下岗失业人员增加、大学生群体就业压力加大等问题，要缓解就业压力、维护社会稳定，必须尽快建立、健全我国覆盖所有职业和社会群体的失业保险体制。

(2) 加强就业培训，完善就业服务

针对目前我国就业培训制度不健全，资金投入不足，管理分散，培训市场不规范，培训机构参差不齐，培训内容单一，就业适应性差，供需脱节等突出问题，要尽快建立、健全政府扶持、社会参与、种类齐全、形式多样、面向全体劳动者的职业技能培训体系。加强创业培训和再就业培训，加强对下岗失业人员的再就业培训，为他们提供符合市场需求、具有实用性的技能技术，尤其是要将没有接受过职业技能培训的劳动者，特别是农村剩余劳动力纳入到职业技能培训体系中来。加快建立统一、开放、竞争、有序的就业市场，充分发挥市场在人力资源配置

---

[1] 汪继福、罗恩立：《西方就业理论与实践及其对我国的启示》，《西安交通大学学报》2000年第4期。

中的基础性作用。加强就业信息网络建设,充分发挥网络信息传输速度快、及时、便捷的优势。加快劳动就业市场信用体系建设,规范企业和个人的就业行为。①

(3) 大力发展中小企业和服务业,采取多种方式促进和扩大就业

充足的就业岗位是扩大就业的前提,没有充足的就业岗位就难以实现充分就业,而在这方面中小企业和服务业等劳动密集型产业具有明显的发展优势,是我国农村剩余劳动力转移的主渠道。据 1995 年全国工业企业普查资料统计,在我国,大型企业创造一个就业岗位需投资 22 万元,中型企业创造一个就业岗位需投资 12 万元,小型企业创造一个就业岗位只需投资 8 万元。同等数量的投资,中小企业提供的就业人数是大型企业的 2—3 倍。② 因此,要积极扶持中小企业和现代服务业发展,实施一定的政策倾斜,着力解决中小企业在发展中的融资难等相关问题。同时,积极发展对外劳务输出,采取非全日制、临时性、阶段性和弹性工作时间等多种灵活的就业形式,实现和扩大就业。

(4) 注意发挥政府与市场的双重功效

发达国家的就业和再就业是通过市场来实现的,市场在人力资源有效配置中发挥着主体作用,即劳动力供求双方通过自由选择、互相竞争并达成契约来实现就业。但市场主体作用的发挥并不排斥政府对就业和再就业进行宏观调控。在就业中,政府的作用主要体现在:①制定劳动法律法规,协调劳资关系,维护平等就业。②建立社会保障体系。其中,与就业联系最紧密的是工伤保险、失业保障和养老保险。③采取积极的劳动力市场政策,促进就业等方面③。美国在 1945 年和 1946 年通过的《就业法案》,就直接肯定了政府在控制失业达到充分就业中的责任。1964 年的《就业法案》则进一步规定了国家有保持高水平的产出、就业和贸易能力的责任。

---

① 编写组:《〈中共中央关于构建社会主义和谐社会若干重大问题的决定〉辅导读本》,人民出版社 2006 年版,第 96 页。
② 崔常发、徐明善:《高层讲坛:十六大以来中央政治局集体学习的重大课题》(上),红旗出版社 2007 年版,第 49—50 页。
③ 汪继福、孟宪生:《西方国家解决就业问题的举措对我国的启示》,《外国问题研究》1998 年第 3 期。

（四）发达国家的社会保障制度及启示

1. 发达国家的社会保障制度

一般认为，现代社会保障制度最早起源于英国。1601年英国女王伊丽莎白颁布了《济贫法》，又称"伊丽莎白济贫法"或"伊丽莎白43条"，这是最早的国家干预生活保障问题的立法。德国则是世界上最先建立起社会保障制度的国家，以1883—1889年先后制定并颁布的《疾病保险法》、《意外工伤保险法案》、《老年及残疾保险法》等三部社会保险法令为标志，其后迅速被其他国家仿效，进而成了许多国家社会保障体系的主要内容。[①]

在社会保障制度的形成、建立和发展过程中，由于世界各国的经济发展水平、历史文化、道德传统和社会制度的不同，其社会保障的模式也不尽相同，主要有四种类型，即以英国和瑞典等北欧国家为代表的福利国家模式，以德国、美国、日本为代表的社会保险模式，以新加坡等东南亚国家为代表的强制性储蓄模式和以苏联、东欧等社会主义国家为代表的国家包办模式。其中，发达国家采取的主要是前两种模式。

福利国家模式，这是一种建立在国家公共权力之上的社会保障制度模式。它以国家和政府为责任主体，设有统一的社会保障管理机构，不仅承担着直接的财政责任，而且承担着实施、管理与监督社会保障的责任；以普遍覆盖和全民共享为目标，社会保障范围由生到死，几乎无所不包；社会保障资金主要来源于高额税收政策和广泛而优厚的公共补贴制度（如基本年金项目包括养老年金、残废年金和遗属年金等）；通过累进税制等方式对国民收入的再分配进行有力调节，以缩小社会各阶层居民收入差距，消灭物质方面无保障、匮乏贫穷等现象，消除经济上和社会上的不平等。[②] 英国社会学家哈罗德·韦伦斯基在《福利国家与平等》一书中指出，"福利国家"的关键是政府保证所有公民享有最低标准的收入、营养、健康、住房、教育和就业机会，公民们享受这些服务是公民的政治权利而不是接受慈善家的施舍。[③]

[①] 郑功成：《社会保障概论》，复旦大学出版社2005年版，第89—90页。
[②] 同上书，第93页。
[③] 朱铁臻：《城市现代化研究》，红旗出版社2002年版，第606页。

社会保险模式,这是一种以社会保险为重点,通过雇主和雇员交纳保险费,实行"自助",国家给予适当资助,以使社会成员在疾病、失业、年老、伤残以及由于婚姻关系、生育或死亡而需要特别援助的情况下得到经济补偿和保障,维护国民经济稳定和均衡发展的社会保障形式。多数欧洲国家及美国、日本等都采取了这一模式。该模式以劳动者为核心,即社会保险面向劳动者,且主要是工薪劳动者,围绕着劳动者在年老、疾病、工伤、失业等方面的风险设置保险项目,用以保障劳动者在遭遇这些事件时的基本生活;采取责任分担的原则,即雇主与劳动者个人分担社会保险费的不同比例,国家给予适当补贴的原则,从而建立起了一种风险共担、责任分担的社会保障机制;强调权利与义务的有机结合,即强调劳动者享受社会保险的权利与缴纳社会保险费的义务相联系,多缴多得,少缴少得,不缴不得。[①]

2. 发达国家社会保障制度的启示

(1) 从本国国情出发,建立、健全与经济发展水平相适应的社会保障制度

发达国家的社会保障制度的形成和发展都有本国的历史背景和社会环境。历史环境不同,社会保障制度的起点不同,范围也不同。我国社会保障制度的改革和完善必须立足于我国实际,以经济发展为基础,根据经济发展水平合理确定保障方式和保障标准,量力而行,循序渐进,[②] 不能盲目求大求全。我国是一个发展中的大国,经济社会发展不平衡,城乡居民收入差异较大,这不仅决定了我国建立、健全社会保障制度的艰巨性、复杂性和长期性,也决定了我国社会保障制度的建立过程不可能是一次性的和单一的,而必然是城乡有别、区域有别、分类管理和以国家、政府保障为主体,以商业保险为补充,民间参与、个人支持的养老、医疗、最低生活保障等多层次、多元化的社会保障体系。当前,在建立、健全社会保障制度过程中需要重点考虑的是国民经济所能

[①] 郑功成:《社会保障概论》,复旦大学出版社2005年版,第89—90页。
[②] 编写组:《毛泽东思想和中国特色社会主义理论体系概论》,高等教育出版社2008年版,第177页。

提供的物质资源及政府、企业与个人的承受能力。①

（2）坚持国家、企业、个人合理分担的原则，多渠道筹措社会保障资金

发达国家社会保障资金来源于社会各个方面，除主要由国家政府、雇主和雇员按一定比例共同承担外，还有一部分来源于社会保障资金的增值。其中，在国家政府、雇主和雇员共同承担的比例中，一般个人与企业约占1/2—2/3。据统计，1990年德国的社会保险收入中，私人家庭交纳占30%、企业交纳占31%，② 政府财政补贴及其他收入占39%，企业和个人负担了大部分。我们应当借鉴发达国家成功的经验，一方面逐步建立、健全和完善国家、用人单位和个人分担的社会保障资金筹措机制，增加国家财政的社会保障投入，规范企业和个人投入，吸引非政府组织和民间投资，充分调动社会各界参与社会慈善公益事业的积极性。另一方面实行社会保障资金投资多样化，确保资金保值、增值。改变我国社会保险基金只能存入银行或购买国家发行的社会保险基金特种定向债券及其他种类国债的单一的保值、增值方式，将一部分资金投资于股票、证券等具有高额回报的行业或房地产、交通、能源等具有稳定增值预期的相关产业。

（3）加强社会保障立法，尽快建立起完备的社会保障制度体系

社会保障制度是一个涉及面广、改革难度大的社会系统工程，因此它的建立和发展需要以强有力的法律作后盾。发达国家的社会保障是建立在法律制度基础之上的，法律体系非常健全，大到宪法、小到实施细则，内容都十分具体。不仅规定了公民享受社会保障的资格和权力，也规定了实施社会保障措施的政府的责任和义务。

尽管我国经过60年的建设，已制定了多部社会保障方面的法律法规，对于维系社会保障制度的运行起到了不可或缺的作用。但从总体上看，我国的社会保障立法工作明显滞后于经济和社会发展需要。主要表现为，立法主体混乱、层次低，覆盖范围窄，体系结构残缺，制度不健全，管理基础薄弱等。如社会保险是社会保障的核心内容，但目前我国还没有建立起

---

① 编写组：《〈中共中央关于制定国民经济和社会发展第十一个五年规划的建议〉辅导读本》，人民出版社2005年版，第455页。

② 张文祥：《德国社会保障制度及其对我国的启示与借鉴》，《河北经贸大学学报》1998年第6期。

统一的、适用范围比较大的社会保险法律制度，社会保险费用的征缴、支付、运营、统筹管理也很不规范，社会保障基金管理主要还靠行政手段。鉴于此，我们必须尽快建立、健全社会保障制度：一是要制定社会保障法和各类社会保险法；二是要逐步建立统一的社会保障管理机构，实现社会保障的规范化管理；三是要建立完善的社会保障监督机制。

第四章

中国特色城镇化制度创新原则与创新结构

本章研究的主要内容是：中国特色城镇化发展的趋势：主要是对我国城镇化的发展趋势进行分析、总结和预测。中国特色城镇化的制度创新原则：主要以我国城镇化发展的趋势和基本国情为依据，明确城镇化发展的未来价值取向和基本创新原则。中国特色城镇化的制度创新结构：主要是在明晰我国城镇化发展趋势和制度创新原则的基础上，合理确定我国城镇化进一步发展中对土地制度、户籍制度、就业制度和社会保障制度等进行创新的基本结构。

一 中国特色城镇化发展的趋势

（一）从政府主导型城镇化向国家宏观调控下的市场主导型城镇化转变

国家宏观调控下的市场主导型城镇化，是指把国家和政府的宏观调控、引导作用与市场机制的基础性、主导性作用有机地结合在一起的城镇化发展模式。其核心是城镇化必须尊重市场规律，尊重市场的选择。它有利于充分发挥国家计划"看得见的手"和市场调节"看不见的手"两种手段的长处，即一方面在宏观上有利于充分发挥国家和政府在制定城市发展总体规划、政策制定、市场监管、城镇管理、公共服务等方面运用经济、法律、行政等手段进行调节的长处，弥补市场机制的不足或市场机制无力涉及的领域；另一方面，在微观上有利于充分发挥市场机制在人口迁移、要素流动（集聚和扩散）、城市发展结构调整（内涵式发展或外延式发展）、城市之间的竞争与合作以及城乡关系调整等方面的基础性和主导性作用,推动城镇化进程。

从城镇化发展的内在要求和新中国成立以来我国城镇化发展的实践看,从政府主导型城镇化向国家宏观调控下的市场主导型城镇化转变是我国城镇化未来发展的一种必然趋势和必然选择。

1. 城镇化发展在客观上内在地要求充分发挥市场机制的作用

城镇化作为一种复杂的经济和社会现象,受许多因素的影响和制约。其中,人口流动和非农产业集聚是两个最重要的因素。

(1) 人口流动

就人口流动而言,在日益完善的社会主义市场经济条件下,究竟什么人流动,流动多少,流向哪里,不是单纯的政府意愿所能决定的,而是由人"追求自我利益"最大化的动机决定的。决定这一动机的因素主要包括:①流向地的收入水平,即流向地的预期收入水平同流动前所在地的收入水平相比是否存在差距。如果存在差距,那么人口流动就有了最初的驱动力,而且这种差距越大实现流动的内驱力越强,人口实施流动的可能性就越大;反之,这种差距越小,人口流动的内驱力越弱,实施流动行为的可能性就越小。②流向地就业或创业机会,即目标流向地是否存在较多的就业或创业机会。就业或创业机会越多对人口迁入的吸引力越强,流动人口也越趋于稳定。反之,当就业或创业机会较少,甚至严重缺乏时,人口就会从一个城镇流向另一个城镇,流动人口的相对稳定性就较差。③流向地的人口流动障碍,即目标流向地的信息传递是否及时有效、交通是否便利通畅、语言沟通是否无障碍以及文化风俗的差异度、城镇政策的宽松程度等,这些都会对人口流动预期和流动行为构成一定的影响,或有利或有弊。④流向地的社会保障状况。具体来说,它可以分为两个方面:一方面是流动人口完成流动后是否能够享受到与当地居民一样的无差别或基本无差别的社会保障条件和水平;另一方面是目标流向地所能提供的社会保障水平的高低。当流向地的收入水平、就业或创业机会、人口流动障碍等基本条件相同或相近时,流向地的社会保障状况在很大程度上往往就会成为流动人口最终价值选择的决定性因素。

(2) 非农产业集聚

一般来说,非农产业集聚的水平越高,城镇化发展的动力也就越大,城镇化的发展水平也就越高。但就非农产业的集聚而言,主要也不是政府作用的结果,而是市场调节与市场选择的结果,在当前社会主义市场经济条件下尤其如此。一种生产要素是否流动以及流向哪里,是由该要素的价值所规定的动态价格决定的。在要素供给量一定的情况下,要素逐利的本性决定了它必然要向价格相对较高的地区流动,从而使分散的要素在空间上相对集中,并引起和进一步促进生产的集中和非农产业的集聚。同时,生产的集中和非农产业的集聚反过来又进一步强化了生产性要素的流动和在空间上的集中。但在传统的政府主导型城镇化发展模式下,生产实行计划配置,各种要素的流动完全取决于政府的经济计划和产业布局及产业发展政策,具有很强的行政指令性,主观主义色彩浓厚,严重违背了价值规律和市场机制,导致了城镇聚集效益的扭曲,制约了城镇的良性发展,造成了我国城镇化进程发展滞后。

由此可见,在社会主义市场经济条件下,人口流动和非农产业集聚的逐利性,客观上内在要求城镇化发展要以市场为主导,充分发挥市场机制的作用。

2. 新中国成立以来我国城镇化发展的实践,要求我们必须摆脱政府主导城镇化发展的模式,转变政府职能

新中国成立以后很长的一段历史时期(1949—1992年)在传统的计划经济体制和社会发展模式下,我们所选择的是政府主导型的城镇化道路,人口、资源以及要素的流动均由政府通过计划调拨直接干预的手段来实现,政府意志和决策倾向决定着当时我国城镇化发展的方向和速度以及规模。从我国政府主导型城镇化的发展过程看,1949—1957年是政府有限干预的城镇化初步发展时期;1958—1977年是政府过度干预的城镇化剧烈波动时期;1978—1992年是政府适度干预的城镇化较快发展时期。[①] 由于政府掌握着强大的国家行政力和巨大的社会财富,因此政府主导型城镇化在新中国成立以后,在国家工农业落后、城镇化发展缓慢的背景下,短时间内就实现了国家经济的复兴和城镇化的较快发展,取得了显著的成绩。从1949年到

---

① 谷荣:《中国城市化建设丛书——中国城市化公共政策研究》,东南大学出版社2007年版,第32—33页。

1989 年的 40 年间，我国的城镇化水平由 10.6% 迅速提高到了近 30%，增长 19.4 个百分点，在与世界其他发达国家 40 年间城镇化发展速度的比较中居第 4 位。① 但随着城镇化的深入发展，政府主导型的城镇化模式越来越体现出了它的弊病。如容易受领导人意志的影响和制约；容易重视经济增长，忽视城镇化进展；容易重视城镇量的扩展，而忽视城镇质的提高和城镇功能的完善；容易重视城镇硬件设施的建设，而忽视城镇软件建设等。其中，从 1952 年到 1995 年的 43 年间，第二、第三产业增加值占 GDP 的比重上升 37.4%，第二、第三产业部门的劳动力人数占整个劳动力人数的比重也增加 30.5%，但同期的城镇人口比重却只提高 16.5%。2000 年世界平均城镇化水平为 48%，高收入国家为 78%，中等收入国家为 62%，低收入国家也达到 27%，而 2000 年我国加上建制镇中非农业人口数，市镇人口所占总人口的比重也仅为 36.1%。② 使得原本应该与经济增长同步发展的城镇化，却出现了与经济增长严重脱节的现象，政府主导已越来越与城镇化的发展不相适应，越来越成为城镇化发展的严重桎梏。目前，在我国社会主义市场经济体制已经初步建立，市场在资源配置中已开始发挥基础性作用、城镇发展所需要的生产要素绝大部分已由市场调节的情况下，对原有计划经济体制下形成的政府在城镇化发展中的作用进行重新定位和职能转换势在必行。

3. 政府在城镇化发展中的职能转变和宏观调控重点

所谓政府职能转变，就是指要使政府从宏观微观都管、大事小事都抓转移到主要抓好经济调节、市场监管、社会管理、公共服务等几方面的工作上来，真正承担起对这些工作的责任，从无所不为的"全能"型政府转向为所必为的责任政府。③ 实际上，我国政府职能转变的问题早在党的十三大上就已经提出了。十三大报告指出："在新的形势下，只有改善党的领导制度、领导方式和领导作风，才能加强党的领导作

---

① 高珮义：《中外城市化比较研究》，南开大学出版社 2004 年版，第 193—194 页。
② 曾令泰、卢明纯：《政府的"全能"与城市化的"失灵"——我国政府推动型城市化道路的历史考察》，《现代经济探讨》2006 年第 5 期。
③ 《〈中共中央关于制定国民经济和社会发展第十一个五年规划的建议〉辅导读本》，人民出版社 2005 年版，第 304 页。

用。""这个问题不解决,党的领导无法真正加强,其他改革措施也难以顺利实施。因此,政治体制改革的关键首先是党政分开。"[①] 虽然当时是从如何加强和改善党的领导,如何实现党政分开的角度提出来的,对建立何种类型的政府思路尚不清晰,但已使政府职能转变开始提上了"议事日程"。党的十四大提出,要"加快政府职能的转变。这是上层建筑适应经济基础和促进经济发展的大问题。不在这方面取得实质性进展,改革难以深化,社会主义市场经济体制难以建立"[②]。党的十七大报告则进一步指出:"加快行政管理体制改革,建设服务型政府。行政管理体制改革是深化改革的重要环节。要抓紧制定行政管理体制改革总体方案,着力转变职能、理顺关系、优化结构、提高效能,形成权责一致、分工合理、决策科学、执行顺畅、监督有力的行政管理体制"[③]。城镇化进程中政府职能的转换,就是要使政府从原有计划经济体制下政府主导城镇化发展的思维定式中解放出来,建立与社会主义市场经济条件下市场主导城镇化发展相适应的思维理念、思维方式和行为方式,实现政府从控制型的行政体制向治理、服务型的行政体制转变。

政府在城镇化发展中宏观调控的重点:

(1) 合理确定城镇化发展战略

一个国家、一个地区城镇化发展中首要的和最为关键的问题就是要科学、合理地制定和及时调整城镇化发展战略,这是一个长期、复杂和艰巨的系统工程,这样一个任务只有、也只能由掌握大量社会财富和社会资源以及强大行政力的政府来完成。在我国城镇化进程中,政府担负着从我国的历史和现实国情出发明确城镇化发展目标定位,根据地区差异合理确定城镇化发展速度和规模的任务;担负着根据我国国民经济和社会发展情况,主持制定国家城镇发展规划、区域城镇发展规划以及城镇发展体系规划等方面的任务。

(2) 制定和规范促进城镇化发展的制度

从世界城镇化发展的经验看,在城镇化发展进程中一方面我们要充

---

① 中共中央文献研究室编:《十一届三中全会以来党的历次全国代表大会中央全会重要文件选编》(上),中央文献出版社1997年版,第470—471页。
② 同上书,第173页。
③ 《十七大报告辅导读本》,人民出版社2007年版,第33页。

分发挥市场机制在城镇化发展中对资源配置的基础性和主导性作用,同时另一方面我们也要重视政府在土地制度、户籍制度、就业制度、社会保障制度、产业发展制度等政策、法律、制度方面,制定、发展和完善中的核心作用。政府职能转变的一个最重要的内容就是,政府要由原来的经济活动和城镇化的直接参与者转变为间接的公共服务和公共管理者,及时对阻碍和限制城镇化健康发展的体制和制度进行改革和调整,为城镇化发展构建良好的政策、体制和制度环境。

(3) 完善城镇基础设施

城镇基础设施是城镇形成和发展的最基本的物质载体,是衡量一个国家、一个地区城镇化质量高低的重要标志,它的发展速度和质量,将直接影响城镇的经济集聚能力和水平,影响城镇居民的生活质量。由于过去长期实行的政府主导型城镇化发展中单纯地强调经济增长,而忽视城镇基础设施建设,使得当前我国的城镇基础设施建设严重滞后于经济的发展和人民生活水平提高的需求,基本上处于低位运行状态,如全国大多数城镇中较为普遍存在的供水和供电问题、城镇污水和垃圾处理问题、城镇居民生活和休闲娱乐设施不足问题等,供需矛盾十分突出。因此,政府必须在城镇基础设施建设中发挥其主导和主体作用,切实提高城镇基础设施建设的质量、规模和层次,切实满足经济发展和人民生活的需要,解决历史遗留问题,有效缓解供需矛盾。

(4) 弥补市场调节不足

斯蒂格利茨认为,"政府和市场应各自扮演好自己的角色,从世界范围看,经济成功的国家中,既有小政府,也有大政府","问题不在于政府的规模,而在于政府做什么和怎么做"[①]。我们选择国家宏观调控下的市场主导型城镇化发展模式并没有否定和降低政府在城镇化中的积极作用,相反,是在另一个层次上提出了对政府有效调控城镇化的新的更高的要求。城镇化中政府的职能就是要综合运用政治的、经济的、法律的、行政的杠杆,对城镇的总体发展战略、发展政策、发展目标等,进行宏观规划、引导、协调、服务和监督,弥补市场调

---

① 饶会林、郭鸿懋:《城市经济理论前沿课题研究》,东北财经大学出版社 2001 年版,第 358—359 页。

节的不足和无力涉及的领域。唯有如此，才能保证城镇化沿着社会主义方向健康发展，才能保证城镇化取得最佳的经济效益和社会效益。如果只单纯地依靠市场调节来实现城镇化，那么市场机制调节本身的逐利性，决定了它最终完全可能会导致城镇化的非理性发展，甚至可能会导致城镇化"发展"与人民需求和经济发展需要背道而驰的局面，所以在市场主导型城镇化发展中我们必须重视和充分发挥政府的宏观调节和控制作用。

（二）大中小城市多元协调发展是我国城镇化的必由之路

在我国城镇化目标确立和发展过程中，众多专家和学者曾对于我们究竟应该选择什么样的城镇化道路，即大城市发展模式，还是中小城市发展模式，抑或小城镇[①]发展模式有过不同的争论，仁者见仁，智者见智，莫衷一是。

在城镇化进程中，无论是大城市，还是中小城市以及小城镇都既有各自的优势，也存在着各自的缺陷和不足。本书认为，我国农村有几个亿的剩余劳动力亟待转移，这绝不是某一种大城市发展模式、中小城市发展模式或小城镇发展模式所能单独解决的，单纯地强调哪一种城镇化发展模式都会有失偏颇。中国的现实国情和国内外城镇化发展的历史经验，决定了我们必须选择一条既要有利于充分发挥政府和市场两种机制作用，又要有利于避免城乡分化和城市病，有利于避免城镇发展"不经济"的城镇化新路子。而因地制宜，因时制宜，既有利于充分发挥大、中、小城市和小城镇各自的优势，又能兼顾各地地域特点的多元城镇化道路是我们的"（帕累托）最优选择"。

1. 走多元化协调发展的城镇化道路，是充分发挥大、中、小城市和小城镇各层级发展优势的现实要求

大城市的优势在于：大城市往往是国家的政治、经济、文化中心，是国际、国内进行经济社会交往的主要平台，规模大、设施好、经济效益高、聚集效应明显、就业机会多，是先进生产力最集中、最活跃的地

---

① 虽然城镇化与城市化二者在本质上是一致的，但我国习惯上把市和镇按人口标准进行了一定的划分。

方,具有较强的科技进步能力和经济扩散效应,对周边地区的辐射、带动能力强,在城镇化进程中起主导作用。据统计,同样是增加1万人,100万人口以上的大城市增加产值效益要比小城市高45%—47%。[1] 在发展中,大城市特别是特大城市要把发展的重点放到城市结构调整、功能完善、质量提高和环境改善上来。[2] 有条件的区域,要以特大城市和大城市为龙头,通过统筹规划,形成若干用地少、就业多、要素集聚能力强、人口分布合理的新城市群或城市带。[3]

中小城市的优势在于:中小城市都是某一区域的政治、经济和文化中心,在区域发展中起着核心作用。一方面,中小城市能有效克服大城市和小城镇的缺陷和不足。相对于小城镇而言,中小城市具有一定的经济发展基础和投融资环境,能够在一定程度上克服小城镇难以形成集聚效应的弊端。相对于大城市而言,中小城市能有效避免人口过多、就业困难、交通堵塞、住房拥挤、空气污染等"城市病"。因此,无论是对小城镇人口,还是对大城市人口,中小城市都具有一定的吸引力。另一方面,它又兼具小城镇和大城市的优势。由于中小城市贴近农村,既便于农民进城、向城市转移、带动农村经济发展,同时又具有一定的经济发展能力和集聚效应,有一定数量的各级各类型企业存在,能够提供相当数量的就业岗位和就业机会,因而往往成为农村剩余劳动力就近就地转移的最初动力和最初选择,同时它也为农村剩余劳动力就地就近转移后适应城市生活方式、思维方式和价值观念等提供了一个难得的"实验场所"。中小城市在发展中一定要充分考虑和发挥承上启下的比较优势,准确定位,明确发展方向,提高发展质量,充分体现城市个性和特点。[4]

小城镇的优势在于:小城镇是大中小城市与农村的接合部,是周边农村农副产品的交易平台和服务中介体。一方面,它有利于加强城乡之间的联系,将城市中先进的经济、科技、文化向农村传递,影响农村,带动农村,协调城乡之间的经济社会发展。另一方面,小城镇集中着我

---

[1] 阎军:《试论我国城市化的道路与模式选择》,《江苏科技大学学报》(社会科学版) 2005年第1期。
[2] 《〈中共中央关于制定国民经济和社会发展第十一个五年规划的建议〉辅导读本》,人民出版社2005年版,第246页。
[3] 同上书,第17页。
[4] 同上书,第246页。

国大部分的乡镇企业,它不仅能及时有效地吸纳农村部分剩余劳动力,并且能有效缓解城市人口过多的压力。在人口密度大,经济发达的地区比较适合发展小城镇,发展小城镇要以现有的县城和有条件的建制镇为基础,科学规划,合理布局,同发展乡镇企业和农村服务业结合起来,引导农村劳动力合理有序流动。

综上所述,只有充分发挥大中小城市以及小城镇的各自优势,形成优势互补、相互衔接、相互促进的大中小城市及小城镇多元协调发展的格局,才能实现城镇化的快速、健康、有序发展。

2. 走多元化协调发展的城镇化道路,也是兼顾各地地域特点和区域发展差异的必然要求

推进城镇化应从不同地区、不同阶段城镇发展的内在规律出发,找到符合区域发展实际的最佳途径。我国城镇化总体上是东高西低,区域差异明显。因此,在现阶段,我们应当在充分尊重历史、尊重现实、尊重地域差异和特点的基础上,从东部、中部、西部各地区的实际出发,按照发挥比较优势,加强薄弱环节,促进区域协调发展的原则,因地制宜地走多元化协调发展的城镇化道路,合理确定区域城镇化发展战略,明确各区域的发展导向和总体思路,以形成东部、中部、西部互动并共同发展的城镇化区域发展格局。在面上:重点培育珠三角、长三角和京津冀环渤海湾三大组团式城市群。在线上:重点创建沿长江、沿京广铁路、沿欧亚大陆桥、沿中国东部海岸、哈长沈大、绵德成渝和海峡西岸七大城市带。在点上:重点发展若干中心城市。

东部地区包括北京、天津、河北、辽宁、上海、江苏、浙江、福建、山东、广东、广西、海南12个省、自治区、直辖市,面积为129.4万平方公里,占我国全部国土面积的13.5%。[1] 东部地区背负大陆,面临海洋,地势平缓,有良好的农业生产条件,水产品、石油、铁矿、盐等资源丰富。由于开发历史悠久,地理位置优越,劳动者的文化素质较高,思想观念比较解放,城镇基础设施相对较为完善,技术力量较强,工农业基础雄厚,经济发展速度快。城镇数量多,地区人口密度

---

[1] 国家统计局:《我国东、中、西部地区是怎样划分的?》[EB/OL](http://www.stats.gov.cn/was40/gjtjj_ outline.jsp, 2003-08-12)。

大、工业化、城镇化水平高，长三角、珠三角、京津冀环渤海湾以及全国知名的大城市均集中于此，在整个经济发展中发挥着龙头作用，城镇化体系已基本形成。在现阶段，东部地区城镇化要因地制宜地继续发挥其区位优势，进一步加快经济发展，大力推进工业化和信息化，以现有大城市和特大城市为核心，以中小城市为中间体，以小城镇为补充，形成若干个新的城市群或城市带，争取在全国实现东部地区城镇化的领先发展，并形成对中西部地区的示范和带动效应。

中部地区包括山西、内蒙古、吉林、黑龙江、安徽、江西、河南、湖北、湖南9个省、自治区，面积为281.8万平方公里，占我国全部国土面积的29.3%。中部地区位于内陆，北有高原，南有丘陵，众多平原分布其中，属粮食生产基地。能源和各种金属、非金属矿产资源丰富，占有全国80%的煤炭储量，重工业基础较好，地理上承东启西。[①] 中部地区城镇化已具有一定基础，城镇体系初步形成，城镇化正在步入加速发展期。但是，由于中部地区城镇发展的制约性因素（老工业基地等）在短期内还难以有根本改观，具有的资源比较优势还难以充分发挥，城镇化面临着严峻的挑战。因此，中部地区要实现城镇化的快速发展，就必须一方面大力推进传统产业升级换代，充分利用原有的产业优势和人力资源优势，实现原有产业的振兴，积极向知识经济和高科技产业转化；另一方面在城镇化发展上，实施以区域城镇密集区为依托，以武汉、长沙、长春、太原等省会级中心城市为重点，大中小城市及小城镇并举的战略。只有这样，才能实现区域城镇化又好又快地发展，才能在尽快赶上东部地区城镇化发展的同时带动整个西部地区的城镇化进程。

西部地区包括重庆、四川、贵州、云南、西藏、陕西、甘肃、宁夏、青海、新疆10个省、自治区、直辖市，面积为541.4万平方公里，占我国全部国土面积的56.4%。西部地区幅员辽阔，地势较高，地形复杂，高原、盆地、沙漠、草原相间，大部分地区高寒、缺水，不利于农作物生长。因开发历史较晚，经济发展和技术管理水平与东、中部差

---

① 国家统计局：《我国东、中、西部地区是怎样划分的？》[EB/OL]（http://www.stats.gov.cn/was40/gjtjj_outline.jsp, 2003-08-12）。

距较大,是全国城镇化水平最低的地区。[①] 大中小城市及小城镇发展均明显不足,城镇密度小,辐射能力弱。但国土面积大,战略位置非常重要,矿产资源丰富,具有很大的开发潜力。因此,在现阶段西部地区的城镇化一定要打破平衡发展的观念,充分利用其资源优势,抓住国家实施西部大开发战略的有利时机,加快结构调整和资源优化配置,以重庆、成都、西安、兰州和乌鲁木齐等省会级中心城市发展为重点,以长江沿岸、青藏铁路等交通枢纽地区城镇发展为轴线,走据点式城镇化道路,争取形成一个或几个具有一定比较优势和极化效应的城市群或城市带,并带动周边地区发展。

(三) 城镇打破原有行政区划形成城市群

城市组群发展是重要的城镇化现象,是体现以城乡互动和城乡一体化为特征的城市发展的高级演替形态,已成为衡量一个国家经济和社会发展以及现代化程度的重要标志。城市组群发展的实质是要谋求城市和区域经济的共同协调发展,实现区域一体化。一般来说,城市组群发展的区域往往既是创造就业和人口集聚的密集区域,同时也是支撑经济发展和参与国际竞争的核心区域。

改革开放以后,特别是20世纪末,在经济相对比较发达的地区,由于看到了城市组群发展有利于解决城镇化发展过程中出现的"大城市不大""中城市不强""小城市不特"等突出问题,有利于在经济发展上实现互补,在社会发展上消除城乡二元结构的影响,在生态环境上有效缓解城市热岛效应,体现出了巨大的发展活力,而逐渐受到了广泛认同,备受关注,并出现了城市组群发展的趋势。在一些区域内,相继出现了一些城市或依托对外开放的地理优势,或依托交通枢纽的区位优势,或依托资源优势,打破原有行政区的划分进行城市组群发展的格局。其中,最为典型的是以上海为核心的长三角城市群和以广州、深圳为核心的珠三角城市群以及近年来快速发展、正在形成的京津冀环渤海湾城市群。

[①] 国家统计局:《我国东、中、西部地区是怎样划分的?》[EB/OL](http://www.stats.gov.cn/was40/gjtjj_outline.jsp, 2003-08-12)。

随着经济的全球化和全国统一大市场的形成，目前我国的城镇化正在由原来的点状分散式发展向聚合集中型转化，最终形成以大城市为中心的城市组群发展是大势所趋。我们必须主动顺应这一发展趋势，并采取积极措施以特大城市为依托，以增强综合承载能力为重点，形成综合实力更强、辐射范围更大的城市群。[1]

目前，在我国城市群发展中存在的问题主要有：

（1）对国民经济贡献率低，作用有限

据国家统计局综合司2007年9月26日公布的统计结果显示，2006年环渤海、长江三角洲和珠江三角洲三大城市群（包括市辖县）地区生产总值78305亿元，占全国GDP总量的37.4%。其中，长江三角洲城市群地区生产总值为39613亿元，占全国GDP总量的18.9%；珠江三角洲城市群地区生产总值为21618亿元，占全国GDP总量的10.3%；环渤海城市群地区生产总值17074亿元，占全国GDP总量的8.2%。[2]而据统计，早在20世纪下半叶美国的大纽约区、大芝加哥区和大洛杉矶区，这三大组团式城市群对美国经济（GDP）的整体贡献率就已经达到67%；日本大东京区、坂神区、名古屋区三大组团式城市群对日本经济（GDP）的整体贡献率甚至超过70%。[3]可见，我国城市群对国民经济的贡献率相对较低，作用有限，作为支撑经济发展主力的核心作用尚未充分发挥，发展潜力有待于进一步挖掘。

（2）产业结构趋同，整体竞争力不足

城市组群发展的实质是要谋求城市和区域经济的协调和共同发展，实现区域一体化。其中，最关键、最重要的就是首先要有合理的产业分布和有效的产业分工。从我国现有城市群内部发展结构来看，均不同程度地存在着较为严重的产业结构趋同现象。区域内城市间大多壁垒严重，产业布局各自为政，自成一体；区域观念薄弱，地方色彩浓厚，地方保护主义仍不同程度地存在；竞争多，合作少，相互之间没有明确的分工；产业结构低水平重复，产业发展前后关联性差，发展链条短；由

---

[1]《十七大报告辅导读本》，人民出版社2007年版，第24页。

[2] 国家统计局综合司：《发展回顾系列报告之七：城市社会经济全面协调发展》[EB/OL]（http://www.stats.gov.cn/tjfx/ztfx/sqd/t20070926_402434870.htm，2007-09-26）。

[3] 牛文元：《组团式拉动释放发展红利》，《中国科学院院刊》2003年第4期。

于城市间经济联系松散、缺乏有效协调机制和跨市发展的空间，生产的集约化程度难以提高，难以形成整体竞争优势。以长三角为例，据统计在"长三角"16 个城市中，选择汽车作为重点发展产业的有 11 个城市，选择石化产业的有 9 个城市，选择电子信息业的有 12 个城市。在食品饮料、纺织、印刷、塑料、办公机械设备等产业方面，"长三角"江、浙、沪三地的同构率竟高达 80% 以上。而且，在"长三角"各省市纷纷推出的新一轮战略发展规划中，同构的影子仍然清晰可见。[①]

（3）囿于行政区划，城市间缺乏有效协调

由于自然和历史的原因，我国现有的和正在形成的城市群大多跨两个、三个，甚至更多的省域、市域范围，而现行的行政区划管理体制短时间内又无法实现城市间管理上的有效整合，一体化运作，造成了我国现有城市群形似神散，条块分割，各自为政的局面，这也在一定程度上助长了地方保护主义和企业的重复建设。同时，又由于缺乏统一的战略安排，使得各城市群的整体发展规划明显滞后于城市群的发展要求，无法克服和解决城市群区域内的布局近似、产业结构趋同以及环境污染、市场过度竞争等问题，严重束缚了城市群经济一体化的发展，也影响了能源、水利、交通、生态环境的一体化建设。要实现城市群经济的良性发展，提升城市群的整体竞争力，就必须以实质、有效的区域合作做支撑，就必须打破原有行政区划，实现省与省之间、产业之间、城市之间的跨地域、跨产业合作。

（4）区域内市场分割严重，要素流动难

市场分割，要素流动难，是目前各城市群发展中遇到的突出问题之一。市场分割是落后地区同发达地区之间博弈的一种方式和手段。从短期看它可能有利于维护地方利益，促进地方经济的发展，但从长期看显然不利于商品和生产要素的自由流动，不利于利用地方比较优势分享分工合作的成果，不利于地方经济和城市组群区域经济的长远发展。城市群整体竞争力的有效提升，要求进一步打破行业和地区封锁，要求建立一个统一、规范、有序的市场环境，实现商品和生产要素的自由流动，

---

① 李一丁、李治国：《"区域经济融合的向心力"系列调研报告（续一）：细细品味"长三角"》，《经济日报》2006 年 7 月 13 日。

在更大程度和更大范围上发挥市场在资源配置中的基础性作用，促进区域经济的发展，这一点已取得了广泛共识。2007年6月8日，在长沙召开的第四届泛珠三角区域合作与发展论坛上，泛珠三角行政首长会议审议通过的《关于进一步加强泛珠三角区域市场环境建设工作的实施意见》中，就明确规定合作各方今后将进一步克服地方保护主义，取消不利于市场统一、妨碍公平竞争的不利性政策，努力消除限制商品流通的障碍，实现区域市场一体化，逐步形成开放、竞争有序、公平公正的区域大市场，推动区域内的合作。①

为克服和有效解决城市群发展中遇到的上述问题，城市组群发展的各方主体应着重从以下两个方面着手：

（1）采取多种形式，建立广泛有效的沟通协作机制

就城市群本身而言，它是一个跨越省、市进行合作的区域发展联合体，城市群内的各个组成部分和各个发展主体相互之间大多既没有行政隶属关系，也没有经济依附关系，更多的是合作、协调发展关系，如果不能科学合理地协调各方利益，势必会影响和阻碍整个区域经济的发展。因此，在一个大的区域内，采取多种形式，建立起一种沟通和平衡各方利益，协调解决对区域发展有重大影响问题的合作机制，就成了有效保障区域发展的必然要求。当然，这种协作不一定要有机构，但一定要有机制。在促进区域经济发展中，机制应当比机构更重要。② 在区域沟通与协作机制的建立和发展完善中，长三角城市群、珠三角城市群建立并不断完善的一套行之有效的区域协调机制与发展模式，为我国其他城市群实现区域合作提供了一些宝贵的经验和做法，值得借鉴。

长三角城市群在实践中探索出了一条以三个层面的协商和沟通为基础的区域间政府合作机制，并且已经基本制度化。第一层面："长三角"两省一市主要领导座谈会。由上海、江苏、浙江两省一市书记、省（市）长参加。第二层面：沪苏浙经济合作与发展座谈会。由两省一市常务副省（市）长、分管秘书长、发改委主任，以及联络组、合作专

---

① 成辉：《第四届泛珠论坛行政首长记者招待会实录》[EB/OL]（http://news.rednet.cn/c/2007/06/10/1225786.htm，2007-06-10）。

② 李一丁、李治国：《"区域经济融合的向心力"系列调研报告（续一）：细细品味"长三角"》，《经济日报》2006年7月13日。

题组负责人参加。第三层面：长江三角洲城市经济协调会。16个成员城市共同签署了《长江三角洲地区城市合作协议》，确定设立科技、规划、信息、产权、旅游、协作六项专题合作。①

泛珠三角区域福建、江西、湖南、广东、广西、海南、四川、贵州、云南9个省区和香港、澳门两个特别行政区等11个省区则以自愿参与、市场主导、开放公平、优势互补、互利共赢为原则，以坚持区域协调和可持续发展，充分发挥各方的优势和特色等为宗旨，形成了"9+2"的区域合作与发展模式，于2004年6月3日在广州签署了《泛珠三角区域合作框架协议》，形成了合作互动、优势互补、互利共赢、共同发展的格局。②

(2) 加快结构调整，整合区域资源，实行经济一体化合作

加快产业结构战略性调整，积极推进产业结构优化升级，走出一条科技含量高、经济效益好、资源消耗低、环境污染少、人力资源优势得到充分发挥的新型工业化道路，构建以高新技术产业为先导、基础产业和制造业为支撑、服务业全面发展的城市群产业发展格局，提高区域经济整体素质和分工协作水平，增强综合竞争力。

树立大区域观念和合作意识，将注意力放在提高区域经济整体效益上，打破原有省与省之间、产业之间、城市之间界限，把城市群作为一个区域经济发展的整体来进行规划设计，明确区域总体发展战略和各个主体的发展定位。从认真研究优化资源配置与产业发展入手，整合区域资源，依据要素禀赋结构和比较优势原则建立内部产业分工协作体系。

加快构建统一开放的市场体系和有竞争、有分工、有合作并以发展为目标的经济运行机制，充分发挥市场机制的作用，实现生产要素的自由流动和最佳配置；建立区域性的商品、资本、人才、劳动力和技术市场，完善区域市场准入和质量认证等标准体系，为推进区域内各种要素的自由流动和充分竞争提供平台。积极开拓国际市场，在更高层次上实现合作和促进区域经济共同发展。

---

① 李一丁、李治国：《"区域经济融合的向心力"系列调研报告（续一）：细细品味"长三角"》，《经济日报》2006年7月13日。

② 《泛珠三角区域合作框架协议》[EB/OL]（http://news.sina.com.cn/o/2004-06-04/07372712705s.shtml，2004-06-04）。

以泛珠三角城市群为例,根据2004年6月3日签署的《泛珠三角区域合作框架协议》内容,泛珠三角区域内形成了九大协作网络,即西电东送能源传送网、区域交通运输快达网、区域旅游营销网、区域农产品销售网、区域劳务流动网、区域信息交流网、区域文化和人才交流网、区域环保协作网、区域卫生防疫协作网。参与各方承诺采取措施消除在产业与投资和商务贸易等方面的壁垒,统一标准,增加投资和商贸往来的透明度与公平性,从而建设起了开放、富有吸引力的投资环境和统一、规范的市场秩序。[①]

(四) 城市郊区化

我们需要区分两个不同的概念,即城市郊区化和郊区城市化。城市郊区化是分散型城镇化的一种表现形式,是指在城镇化发展的后期,集中型城镇化发展到相当程度后,由于出现了中心区地租昂贵、人口稠密、交通拥挤、环境恶化等城市发展的"门槛",使城市出现了"聚集不经济",而引致的一种城市中心区人口、就业岗位、服务业等从城市向郊区迁移的一种离心"扩散"现象和过程,即城市郊区化是城市在中心区绝对集中、相对集中和相对分散以后一个绝对分散的阶段。[②] 主要表现为,工业企业郊区化、人口郊区化、就业郊区化、居住郊区化、基础设施郊区化等。郊区城市化是指郊区农村产业结构非农化,土地利用工业化、城镇化,农业生产现代化,居民生活城市化过程。但就郊区城市化的本质而言,第一,通常情况下,郊区指的是大城市与乡村的接合部,它一方面既具有乡村的属性,另一方面又具有某些城市的特征,除了这一特定的区域以外我们不能称之为郊区。第二,郊区城市化实际上是在大城市扩散效应的影响和带动下,乡村的生产和生活方式向城市转换的过程,没有城市的扩散效应,郊区城市化一般也很难发生。可见,在城市郊区化与郊区城市化之中前者是主要的,因此本书中主要阐述的是城市郊区化。

[①] 王攀、车晓蕙:《泛珠三角区域将构建九大协作网络》[EB/OL](http://news.sina.com.cn/c/2004-06-03/23112709789s.shtml,2004-06-03)。

[②] 吕天奇、刘永湘:《促进城市郊区住宅健康发展的理论思考》,《城市发展研究》2004年第1期。

20世纪末,伴随着城镇体系的不断完善和城市经济的快速发展以及城市辐射带动作用的日益增强,我国的城镇化水平正在稳步提升,但在北京、上海、沈阳等经济发达、城镇化进程显著、城镇化水平较高的大城市则逐渐出现了产业、人口和就业等向城市郊区转移的城市郊区化现象。特别是进入21世纪以来,这一趋势更加明显,发展势头更加迅猛。如表4-1所示。

表4-1　　未来50年中国不同等级城市(镇)人口发展趋势

城镇等级	>200万	200万—100万	100万—50万	50万—20万	<20万	镇
1997规模(亿)	0.515	0.44	0.447	0.857	0.331	1.11
2020年比1997年增长%	125	150	200	250	300	182
2020年规模(亿)	0.643	0.66	0.894	2.141	0.993	2.02
2050年比1997年增长%	150	200	250	300	350	411
2050年规模(亿)	0.772	0.88	1.117	2.57	1.159	4.56

资料来源:王茂林《新中国城市经济50年》(经济管理出版社2000年版,第53页)。

虽然就全国而言,目前我国尚处于城市郊区化的初期阶段,但认识和研究这种趋势出现的原因以及我国当前在城市郊区化发展中存在的某些不足,并寻找出适当的解决办法,必将对我国的城镇化进程,对我国的经济和社会发展,对我国实现全面建设小康社会的目标大有裨益。

1. 引起我国城市郊区化出现的主要原因

(1) 城市中心区土地价格的飙升。我国自1987年以后,进行了城市土地有偿使用制度的改革,扩大了城市内部不同地区之间的级差地租,推动着城市土地利用结构向优化和高收益转化。使许多原来位于中心区的工业、仓库、居住用地,逐步转变为土地收益率更高的商业、贸易、金融、旅馆、写字楼等第三产业用地,地价往往是近郊和远郊同类用地地价的十倍甚至百倍以上,迫使大量原来位于城市中心区的第二产业和人口,不得不以土地置换和有偿转让等形式向生产成本和居住成本相对较低的城市郊区转移。

(2) 城市郊区工业集聚程度的提高。原来大型工业企业之所以建于城市内,它的一个基本考量就是为了获得集聚效益,即大量相关产业和企业的存在能为企业的生产和发展提供大量的配套服务,节省生产成本，如谈判成本、信息成本、运输成本等。而随着工业企业集聚程度的日益提高，城市空间逐渐拥挤，地价上涨、交通拥挤、环境恶化等使工业企业的生产成本接近于或大于收益，工业企业在城市的集聚就会出现外部不经济，代价过于高昂。与此形成鲜明对比的是城市郊区虽然与城市中心区有一定距离，但并未脱离城市辐射范围且地价相对较低、劳动力资源丰富、道路交通网络日益完善，有利于工业企业的发展壮大，有利于节省生产成本，在郊区发展更为合算。于是，在比较利益的驱动下，大量的工业企业从城市中心区迁出，进入郊区。

(3) 城市郊区人口集聚程度的提高和数量的增加。人口在郊区集聚程度的提高和数量的增加是推动我国城市郊区化发展最重要的动力之一。目前，在城市郊区集聚的人口主要来源于四个方面：一是在政府旧房和危房改造各种优惠政策的引导下，进入郊区居住的原城市居民；二是迁入郊区进行生产的工厂企业的部分办公人员和工程技术人员；三是到郊区务工的外来打工人员；四是原郊区居民。其中，前三部分人员在城市郊区的出现和集聚具有客观上的必然性。

(4) 城市郊区交通技术条件的改善。20 世纪 90 年代以来，随着我国国民经济的快速增长，综合国力的增强，国家加大了对铁路、公路、地铁、轻轨电车等道路交通设施的投资，极大地改善了道路交通条件，为我国城市郊区化提供了最基本的条件保障。同时，现代交通运输和通信工具的采用也为人们实现工作地与居住地的分离提供了大量的便利条件。马拉车时代一般人工作地与居住地的平均距离是 1/4 千米，而现代交通运输和通信工具，尤其是汽车和手机的出现，则大大扩展了人们的活动范围。

城市郊区化是我国城镇化进程中的一个大趋势，主要是上述四个方面综合作用的结果，而绝不是某一个或两个方面作用的结果。此外，环境因素虽是美国等西方发达国家城市郊区化出现的主要原因之一，但在我国目前的城市郊区化过程中，受这一因素的影响并不明显。

2. 我国城市郊区化中存在的主要问题及发展建议

(1) 存在的主要问题

在人口方面：被动迁移多，主动迁移少。据周一星、孟延春对沈阳居民搬迁原因的调查分析，在迁移到郊区的居民中因结婚、改善居住环境、距工作单位近等主动搬迁的仅占总迁移人口的 20.9%，而因单位分房、住房被征用、动迁、单位搬迁等原因被动搬迁的占总迁移人口的64.5%，其他原因的占14.6%；[①] 低收入者迁移多，高收入者迁移少。西方发达国家迁往郊区的居民主要是为躲避城市中心区环境恶化、交通拥挤等城市病而进行迁移的富有阶级，而与此不同的是，我国迁往城市郊区的居民主要是一些为增加住房面积，改善居住条件而进行迁移的中低收入者。

在土地方面：管理混乱，缺乏有效规治。主要表现为，大量耕地被挤占、被挪用，因城市郊区化而出现的土地征用问题矛盾突出；个别企业和单位用地的有组织性与整体城市郊区土地规划的无序状态之间的矛盾，造成了城市郊区土地利用率低，功能混乱，重复建设，浪费严重；忽视对迁入企业的生产监督和污染治理，忽视对迁入居民的生活污水和生活垃圾的处理，造成了当地水土等生态环境恶化。

在基础设施建设方面：城市郊区的生产和生活等基础服务设施建设投资不足，设施缺乏，条件落后，公共交通、商业、教育、医疗、社区服务业等与城市市区差距较大，问题较多，亟待解决。

（2）发展建议

①科学安排，合理布局，加强土地规划管理

本着开发与管理并重的原则，正确处理整体发展规划与土地利用的关系，因地制宜地搞好郊区土地利用规划，产业布局和环境保护，形成城市与郊区、工业与农业相互协调、共同发展的土地利用体系。加大土地征用管理力度，保护耕地，严格控制建设用地规模，提高土地利用效益。统筹兼顾各产业对土地等资源利用的实际需求，合理安排用地布局，保证郊区化进程中的整体协调与平衡。加强对环境污染的监督、整饬，减少环境污染，改善城郊地区生态环境条件。

②增加投资，完善服务，加快基础设施建设

齐全、完善的基础设施是城市郊区化的前提，同时也是城市郊区化的加速剂。因此，必须加大政府在生产、生活等配套基础设施建设方面的资金投入力度，并充分发挥市场机制的作用，积极鼓励企业和个人投

[①] 周一星、孟延春：《沈阳的郊区化——兼论中西方郊区化的比较》，《地理学报》1997年第4期。

资，通过多种途径完善商业、金融、教育、医疗等配套设施服务体系，使郊区在居住、就业、教育、医疗和文化生活等方面，接近或达到与城市同等水平。只有这样，才能有效吸引人口和产业向郊区的迁移，才能保证城市郊区化的健康、持续发展。

③继续加强交通设施建设，完善公共交通网络

城市郊区化与发达的城乡交通网络密不可分。由于我国家用汽车普及率不高，且向郊区迁移的大多数是中低收入者，因此必须加快以城市中心区为辐射源的四通八达、深入郊区各地的省、市、县三级公路网络建设步伐。建立包括汽车、火车、地铁、轻轨等在内的多形式、多层次、多功能的现代综合交通体系，一是解决迁移后居民的通勤和出行难题，二是解决企业产品出厂和原材料运输的后顾之忧。

二 中国特色城镇化的制度创新原则

（一）科学定位 以人为本

以人为本是科学发展观的核心，也是我国实现城镇化战略目标必须坚持的根本原则。人是城镇的主体，城镇的存在、发展和完善离不开人，离不开人的作用，城镇化的根本目的是为了满足人民日益增长的物质、文化和生活的需要，而绝不仅仅是为了城镇数量的增加和城镇人口的增长。强调以人为本，就是强调要加快转变城镇化发展模式，坚持执政为民，全面满足居民的物质需求、文化需求和健康需求，着力解决关系群众切身利益的实际问题，在城镇发展规划上彰显人民的利益，在城镇管理体制上满足人民的愿望，在城镇建设上体现人民的需求，以促进并最终实现人的全面发展。

在城镇发展规划上，要充分考虑到我国因自然、历史、地域、经济和社会发展水平上的差异，所造成的城镇化东部、中部、西部不同地区、不同性质的城镇区域间发展的不平衡以及在同一区域内不同城镇也有所不同的状况，从实际出发，在保证国家整体城镇化发展战略统一性的前提下，因地制宜地制定不同的城镇发展规划，实施不同的城镇发展战略，建立不同的规划标准，引导城镇化健康发展。东部地区的城镇化

要以充分发挥区位优势,加快实现工业化,大力推进信息化,实现经济社会全面发展、城乡协调发展,率先实现现代化和城市的领先发展为规划重点;中部地区的城镇化要以国际、国内产业转换为契机,充分利用自身的产业优势和人力资本优势,大力推进传统产业的升级换代,以实现向知识经济高科技产业的跨越和城市的快速崛起为规划重点;西部地区的城镇化则要紧紧抓住国家继续实施西部大开发战略的有利时机,充分发挥资源优势和生态优势,以实现城市的加快发展为规划重点。

在城镇管理上,要以实现农村剩余劳动力的有效转移为重点,进一步改革城乡土地制度、户籍制度、就业制度和社会保障制度等,打破僵化、教条式的城市管理模式,破除城乡二元社会管理体制对城镇化的阻碍和对农村剩余劳动力转移的限制;要以完善城镇公共管理职能为重点,改革城镇管理体制和服务机制,把政府的主要职能放在对城镇资源开发、利用的宏观监督和管理上;要以提高市民的城镇管理参与意识为重点,建立人性化城镇管理体系。积极引导和支持市民主动参与城镇管理,向他们提供参与城镇管理的机会,让他们参与城镇管理的决策、实施、监督全过程,如在城市总体设计、小区规划、园林绿化,甚至重要公共建筑的单体设计、城镇拆迁等方面也要广泛征询市民意见,就可以有效将各种社会问题化解在最小的范围内;要以提高城市建设管理者的管理能力和素质为重点,通过多种形式的教育培训和人才引进,改善和提高城市管理工作人员的业务素质;加强城管监察执法队伍建设,强化文明执法和对城市脏乱差的整治。

在城镇建设上,要改变过去国家和政府财政投入为主的做法,以改善和提高人民的生活、生产、学习、工作环境,确保城市有序、安全、高效运行为宗旨。充分发挥市场机制的作用,通过投资主体多元化、融资方式多样化、经营运作市场化等方式加大基础性、先导性、带动性的城镇基础设施建设力度,着力解决城市网点缺乏、生活不便,房价高涨、居住紧张,交通拥挤、出行不畅,上学难、就医难等突出问题。抓好环境卫生、园林绿化、供气、供水、供电等公共事业建设,合理配套市政娱乐设施,完善城镇功能,进一步增强城镇综合承载力,为人民提供一个便利、舒适、整洁、优美的生产、生活环境。同时,在旧城改造中要合理安排、有效实施,防止过度改造。在房屋拆迁中,要进一步理顺政府和市场之间的关系,充分发挥市场调节在资源配置中的优势作用,落实拆迁补偿政策,避免在拆迁过程中激化矛盾、违规执法,切实实现好、维护好、发展好最广大人民群众的根本利益。

(二)循序渐进　质量并重

城镇化是生产力和社会分工发展到一定历史阶段的经济社会现象,有其自身内在的阶段性发展规律和质量互变规律。在推进我国城镇化进程的过程中,我们必须尊重、重视和遵循这种规律,主动运用这种规律。只有这样,才能促进城镇化健康发展,反之则必然会阻碍和延缓城镇化的进程。改革开放以来,在多种有利因素的作用下,我国农村剩余劳动力向城镇加快集聚的趋势十分明显,城镇人口数量持续增加。预计到2020年,城镇化水平将达到60%以上,15年内将有2亿—3亿农民进入城镇。在新的形势下,影响城镇化健康发展的主要矛盾,已经从数量不足的问题转化为质量不高的问题。[①] 因此,我们必须从城镇化的长期发展战略出发,着重于城镇化发展质量的提高,重视城镇化发展的内在规律,把握好城镇化发展的方向、步伐和节奏,循序渐进地推进城镇化,努力实现速度、结构、质量和效益的统一,切忌操之过急和为城镇化而城镇化,切忌只顾城镇数量的增长,而忽视城镇质的提高。

(1)要加快社会主义新农村建设,提高农业生产力发展水平,提高各种生产要素对城镇发展的支撑能力和农村剩余劳动力的析出。农业生产力发展水平的提高是城镇化发展的最基本的推动力,没有最初农业生产力发展水平的提高,就不会有第一次社会大分工,也就不会有城镇的出现和发展。因此,要推进城镇化进程,提高城镇化发展的质量,就必须首先要提高农业生产力发展水平。在现阶段,要提高农业生产力发展水平,就是一方面要以实现农业产业化经营为重点,吸引农民,组织农民,实行农业机械化生产、规模化运作,从而将分散的家庭生产有效地组织起来,提高农业生产的现代化水平;另一方面,要积极推动农业产业化龙头企业发展壮大,做大做强农产品加工企业。以市场为导向,

---

[①] 《〈中共中央关于制定国民经济和社会发展第十一个五年规划的建议〉辅导读本》,人民出版社2005年版,第242页。

以科技为手段，发展优质、安全、方便、营养丰富的农业加工制成品，提高农产品及其加工制成品的科技含量和附加值，提高农村对城镇发展的支撑能力和农民的收入水平。

（2）要合理把握城市规模，优化调整城镇结构，提高城镇建设和发展的质量，持续稳定地发挥城镇化对经济社会发展的促进作用。长期以来，人们一直存在着对城镇化的错误理解，认为城镇化就是城镇规模的扩大、城镇体系的完善和城镇化率等指标的提高，由于这种错误认识曾导致了在我国某些地区的城镇化摊大饼式的无序发展和城镇发展无准确定位、缺乏城镇发展特色、破坏原有景观、低水平重复建设、城镇环境污染等问题。实质上，城镇化绝不仅仅是城镇规模的扩大、城镇体系的完善和城镇化率等指标的提高，而是一个国家或地区实现人口集聚、财富集聚、技术集聚、服务集聚和生活方式、生产方式、组织方式、文化方式转变的过程，它是一个包含多项内容的综合发展指标体系。鲜明的经营特色，适度的发展规模，优化的城镇结构，完善的基础设施，高质量的生活水平和高尚的文明程度等，都是它的重要内容之一，单纯地强调或忽视某一方面的内容都是错误的。

（3）要加快对阻碍城镇化发展的城乡二元结构的制度调整和制度创新。我国要全面建设惠及十几亿人口的更高水平的小康社会，就必然要加快农村剩余劳动力向城镇转移的步伐，大幅度地提高城镇化人口比重。曾长期实行的由土地制度、户籍制度、就业制度、社会保障制度等组成的城乡分割的二元经济和社会发展的制度结构已经成为当前和今后我国城镇化健康发展的最大的障碍。因此，要加快城镇化发展，提高城镇化发展水平就必须对与之不相适应的城乡二元经济和社会结构进行及时的调整、补充和创新。

（三）全面协调　持续发展

可持续发展是指在经济增长与保护自然资源、保护环境相协调的情况下，实现经济与社会的长期、稳定、健康的发展。可持续发展思想最早是因环境问题而提出来的。自从1983年11月联合国"世界环境与发展委员会"成立，1992年6月巴西里约热内卢会议将可持续发展解释为"既满足当代人需要，又不对后代人满足其需要的能力构成危害的发展"以来,可持续发展受到了世界各国和各个领域的广泛关注。现在,可持续发展已成为了一个涉及经济、社会、文化、技术、资源、生态、环境等方面的综合概念。

城镇作为一个国家和地区经济与社会发展的中心,理所当然地也就成了可持续发展的重心。实际上,城镇化可持续发展问题所反映的是城镇化发展与人口、资源、环境的协调问题,它的提出反映了广大专家和学者对我国城镇化实现"什么样的发展"以及"如何发展"的再思考和再认识。问题不是城镇化进程是否会发生,而是它如何发生,亿万中国人今后几十年的生活水平将取决于这个问题的解决。那么我们要实现"什么样的发展"呢?究竟是实现与人口、资源、环境相协调的发展呢?还是人口失控、资源浪费、过度消耗、环境污染、生态破坏的发展呢?毋庸置疑,我们所选择的发展,当然是要实现与人口、资源、环境相协调、可持续发展的城镇化,这不仅是城镇化发展的内在要求,也是实现人的全面发展的必然要求和构建社会主义和谐社会的重要内容。因此,我们必须高度重视城镇化的可持续发展问题,把实现可持续发展摆在城镇化发展的首位。

如何实现城镇化的可持续发展?当前,我国正处在工业化、城镇化、市场化、国际化程度不断提高的发展阶段,面临很大的资源环境压力,出现了比较严重的环境污染和生态破坏,发达国家上百年工业化过程中分阶段出现的环境问题在中国集中出现,环境与发展的矛盾日益突出。在资源相对短缺、生态环境脆弱、环境容量不足,逐渐成为中国发展中的重大问题的形势下,认真对待和妥善解决好人口控制、资源利用、环境保护、经济发展等,就成为我国实现城镇化可持续发展必须认真面对的问题。

在资源利用上,要以节约使用能源资源和提高能源资源利用效率为核心,以节能、节水、节材、节地、资源综合利用为重点,加快建设节约型城市。落实最严格的土地管理制度,严格保护耕地特别是基本农田,严格控制城市建设新增用地,千方百计盘活存量土地,坚持保护优先、开发有序,优化配置城乡土地资源,提高土地节约和集约利用水平。以水的供给能力为基本出发点,合理规划城市的产业发展和建设规模,落实各项节水措施,提高水的利用效率。大力促进城市综合节能,重点推进高耗能企业节能降耗，改革城镇供热管理体制，合理安排城市景观照明，鼓励开发利用新能源和可再生能源。推行建筑节能设计，加快城市建筑特别是公共建筑的节能改造步伐，大力发展节能省地型建筑、节油环保型汽车。

在生态环境保护上，要以遵循自然规律为核心，以增强环境承载能力为重点，以绿色科技为动力，综合运用法律、经济、技术和必要的行政等手段，加大城市污染防治力度。坚持预防为主，综合治理，强化从源头防治污染和保护生态，坚决摒弃先污染后治理、先破坏后恢复的做法，努力降低主要污染物排放总量，推进污水、垃圾处理设施建设。加强绿化建设，保护好自然生态，加快改善城市环境质量。倡导环境文化和生态文明，坚决禁止掠夺自然、破坏自然的做法，追求经济、社会、环境的可持续发展。保护好历史文化名城、历史文化街区、文物保护单位等文化遗产，保护好地方文化和民俗风情，保护好城市风貌，保护好民族特色和区域特色。

在经济发展上，坚持开发与节约并重，以减量化、再利用和资源化为原则，以提高资源利用率为核心，以资源节约、资源综合利用、清洁生产为重点，加强资源综合利用，完善再生资源回收利用体系，大力发展循环经济，积极推行清洁生产，倡导绿色生产方式。通过调整结构、技术进步和加强管理等措施，大幅度减少资源消耗，降低废物排放，努力促进资源循环式利用，企业循环式生产，产业循环式组合，形成能源资源节约型的经济增长方式。实行有利于促进企业资源节约和循环利用的价格和财税政策。

在人口问题上，要以控制人口数量、提高人口素质、解决人口老龄化问题为重点，一方面坚持计划生育工作以宣传教育为主、以避孕为主、以经常性工作为主，坚持人口与发展综合决策，坚持国家指导与群众自愿相结合，坚持以人的全面发展为中心，把人口与计划生育工作与发展经济、消除贫困、提高妇女地位、完善社会保障、促进家庭幸福等有机结合起来，[①] 尽快完善有利于人口与计划生育工作的利益导向机

---

① 倪四义、吴晶：《〈中国二十一世纪人口与发展〉白皮书发表——控制人口数量提高人口素质仍是我国必然选择》，新华每日电讯，2000年12月20日（003）。

制，控制人口数量；另一方面要加快教育发展，全面实施素质教育，加快教育结构调整，强化政府对义务教育的保障责任，普及和巩固义务教育，大力发展职业教育，深化高等教育体制改革，利用广播、电视、报刊、图书等传播媒体普及大众科技文化知识，切实提高人口素质。最后，要尽快建立、健全和完善社会养老保险、医疗保险等社会保障制度，着力解决与控制人口增长随之而来的人口老龄化等问题，实现老有所养，老有所依，消除人们的后顾之忧。

（四）统筹兼顾　城乡一体

城乡一体化发展，就是指要站在国民经济和社会发展的全局高度，把城镇和农村的经济社会发展作为一个整体统一筹划，通盘考虑，把城镇和农村存在的问题及其相互关系综合起来研究，统筹解决，它实质上是一个统筹城乡制度创新和改革发展的过程。我国在2002年，党的十六大报告中就提出了全面繁荣农村经济，统筹城乡经济社会发展的方针。2003年，在党的十六届三中全会上则把这个方针列为"科学发展观"的重要内容。2004年9月，胡锦涛在党的十六届四中全会上，明确提出了"两个趋向"的重要论断，即"在工业化初始阶段，农业支持工业、为工业提供积累是带有普遍性的趋向；但在工业化达到相当程度以后，工业反哺农业、城市支持农村，实现工业与农业、城市与农村协调发展，也是带有普遍性的趋向"。之后不久，胡锦涛总书记在出席2004年中央经济工作会议时进一步强调指出：我国现在总体上已经到了以工促农、以城带乡的发展阶段。我们应当顺应这一趋势，更加自觉地调整国民收入分配格局，更加积极地支持"三农"发展。[①] 2007年召开的党的十七大则提出了要"建立以工促农、以城带乡长效机制，形成城乡经济社会发展一体化新格局"[②]。城乡一体化，实际上是在商品经济发展、社会进步和人民生活水平提高等生产力发展基础上对我国经济和社会发展提出的新的客观要求；是我国深化经济体制改革，建立完善的社会主义市场经济体制的必然选择；也是打破城乡二元经济和社会结

---

① 《十七大报告辅导读本》，人民出版社2007年版，第99页。
② 同上书，第22—23页。

构，消灭城乡差别，"用城乡一体的新社会结构形态来取代城乡分离的旧社会结构形态"，实现社会主义初级阶段人民共同富裕的必由之路。"这种愉快的结合将迸发出新的希望、新的生活、新的文明。"[①]

基于现阶段我国的生产力发展状况等基本国情，城乡一体化至少应具备以下几个方面的内容和特征：

(1) 城乡制度安排一体化

无论是城市的发展，还是乡村的发展，从根本上说都是人的发展，因此与人的发展有关，使城乡居民和城乡各类经济主体都能享受公平的国民待遇，拥有平等的权利、义务和发展机会的制度安排，也就必然地成为城乡一体化中制度一体化的题中应有之义。具体来说，它主要包括土地制度、户籍制度、就业制度、社会保障制度等。

(2) 城乡经济发展一体化

城乡经济一体化和谐发展的本质就是城市利用自身的科技、管理、知识、人才和信息等优势，直接或间接地带动和吸引农村经济和社会发展，农村则利用自身的资源优势和劳动力优势，加快发展，双向互动，最终消灭城乡对立，缩小城乡差别。城乡市场一体化和城乡产业发展一体化是城乡经济一体化的两个基本方面，它们是实现城乡一体化的前提，共同地为最终消灭城乡对立，缩小城乡差别，实现城乡共同繁荣创造条件。

城乡市场一体化就是要充分发挥市场机制的作用，建立城乡一体化的商品、资本、土地、劳动力等有利于城市和乡村功能互补、各展所长的完善的社会主义市场体系；加快农产品宏观调控体制改革，尽快建立与社会主义市场经济相适应的农产品宏观调控机制；建立和完善农产品保护价制度和风险基金制度，完善国家农产品储备和调控体系；建立相对稳定的城乡农产品流通体系和自由顺畅的物资流通渠道，实现工业与农业之间、城市与乡村之间以及农民与市场之间的有效衔接，实现劳动力和经济要素的自由流动，实现资源最佳配置。

产业一体化就是要在推进城乡一体化过程中，充分发挥工业化、城镇化对农业和农村经济发展的带动作用，以实现城乡产业分工一体化为

[①] 埃比尼择·霍华德：《明日的田园城市》，商务印书馆2000年版，第17页。

目标，疏通城乡经济系统相互隔离的状态，搞好城乡产业分工与协作，优化城乡产业布局，形成城乡产业优势互补，第一、第二、第三产业联动协调发展的格局。

(3) 农业发展产业化

我国的城乡一体化是以原有的城乡分割为基础，农村发展落后、农业比较效益相对较低为背景的，因此农业和农村的加快发展也就必然地成为城乡一体化的最重要的内容。可以说，没有农业和农村经济的发展，城乡一体化就会失去方向和目标，没有农业和农村经济的发展，城乡一体化就会失去依托和发展的动力。

要实现农村经济的繁荣发展，最根本、最现实和最可行的途径就是走具有中国特色的农业产业化发展之路。农业产业化是指在社会主义市场经济条件下，以国内外市场需求为导向，以提高经济效益为核心，以当地资源优势和加工流通企业为依托，以农产品生产基地为基础，对农业的支柱产业和优势产品实行区域化布局、专业化生产、企业化管理、社会化服务、产加销一条龙、贸工农一体化经营的完整的农业产业系统。其核心是一体化经营，关键是龙头带动，基础是农业的支柱产业和主导产品，本质是风险共担和利益共享。

实现农业产业化经营是农业产业结构战略性调整的重要带动力量，有利于提高农业专业化水平，从根本上转变农业和农村经济增长方式，实现农业由粗放型经济增长方式向集约型经济增长方式的转变，延长产业链，提高农业的比较利益；有利于把分散的家庭经营同集中的市场要求有机联系起来，多渠道地参与市场竞争，避免农业生产的盲目性，减少由于市场波动给农户带来的损失，有效地帮助农民规避自然风险和市场风险；有利于提高农业组织化程度，增加农业就业潜力等。

当前，在农业产业化发展中应着重解决的是，农民与市场严重脱节，农民的市场意识、风险意识薄弱的问题；健全土地流转机制，并解决其与土地规模经营之间的矛盾问题；培养农村经纪人队伍问题；完善龙头企业和农户风险共担、利益共享的利益联接机制的问题；提高农产品加工企业自主创新能力和农产品的科技含量等问题。

(4) 城乡社会发展一体化

城乡之间发展差距最为显著的就是城乡基础设施建设，要实现城乡一体化，就必须在城乡基础设施建设方面加大力度，统一考虑、统一布局、统一实施。加快城乡基础设施建设，促进城镇基础设施和公共服务向农村延伸，促进城市文明向农村的普及和推广，实现城乡间文明与文化的交流与沟通；加快构建以县乡公路为主体，内外衔接、城乡互通、方便快捷的城乡一体化交通网络，实现城乡有效联接；完善城乡供水、供电、排污、垃圾清理、通信、防洪减灾等设施的规划、布局和配套建设；提高城乡文化、娱乐、广播、电视、教育、金融、医院等社会公共服务设施共享度。

（5）城乡空间发展一体化

城乡一体化过程是一个涉及城乡经济、政治、文化、生态等多方面的整体协调发展过程，城乡空间发展一体化则是其中的关键。因此，在城乡发展规划中要本着科学性、系统性、超前性、发展性的原则，把城市和乡村作为一个有机统一的整体，对城乡经济发展、社会发展、生态发展等方面的空间结构做出合理的统筹安排，统一规划、统一建设、统一发展。改变过去那种就城论城、就乡论乡的城乡分割型的规划建设，将城乡空间发展规划的工作重点从以城市为主，转向城乡并重、统筹和谐发展的轨道上来。将城乡一体化的思想，贯彻到规划的每一个环节中去，加强城市中心区和农村居住区的规划与建设，重点搞好小城镇的规划与建设。

在推进城乡一体化的过程中，我们也必须清醒地认识到：第一，城乡一体化绝不是要消灭农村。城乡一体化可以消灭城乡对立和缩小城乡社会差别，但城市与乡村在规模、形态和景观方面的差别不可能被消灭。城乡差别是永恒的，只是不同历史时期其表现程度和形式不尽相同。城乡一体化的目的是要破除城乡二元经济和社会发展结构，改变农村经济和社会发展的落后面貌，按照"生产发展、生活宽裕、乡风文明、村容整洁、管理民主"的原则建设社会主义新农村，实现城市支持农村，工业反哺农业，实现城乡之间和工农业之间互补共进、协调发展。第二，城乡一体化绝不是城乡完全一样化。城市和乡村的形成和发展有其特定的自然、社会、经济和历史背景，无论城市和乡村实现怎样的一体化发展，并且无论一体化水平有多高，这些方面的影响和差别永远不会消失。我们所讲的城乡一体化是指要通过制定科学的城乡发展规划，打破城乡分割的体制和政策，促进城乡间人口和生产要素等的自由流动，实现城乡经济和社会和谐发展的一体化，绝不是城乡完全一样化。

三 中国特色城镇化的制度创新结构

土地制度、户籍制度、就业制度和社会保障制度四个领域的制度创新是一个有机联系的统一整体，是城镇化进程中农民离开土地、进入城镇、在城镇中生存和发展的四个主要环节。

（一）土地制度创新

土地制度创新是实现我国城镇化和农民市民化的基础和前提，农民只有摆脱了土地制度对其人身自由的束缚，有了离开土地的自由裁量权和自由选择权，才有可能向城镇地区转移，实现农民市民化。

土地作为一种特殊的稀缺性生产要素，不仅是城市发展和经济发展所必需的，同时它也是农民基本的社会保障和获取收入的主要来源。目前，在城镇化发展中遇到的较为突出的矛盾和问题之一，就是如何规范农村土地使用权和经营权的流转、如何规范土地征用行为，对失地农民进行合理补偿的问题。《中共中央关于做好农户承包地使用权流转工作的通知》和《农村土地承包法》等，虽已初步界定了土地利益关系，但对广大农村来说更重要的，是要按照产权清晰、用途管制、节约集约、严格管理的原则，[①] 对现有的土地制度进行必要的改革。

我国实行土地的社会主义公有制，即全民所有制和劳动群众集体所有制。城市的土地所有权归国家所有，由国家或城市发展规划进行统一的规划和管理。因此，在城镇化中对城市土地的使用方向和用途，国家居于主体地位，涉及的问题相对较少，也易于解决。而在我国的农村，目前实行的是家庭联产承包责任制，土地的所有权归集体所有，使用权和经营权则归农民所有，在城镇化进程中如果要占用农民土地，涉及的

---

① 《党的十七届三中全会〈决定〉学习辅导百问》，学习出版社2008年版，第9页。

问题相对较多,也比较复杂。城镇化进程中土地制度的创新,一方面要在稳定家庭联产承包责任制和统分结合的双层经营体制的基础上,以提高土地利用效率为重点,以实现土地所有权、使用权和经营权相分离,实现土地的自由、有序、合法、有偿流转和促进农民市民化为目标,建立、健全农村土地使用权流转制度,完善农民土地使用权流转机制,按照依法、自愿、有偿原则,允许农民以转包、出租、互换、转让、股份合作等形式流转土地承包经营权,发展多种形式的适度规模经营;① 另一方面,要依法规范土地的管理和使用,逐步建立城乡统一的建设用地市场,对农地用途变更进行总量控制,间接调控土地价格,依法取得的农村集体经营性建设用地,必须通过统一有形的土地市场、以公开规范的方式转让土地使用权。② 同时,要尽快建立、健全和完善土地征用及补偿制度等相关法律法规和政策配套。

(二) 户籍制度创新

户籍制度创新是顺利实现我国城镇化和农民市民化的核心所在,城镇化的核心因素是人,没有人,城镇化就无从谈起。因此,必须充分认识到户籍制度创新的必要性和重要性,加大力度,对户籍制度予以根本性改革,否则必将影响我国城镇化进程。

户籍制度涉及公民基本权利,在改革中既要鼓励地方勇于创新,又需要从国家层面统筹考虑。由于户籍制度改革是一个涉及养老、就业、子女求学、医疗、住房等多方面利益的复杂问题,改革难度较大,而且我国经济社会发展所呈现出的巨大的区域差异,又进一步增加了这种改革的难度。从近期看,在全国范围内要想完全取消户籍制度还不太现实。只能是在个别地区先行试点,在取得成功经验的基础上,再进行完善和推广,循序渐进地逐步建立起全国城乡一体化的统一的户籍制度,切忌搞一刀切,盲目冒进。

户籍制度创新既要充分考虑农民工的落户意愿,又要充分考虑流入地人口承载能力。数以千万计的农民已经进入了城市从事第二、第三产

---

① 《党的十七届三中全会〈决定〉学习辅导百问》,学习出版社2008年版,第9页。
② 同上书,第10页。

业，成了事实上的城市居民，然而由于传统的城乡分割的二元社会管理结构的限制，他们始终无法取得城市居民的身份，奔波于城乡之间，难以在城市稳定下来，难以形成归属感。这一方面加剧了农民工的社会流动性，难以管理，并由此引发了一系列的经济和社会问题；另一方面也使企业无法形成一支具有丰富经验和优秀从业技能的稳定的产业队伍，这无论是对企业的技术改进、产业升级，还是对国家长远的经济发展都造成了不利的影响。因此，应在综合考虑城市综合承载能力的基础上，因地制宜地制定政策，区别情况，逐步放宽户口迁移政策和农民工的落户条件，取消农业户口与非农户口的划分，取消按人口登记地制定就业、社会保障等的差别化政策。

当前，户籍制度改革的基本取向，是实行以具有稳定就业和住所为基本条件的户口迁移准入制度。① 改革的重点是首先"放宽中小城市落户条件，使在城镇稳定就业和居住的农民有序转变为城镇居民"②，引导人口的合理有序流动，还原户籍制度的本来意义，从而为城镇化发展创造一个无摩擦的制度环境。

（三）就业制度创新

就业制度创新是实现我国城镇化和农民市民化的关键，农民离开了土地，进入了城镇，能否在城镇中安定下来，关键就取决于能否在城镇中找到维持其本人及其家属所必需的生活资料的工作岗位。

现行的就业制度对农村劳动力仍有着极强的制度性约束，使他们不能在同等条件下与城市劳动力公平竞争就业岗位。这不仅不利于劳动力资源的优化配置，而且直接阻碍着农民市民化和城镇化进程。因此，必须在逐步取消原有户籍制度的同时，对就业再就业制度进行及时改革，把扩大就业作为经济社会发展和调整经济结构的重要目标。重点之一是要改善农民工的就业环境，进一步取消对农村劳动力进城就业、创业等方面的不公正待遇和各种限制，取消不合理收费，规范农村劳动力务工证、暂住证等登记项目，积极推进城乡统筹就业。重点之二是在保持和

---

① 《党的十七届三中全会〈决定〉学习辅导百问》，学习出版社 2008 年版，第 94 页。
② 同上书，第 13 页。

积极挖掘国有企业和集体企业吸纳就业潜力的同时，加大产业结构调整力度，拓展就业渠道，扩大就业规模，改善就业结构。大力发展服务业、非公有制经济和各级各类中小企业等就业容量大、就业灵活的劳动密集型产业，多渠道地增加就业岗位和就业空间。鼓励自主创业和自谋职业，发展多元创业主体和多种创业形式，创造更多的就业岗位，带动更多的人就业。重点之三是要加强国家宏观调控和政府引导，积极改善就业结构。完善市场就业机制，充分发挥市场在调节劳动力供求中的主体作用。健全面向全体劳动者的职业教育培训，加强农村剩余劳动力转移的就业培训，提高劳动者的职业技能和创业能力。加快就业再就业及相关制度建设，增强就业再就业工作的制度化、法制化及规范化。完善支持自主创业、自谋职业的财税和金融政策，营造自主创业的制度环境。重点之四是要建立统一规范的劳动力资源市场，形成城乡劳动者平等就业的制度。打破现有城乡就业壁垒，真正建立起全国性、城乡一体化的双向流动就业制度。建立促进就业的长效机制，促进劳动力在城乡之间、地区之间的有序流动。改变目前城镇化仅仅停留在人口住所转移初级层次上的现状，促进城镇化不断向深层次发展。

（四）社会保障制度创新

社会保障制度创新是实现我国城镇化和农民市民化目标的制度保障，没有适合农民市民化特点的社会保障制度，农民市民化的进程必然要受到阻碍。只有逐步建立起有利于引导和促进农民市民化的社会保障制度，给其以真正的市民待遇及制度保障，才能从根本上消除农民市民化的后顾之忧，促进城镇化健康发展。

党的十七大报告指出，必须要"以基本养老、基本医疗、最低生活保障制度为重点，加快完善社会保障体系。促进企业、机关、事业单位基本养老保险制度改革，探索建立农村养老保险制度。全面推进城镇职工基本医疗保险、城镇居民基本医疗保险、新型农村合作医疗制度建设。完善城乡居民最低生活保障制度，逐步提高保障水平"[1]。这就要求我们，现阶段，必须以基本养老、基本医疗、最低生活保障制度建设

---

[1] 《十七大报告辅导读本》，人民出版社2007年版，第38页。

为核心，以进一步健全和完善城镇社会保障体系和农村社会保障体系为重点，对原有的社会保障制度和保障体系进行改革。改变原有社会保障制度只惠及城镇居民、国有企业和事业单位，覆盖面窄，资金不足，体系不健全的情况，使之逐渐扩大到城乡全体居民，逐步建立起与我国经济发展水平及各方承受能力相适应的社会保障制度。

当然，我们也必须明确，社会保障制度改革和创新的最终目标，是要建立起包括社会保险、社会救济、社会福利、优抚安置和社会互助、商业保险与慈善事业在内，城乡一体化的完善的社会保障体系。之所以在当前选择以基本养老、基本医疗、最低生活保障制度为社会保障制度改革和创新的重点，这主要是受限于我国的具体国情，即我国现在还处于社会主义初级阶段，人口多，底子薄，人均国内生产总值低，生产力发展水平同世界发达国家相比仍然比较落后。要想在短时间内建立起城乡一体、内容完备、标准统一的社会保障制度还有较大难度，缺乏足够的实现条件。据统计，2005年，我国国内生产总值虽然排在世界第4位，为22289亿美元，总量很大，达到甚至超过了部分发达国家的水平，但我们的人均国内生产总值却很低，只有1700美元。而同期，作为主要发达国家的美国、日本、英国和法国的人均国内生产总值则分别为37610美元、34510美元、28350美元和24770美元，是我国的15—22倍。如表4-2所示。

表4-2　　2001—2005年国内生产总值居世界前十位国家比较　　单位：美元

位次	2001 国家和地区	国内生产总值（亿）	占世界比重（%）	人均国内生产总值	2005 国家和地区	国内生产总值（亿）	占世界比重（%）	人均国内生产总值
1	美 国	100759	31.9	—	美 国	124551	28.1	37610
2	日 本	41624	13.2	—	日 本	45059	10.2	34510
3	德 国	18913	6.0	—	德 国	27819	6.3	—
4	英 国	14313	4.5	—	中 国	22289	5.0	1700
5	法 国	13398	4.2	—	英 国	21926	4.9	28350
6	中 国	13248	4.2	—	法 国	21102	4.8	24770
7	意大利	10904	3.5	—	意大利	17230	3.9	—

续表

位次	2001				2005			
	国家和地区	国内生产总值（亿）	占世界比重（％）	人均国内生产总值	国家和地区	国内生产总值（亿）	占世界比重（％）	人均国内生产总值
8	加拿大	7051	2.2	—	西班牙	11237	2.5	—
9	墨西哥	6221	2.0	—	加拿大	11152	2.5	—
10	西班牙	6084	1.9	—	巴 西	7941	1.8	—

资料来源：根据国家统计局国际中心《2006年我国经济和社会发展国际地位比较研究》［EB/OL］（http：//www.stats.gov.cn/tjfx/fxbg/t20061128_402368780.htm，2006-11-30）等相关数据整理而成。

第五章

中国特色城镇化发展的制度创新

本章研究的主要内容是，如何对影响我国城镇化的各项制度进行创新。包括：土地制度创新，主要是结合我国发展实际，对在我国城镇化发展中遇到的比较突出的土地产权问题、土地承包经营权流转问题以及土地征用和补偿等问题，进行具体分析和研究；户籍制度创新，主要是从打破城乡分割促进人口合理流动的角度，对恢复户籍制度本来面目、剥离户籍制度附加功能、加快户籍制度立法、完善户口迁移准入制度等方面的问题进行具体分析和研究；就业制度创新，主要是从完善就业促进机制、健全劳动就业市场、加强政府监督管理等方面，探讨如何打破城乡就业壁垒，促进城镇化健康发展和城镇化水平稳步提高的问题；社会保障制度创新，主要以养老保障制度、医疗保障制度、最低生活保障制度的创新研究为重点，阐述当前社会保障制度在促进城镇化健康发展中的制度创新内容。

一 土地制度创新

（一）明晰土地产权主体 完善土地承包经营权

土地产权问题一直是广大专家和学者争论的焦点问题之一。以温铁军为代表的学者认为，我国不宜实行土地私有化。因为土地私有化会造成部分农民失去土地，在城市不能为其提供必要的工作岗位的情况下，最后甚至有可能形成像巴西那样的城市贫民区，并严重影响社会稳定。[1]

---

[1] 温铁军：《我国为什么不能实行农村土地私有》，《红旗文稿》2009年第2期。

以牛若峰为代表的学者则持相反意见,他们认为在实行家庭联产承包责任制以后,土地集体所有已经名存实亡。所谓集体所有从来都不是农民权益的保护伞,必须改革,把土地还给农民,归农户私有。① 只有实行土地私有才能做到产权清晰,才能有利于土地的流转,才能最大限度地保护农民利益,而且只要措施得当并不会引发社会问题。

以迟福林为代表的学者认为,在稳定家庭联产承包责任制的同时,应赋予农民长期而有保障的土地使用权。土地权利的期限、广度和确定性是影响农民是否对土地进行长期投资的关键因素。延长土地承包期限,拓展农民土地使用权内涵,并给予制度确认和法律保障是农村土地制度改革和建设的方向。②

本书比较赞同以温铁军和迟福林等人为代表的学者的观点。在我国明晰土地产权主体,不能、也不必要实行土地所有权私有化即个人所有。

1. 我国不具备实行土地私有化的条件

(1) 我国是社会主义国家,实行的是以生产资料的社会主义全民所有制和集体所有制为主体,多种经济成分并存的所有制结构,公有制是我国社会主义经济基础的主体。如果在占人口大多数的广大农村地区实行土地私有化,则必然会破坏我国的经济基础和国家的社会主义性质。

(2) 家庭联产承包责任制符合我国生产力发展的多层次性和区域不平衡性,能够容纳各个地区不同层次的生产力发展水平和农业生产状况。既适应一家一户的小规模农业生产,也适应现代农业和规模化生产的要求,是适应性很强的农业生产经营方式和组织形式。而且世界上绝大多数国家,不论是土地经营规模大小,还是农业发达与否,实行的都是家庭经营。③

(3) 如果实行土地私有化,则必然会在短时间内释放出大量的农

---

① 周琳琅:《统筹城乡发展理论与实践》,中国经济出版社2005年版,第55页。
② 迟福林、王景新、唐涛:《尽快实现农村土地使用权长期化的建议》[EB/OL](http://www.cird.org.cn/cgi-bin/wenku/Library_Read_cird.asp?text_id=371)。
③ 《党的十七届三中全会〈决定〉学习辅导百问》,学习出版社2008年版,第47页。

村剩余劳动力。在我国经济社会发展比较落后的条件下，这些剩余劳动力的唯一流向，就是进入城市，一旦突破城市承载能力则必然会引发极大的社会矛盾，导致社会动荡，不利于社会的稳定，如西方国家城镇化过程中出现的贫民窟问题。

（4）我国是一个以农业为主的国家，人多地少，而且东中西部土地拥有量存在较大差异。据国家统计局 2006 年底统计，我国人均耕地占有量最多的三个省分别是黑龙江、内蒙古和吉林省，分别是 10.40 亩、8.72 亩、6.26 亩；其次是宁夏和新疆，分别为 4.27 亩、4.18 亩；最少的是上海、北京和广东地区，分别是 0.33 亩、0.63 亩、0.66 亩。东中西部地区、发达地区和不发达地区差异较大，如果实行土地私有化则必然导致人为的社会矛盾。

（5）在当前我国农村社会保障体系不健全、制度不完善的情况下，土地是农民最主要的生活来源和唯一的保障手段。我国实行的家庭联产承包责任制的土地经营方式，实质上是国家给予农民的一种制度性的保障。那么一旦实行了土地私有化，则必然导致国家对农民保障的丧失。由于在我国农民还处于相对弱势的地位，"经营农业本来就无利可图的小农会在地方权利与资本结盟的强势介入下大批失去土地，尽管表面是自愿交易，其实质还是被强势集团所迫"，"丧失了在农村生存的根基之后，农民又无法在城市完全立足"[①]，最终结果完全可能是沦为城市贫民。也就是说，一旦农民失去了土地就等于失去了一切。

2. 我国也不必实行土地私有化

明晰产权主体的核心目的不在于是否实行土地的私有化，而在于明晰土地的使用权、经营权和收益权，明晰土地利益关系和搞活土地使用权、经营权的问题。对于前者即明晰土地的使用权、经营权和收益权的问题，其实在《城镇国有土地使用权出让和转让暂行条例》（1990 年）第四条中早就已经进行了明确规定，"取得土地使用权的土地使用者，其使用权在使用年限内可以转让、出租、抵押或者用于其他经济活动，合法权益受国家法律保护"[②]。当前土地制度所暴露出的诸多问题其根

[①] 温铁军：《我国为什么不能实行农村土地私有》，《红旗文稿》2009 年第 2 期。
[②] 《中华人民共和国城镇国有土地使用权出让和转让暂行条例》[EB/OL]（http://baike.baidu.com/view/437292.htm）。

源在于后者,即土地使用权、经营权没有搞活的问题。因此,我国也不必实行土地私有化。

当前,土地制度创新的关键在于:第一,要进一步明晰土地产权主体。明确农民集体所有究竟是哪个集体所有,是村民小组,还是村民集体,还是乡镇集体。在其界定上,核心是要最有利于实现土地的有效监督、管理和使用。村民小组不是一级行政组织,也不是法人,显然不具备这样的能力;乡镇集体虽是一级行政组织和法人,但由于其更多是行使一种行政管理的职能,利益相关性较差;而村民委员会既是法律上认定的一级法人,也是行政上认可的一级行政组织,同时也是《土地管理法》规定的农民集体所有中的一个组成部分,更是土地的直接利益相关者。因此,村民集体应成为土地农民集体所有的指向所在。第二,要继续完善以家庭土地联产承包为基础的双层经营体制。稳定土地承包关系,合理延长土地承包期,赋予农民长期而有保障的土地使用权。只有有了"稳定的土地承包关系,农民有了长期自主经营的土地,才能有稳定的经营预期和长远的经营打算,才能放心地在土地上谋发展、增投入,改善生产条件,提高土壤肥力。否则,承包地不断调来调去,农民今年种这块,明年种那块,就难以爱惜土地,养护土地,甚至会掠夺性地使用土地,农业就难以持续稳定发展"[1]。第三,"在农村土地所有权与使用权分离的基础上,将土地使用权进一步分解为土地承包权和土地经营权。通过土地承包权和经营权的分离,放活土地使用权,为实现土地的集中使用奠定基础。农户在获得土地承包权后,也同时取得了土地转包权,可以将其承包的土地向外转包、出租"[2]。

(二) 规范土地征用行为 完善征地补偿机制

1. 规范土地征用行为

(1)必须严格界定国家公用事业征地范围。我国《宪法》第13条规定"国家为了公共利益的需要,可以依照法律规定的条件,对城乡土

---

[1] 《党的十七届三中全会〈决定〉学习辅导百问》,学习出版社2008年版,第47页。
[2] 赵雪雁:《西北地区城市化与区域发展》,经济管理出版社2005年版,第290页。

地和其他生产资料实行征购、征用或者收归国有"①。1998 年修订的《土地管理法》(1999 年) 第 2 条规定"国家为公共利益的需要,可以依法对土地实行征收或者征用",②但对于什么是公共利益,两部法律却并未给出准确的范围。一些非"公共利益"营利性质的工业、商业、房地产业等,也借用"公共利益"进行征地,导致了实践中对于"公共利益"征地权的滥用。因此,必须严格界定国家公用事业征地范围,保证确为国家公用事业发展所必需时才动用土地征用权,并要制定相应的保障和监督机制,坚决杜绝滥用公用事业土地征用权。对于国家公用事业以外,又确为经济社会发展所必需征用的经营性用地,一方面所征用土地必须符合土地利用总体规划、城市总体规划、村庄和集镇建设规划要求,年初即列入征地计划,并经各级人大或相应权力机关审议通过的。另一方面所征用土地的补偿,要坚持市场化原则。以市场定价为主、就高不就低、合理分配利益,同时允许农民依法通过协商、竞拍等多种方式参与开发经营,以最大限度地保障农民合法权益。③

(2) 实行土地征用前公示或听证制和集体决策制。目前,我国的土地征用行为基本上是行政命令式的,农民缺少相应的知情权、选择权和决策权,导致在征地过程中农民利益受损成为普遍现象。因此,要最大限度地保护被征地农民的权益,就必须实行土地征用前公示或听证制和集体决策制。无论是公用事业需要的土地征用,还是经营性的土地开发利用,都必须实行征前公示制度或听证制度,使被征地区域内的农民充分了解土地被征用的原因、用途、补偿标准和动迁安置办法等,从预征土地、批准、补偿到进入使用土地,都必须告知被征者,以保证被征地农民的知情权。实行土地征用集体决策制度,对发生在个别农户土地上的征地行为,可以由征地者与土地所有者和经营者进行具体的协商谈判,合理确定补偿标准;对于发生在多个农户之间或发生在村民集体所有土地上的征地行为及补偿标准、方式的认定等问题,则必须由全体或

---

① 《中华人民共和国宪法》[EB/OL] (http://www.publaw.org/gfpl/gfpl_gfwx/200703/t20070318_12464.htm)。

② 《中华人民共和国土地管理法》[EB/OL] (http://www.gov.cn/banshi/2005-05/26/content_989.htm, 2005-05-26)。

③ 《党的十七届三中全会〈决定〉学习辅导百问》,学习出版社 2008 年版,第 63 页。

至少 2/3 以上的村民进行集体决策；对于发生在跨村、跨乡镇、跨省市之间的征地行为则要由相关的利益主体选举产生共同的决策机构，对征地行为及补偿标准、方式等进行集体决策；对于村集体组织按照城市规划要求兴办的村集体企业以及村发展规划征用的土地，不仅要合理确定相应的补偿标准和补偿方式，而且要让村民参与到具体的征地过程中，以保证村民的知情权、参与权和有效行使监督权、选择权，确保征地行为的公正性、公平性。

（3）实行严格的耕地保护制度。我国人多地少、人均耕地占有量不足的国情特点，决定了我国为保证国家粮食安全，促进经济和社会稳定健康发展必须实行严格的耕地保护制度。①以国土资源部和地方各级国土资源管理部门为主体，成立国家国土资源和地方各级国土资源监测机构，对耕地资源进行宏观管理，严格控制耕地占用，保护耕地数量，保证耕地总量动态平衡。②加强土地用途管制，制定城乡土地利用和发展规划，对土地资源合理配置进行强制性管理。确定可征用土地的数量、界限和范围，限制农用地转为非农建设用地，划定基本农田保护区红线。严禁擅自修改、调整土地规划；严禁违规扩大城镇建设用地规模；禁止除法律规定的国家重点建设项目之外的非农业建设占用耕地，尤其是占用基本农田。③加大土地管理执法监督力度，制定相关具有可操作性的法律法规和执法体系，坚决制止和严厉打击非法占用耕地和毁损耕地的行为。

2. 完善征地补偿机制

（1）补偿方式的选择，应主要采取两种补偿方式：一种是现金补偿方式，一种是社会保障补偿方式。现金补偿主要体现为对被征土地农民的土地补偿费、动迁安置费、地上附着物和青苗补偿费。社会保障补偿主要体现为将被征地农民纳入社会保障体系，以及对其进行必要培训以掌握从业技能所需资金的补偿，其资金来源应是土地被征用前双方确定的补偿资金的一部分。这两种方式必须综合运用，缺一不可。因为如果只采用现金补偿方式，实质上就是将处于弱势地位而又无任何从业技能和经验的农民推向就业市场，很容易使被征地农民陷入失地又失业的境地。而如果只采取社会保障补偿方式，不与现金补偿方式相结合，那么失地农民马上就会陷入衣食无着的境地，显然这都不是国家和社会所愿看到的局面。因此，把解决被征地农民的眼前利益和长远利益结合起来的最佳选择，就是对被征地农民采取现金补偿和社会保障补偿相结合的方式。

（2）补偿标准的确定。国家因公用事业征用的土地，要根据土地资源质量和农民开发利用程度给予合理的补偿，补偿应以不降低农民的现有生活质量为最基本的标准；对于国家公用事业以外经营性、营利性用地的补偿，一是通过双方协商确定合理的补偿金额，二是通过市场招投标或竞拍的形式确定补偿金额，而主要应以第二种为主。只有这样，才能最大化地保障被征地的农民权益不受损失。

（3）土地补偿的监管。应建立国家及地方各级土地补偿监督实施机构，并制定相应的法律制度，对土地补偿资金和社会保障补偿金的到位情况实施监督，对违规违法企业和个人进行及时查处，以确保被征地农民的合法权益。

（三）建立土地流转市场　促进土地规范流转

1. 参与流转土地的性质和流向

由于我国实行的是农村土地的集体所有制和家庭联产承包责任制的统分结合的双层经营体制，因此，参与流转的土地必须是农村家庭依法获得承包经营权的土地，可以是部分或全部流转。而且流转的只能是承包期限内的土地的经营权，不是土地的所有权，也不是无限期流转。土地流转既可以采取转让、出租、入股、抵押等方式，也可以以投资入股的方式进行土地的联合经营，发展规模农业和现代农业，以最大化地提高土地利用率。但流转后的土地不得改变土地集体所有权性质，也不得将农业用地改变为非农业用途或建设用地。

2. 土地承包经营权流转市场的主体

土地承包经营权流转的市场主体是土地的承包方。承包方按照依法、自愿、有偿的交易原则，有权自主决定土地承包经营权是否流转、何时流转以及流转方式、流转费用等。所谓依法，是指土地流转要按照国家法律法规和相关土地制度的规定进行。《农村土地承包法》第三十三条规定，承包方"不得改变土地所有权的性质和土地的农业用途；流转的期限不得超过承包期的剩余期限；受让方须有农业经营能力；在同等条件下,本集体经济组织成员享有优先权"。所谓自愿,就是土地流转要在充分尊重土地承包经营户意愿的基础上进行。承包经营权转给谁,与谁签订合同,签订什么样的合同等,只要不违反法律和社会公共利益,都应当由当事人自己决定。《农村土地承包法》第九条规定:"国家保护集体土地所有者的合法权益,保护承包方的土地承包经营权,任何组织和个人不得侵犯。"第三十三条规定:"任何组织和个人不得强迫或者阻碍承包方进行土地承包经营权流转。"所谓有偿,就是土地承包经营户在进行土地流转时,有权取得相应的收益。《农村土地承包法》第三十六条规定,"承包地被依法征用、占用的,有权依法获得相应的补偿","土地承包经营权流转的转包费、租金、转让费等,应当由当事人双方协商确定。流转的收益归承包方所有,任何组织和个人不得擅自截留、捐缴。"①

3. 建立和健全土地承包经营权流转市场服务体系

土地流转是一种在价值规律作用下,土地供求双方实现使用价值和价值转移的过程。因此,要尽快建立和健全与土地交易行为相关的市场服务体系。以现有的农村各级土地承包管理机构为依托建立农村土地流转服务中心或服务站,为土地流转提供交易场所。建立土地流转信息收集和信息发布体系,搭建土地流转信息服务平台,为土地流转双方提供及时有效的信息服务,并逐渐地使信息服务网络化,以尽可能地减小流转双方信息的不对称性,确保土地流转双方的正当、合法权益。建立和健全土地流转中介服务组织,为土地流转双方牵线搭桥,开展土地流转申请委托、价格评估、合同拟定、合同签订、法律咨询等工作,完善市场功能,提供专业服务。在法院设立相应的土地流转纠纷仲裁机构,为土地流转提供法律保障,惩治违规违法行为,保护流转双方的合法权益,维护土地流转市场交易秩序。

4. 合理定位土地承包经营权流转市场中政府的责任

土地承包经营权流转市场中政府的责任,一是采取相关优惠政策和扶持措施,帮助、引导农民尤其是已经转移到城市的农民进入市场,按

---

① 《中华人民共和国农村土地承包法》[EB/OL](http://news.xinhuanet.com/zhengfu/2002-08/30/content_ 543847. htm)。

照依法、自愿、有偿的原则对其已获得承包权的土地进行土地承包经营权流转。鼓励农业种植大户和农业产业化经营组织对土地实施规模化经营、产业化运作。二是及时制定和完善土地流转相关政策，为土地流转提供良好的制度环境。我国的土地流转市场正处于建立的初期，仅有《土地法》、《农村土地承包法》等几部宏观原则性的法律法规，尚无专门性的土地流转法及相关实施细则，需要政府尽快出台，以建立完备的土地流转法律制度体系和监督机制，为土地流转提供相应规范性的法律依据。

二　户籍制度创新

（一）恢复户籍制度本来面目　合理引导人口流动

1. 恢复户籍制度本来功能，恢复公民居住、迁徙自由

一般来讲，户籍制度主要具有三项基本功能。第一，是用于记载社会成员的出生、死亡、住所、直系亲属等基本信息。第二，是借以确定公民的法律地位。如确定公民权利能力及行为能力开始和终止的时间，确定继承人的范围和顺序等。第三，是为经济和社会发展提供人口资料和相关信息。但我国在户籍制度形成和发展过程中，在这些基本功能之外，逐渐被附加了众多的其他社会功能。一方面，通过这些附加功能，人为地把人分为农业户口和非农业户口、城市人和农村人。在这种情况下，农村人口要进入城市极其困难，一般只能是通过考学或城市招工等才有机会进入。城市人口要进行地区性迁移也要付出较高的成本，比如在户口登记地所能享受到的就业、教育、社会福利等待遇，在非户口登记地则享受不到，极大限制了农村人口流入非农产业和城市，限制了人口进行迁徙、居住及择业的自由，导致人才和劳动力无法按需要进入社会分工，按市场要求进行资源配置。另一方面，这些附加功能，对户籍制度本身也形成了强烈冲击。不仅加重了户籍管理工作的负担，而且冲淡了户籍制度作为人口登记和民事管理的基本功能，使户籍制度在流动人员统计等方面出现了不应有的失误。因此，户籍制度进行改革一个基本的出发点，就是恢复户籍制度的本来面目，取消农业户口与非农业户

口的界限，取消对农村人口进入城镇的限制性规定，强化户籍制度作为人口登记和民事关系证明的基本功能，并逐步建立起城乡一体化的户籍管理制度。

居住、迁徙自由是宪法赋予每一个公民的合法权利，在不妨碍公共秩序和公共利益的前提下，任何一个公民都有权选择自己居住地的权利，选择迁移，还是留下的权利。新中国成立以后，我国虽然在法律上规定了公民有居住和迁徙的自由，但由于我国特殊的国情背景和经济发展战略，而使公民的这项权利在实践中受到了诸多的限制和约束，基本上丧失了居住、迁徙的自由。在社会主义市场经济条件下，一个基本的要求就是要实现劳动力的自由流动和对其进行市场化的自由配置。现阶段，如果再对公民居住、迁徙自由进行制度性限制不仅已经失去了它存在的现实基础，而且也必将形成对经济发展和社会生产力进步的巨大桎梏。当然，如果国家和政府出于国家或地区整体发展的战略考虑，需要对人口流动进行控制的话，那么也只能是通过经济杠杆和必要的行政手段进行引导和调控，而不应该是再通过户籍制度以及相关制度等进行强制性约束。比如，国家西部大开发战略中实施的一些优惠的税收政策和福利政策，就有利于把人口流动引向该地区；在广大农村地区实行的农业直接补贴和间接补贴的政策，也有利于调节农村不必要的人口流动，疏减人口流动所带来的压力。

2. 进一步完善居民身份证制度，对城乡居民实行动态管理

随着我国经济社会的发展、人户分离现象的出现和人口迁移频度的提高，传统的户籍制度已经很难实现对人口进行有效管理，在恢复户籍制度作为人口登记和民事关系证明的基本功能后，这种弊端将更加明显。对此，我们应该借鉴发达国家以护照或社会安全号码对人口进行管理的制度经验，逐步实行以居民身份证为主的人口管理制度，对城乡居民进行动态管理。

实行以居民身份证为主的人口管理制度，第一，能够更加准确和方便地对公民个人身份进行确认。由于居民身份证中包含着个人的姓名、性别、出生、籍贯等基本信息，且具有全国唯一的号码。因此，将极大地方便对人口的动态管理和身份确认。第二，有利于铲除农村居民进入城镇的户籍障碍，剥离计划经济强加给户籍制度的各种职能，尤其是消除原有户

籍管理所产生的身份不平等现象。我国计划经济体制下所形成的户籍制度，人为地把国民隔离开来划分为农村居民和城市居民，不仅影响着城乡的协调发展和城镇化进程，而且在国民之间、城乡之间，形成了不平等的社会权力和城乡有别的国民待遇。同为国家公民，却没有同等的权利。采用居民身份证制度，有利于打破城镇居民与农村居民之间的这种身份界限，使城乡居民之间只有职业上的不同，而不再有身份上的高低贵贱之分和国民待遇上的差别。第三，有利于促进人口流动，保障公民的基本权利。我国户籍制度改革的最终目的就是要打破城乡界限、地区界限和城市界限，实现人口的自由流动。实行居民身份证的人口管理模式，意味着在法律许可的范围内，公民可以享受充分的居住和迁移自由，既不会受到行政区划的限制，也不再受迁移和居住时间长短的限制，更不会受到非法的干预。第四，有利于以居民身份证制度为核心，逐步建立起城乡一体化的人口动态管理体系。实现人口管理由以户为中心的僵化、低效、静态管理向以人为中心的灵活、高效、动态管理的转变，提高人口管理的有效性，为国家经济和社会发展提供及时、准确的人口信息。

（二）剥离户籍制度附加功能　加快户籍制度立法

1. 剥离户籍制度附加功能

如果就单纯的户籍制度本身改革而言，其实并不复杂。户籍制度改革之所以如此缓慢、步履维艰，根本原因就在于我国的户籍制度所被附加的诸多的其他功能，以及由这些附加功能长久以来延伸而形成的复杂的利益分配格局，如教育、就业、社会福利等。齐晓安教授认为，"目前多数城市都将户籍改革重点放在了取消'农业'与'非农业'户口的分类上，而忽视了对户籍管理诸多附加职能的剥离。按照国际上的惯例，户籍管理一般只具有民事登记和统计人口基本信息的职能，而我国的户籍制度却与就业、医疗、保险、教育等利益紧密挂钩，诸多的附加利益和户籍管理一起形成了城乡人口等级分明的二元经济社会结构。"[①]因此，我国要取得户籍制度改革的突破性进展，就必须除去附着在户籍

[①] 齐晓安、林娣：《我国人口城市化制度创新问题探析》，《东北师大学报》2006年第1期。

制度上的种种城乡差别政策，及时剥离附着在户口上的不公平的教育制度、就业制度及相关的社会福利制度等与传统城乡分割的户籍制度相配套的一系列其他制度。否则，必然使户籍制度改革裹足不前，事倍功半。

在就业制度上：改革公共就业服务体系，打破现有城乡就业壁垒，取消对农民工就业的歧视性政策。逐步建立全国性的有利于实现城乡一体化的统一开放、公平竞争、规范有序、双向流动的就业管理制度，实现就业政策、失业管理、就业服务、劳动力市场和劳动用工管理等的城乡一体化。

在教育制度上：要以实现国民教育的公平性为原则，以建立和完善城乡一体化公共义务教育制度为重点，在城镇着力解决农民工子女义务教育阶段的入学问题，保障农民工子女在城市的公平受教育权；在小城镇和乡村则是继续巩固、完善和提高九年义务教育水平；改革国家教育投入制度，加大中央财政对农村的教育支持力度，搞好农村教育综合配套改革和基础设施建设，并尽快推行中等职业免费教育。

在社会保障制度上：城市要逐步将农民工统一纳入本地各项社会管理，促进住房、医疗、子女教育、社会保障等基本公共服务的均等化。将进城农民工纳入城市住房保障体系，创造条件向其提供经济适用房和廉租住房。推行以个人账户为核心的农民工养老保险办法。尽快建立起农民工工伤保险体系和农民工失业保险体系。农村则要尽快建立和健全包括农民养老保险、农村医疗保险、农村最低生活保障等在内的农村社会保障制度。

2. 加快户籍制度立法

针对我国现有户籍制度已无法准确记录人口信息，无法及时满足和准确反映市场经济条件下人口迁移需求和真实性的状况，必须对现有户籍制度进行根本性变革。当前，主要是在我国已经取得的户籍制度改革成功经验的基础上，尽快制定新的户籍管理条例或者是户籍法。以确认户籍管理的基本功能、管理体制、管理方法和管理程序，从而为进一步打破我国传统的城乡分割的户籍制度，深化我国的户籍制度改革提供基本的法律依据，为我国逐步建立起适应社会主义市场经济发展要求的城乡一体化的现代户籍制度体系提供基本的价值取向和架构内容，为我国最终实现人口管理工作的制度化、法制化和规范化奠定坚实的基础。

我们必须认识到，在新的户籍管理条例或者是户籍法建立的过程中：（1）由于我国"户籍限制的硬核仍然存在，人们在思想意识里对户籍仍持有高度的认同感"，"户籍制度的制度刚性问题仍没有解决"①等原因，加之户籍制度改革牵扯到的不仅仅是户籍本身的问题，而是住房、就业、教育、社保利益的重新调整等问题，决定了我国户籍制度的改革必然是一个循序渐进的、复杂的、逐步剥离各种利益关系，淡化原有户籍制度影响的过程，而不可能是一步到位。（2）由于各地经济社会发展水平不同，具体情况也不尽相同，如果不加以区分地硬性要求各地迅速取消与每一个人密切相关的户籍制度，则必然会在一定时期内造成人口管理上的混乱。因此，新的户籍管理条例或者是户籍法的建立也必然有一个因地制宜的发展过程，决不能眉毛胡子一把抓，搞一刀切，否则必然会造成社会的不稳定，给经济社会带来极大的危害。（3）存在着在某一时期，大量农村人口盲目流入大城市，加重大城市负担，引发"城市病"的可能性。但流入城市的农村人口，不外乎有两个心理预期。第一个是城市有较多的就业机会，这一问题因为大量农民工早已进入城市就业，所以即使取消了现有户籍管理制度，其人数也不会出现急剧的上升，以至于突破城市的承受能力。关键是第二个，即由原来城乡二元结构造成的公共福利等利益上的差异所带来的心理预期。在原有城乡二元结构条件下，由农村进入城市就意味着生活水平的巨大提高和福利待遇的巨大改善。那么该问题解决的关键，就在于与户籍制度配套进行的其他制度改革是否能及时到位（最好是提前完成）。如果能及时到位或提前完成，国家再辅之以经济的、市场的手段进行必要的调节，那么引发城市病的可能性就几乎不会存在。

（三）完善户口迁移准入制度　进一步深化制度创新

党的十七届三中全会通过的《中共中央关于推进农村改革发展若干重大问题的决定》提出了，要"放宽中小城市落户条件，使在城镇稳

---

① 汪冬梅：《中国城市化问题研究》，中国经济出版社2005年版，第174页。

定就业和居住的农民有序转变为城镇居民"① 的户籍制度改革的基本内容。这一基本内容，既充分体现了我国户籍制度改革稳中求进的渐进性，也充分反映了我国户籍制度改革的实践发展要求，是我国城镇化进程中户籍制度改革与创新取得的又一重大突破。

在户口准入的条件上，改变了以往户口迁移要求在城市购买商品房或有住房的硬性要求，而采取了更加宽松，也更加符合城乡人口流动的特点和实际的以具有"稳定就业和居住"为基本条件的户口迁移准入制度。

在落户城市层级上，一改以往只允许农民工落户小城镇的制度限制，将农村人口落户城市的层级上升到了中小城市。从目前户籍制度改革的现实发展路径和未来发展轨迹看，我国城镇化进程中农村人口落户城市层级的放开大致要经历三个渐进式的发展过程。第一步，是先放开小城镇的落户条件。因为小城镇落户人员相对较少，制度变革成本较低，制度转型相对灵活，而使得它在户籍制度改革中具备先天优势。第二步，是放宽中小城市落户条件。中小城市是小城镇和大城市之间的有效衔接体。一方面小城镇户籍制度改革取得的成功经验，可以为中小城市进行相关改革提供制度借鉴。而在另一方面中小城市户籍制度改革涉及的范围要比小城镇广，改革难度也要比小城镇大，因此也更加接近于未来大城市户籍制度改革的方向和内容。这使得今天中小城市的户籍制度改革又可以为明天大城市的户籍制度改革积累相关经验。第三步，是放开大城市落户条件。大城市落户条件的取消，将标志着我国城乡分割的二元户籍制度改革的基本完成，人口自由流动格局的基本形成。其中，第一步我们已经基本完成，目前正在实施第二步发展目标。

但在中央提出的"放宽中小城市落户条件，使在城镇稳定就业和居住的农民有序转变为城镇居民"的重大理论和实践突破中，也存在着一些需要我们去进一步思考、解决和加以合理界定、创新的问题。

1. "稳定就业"的界定问题。首先，必须明确具有稳定就业不等于具有稳定职业。随着市场经济条件下，人力资源的不断分化组合、重新

---

① 《党的十七届三中全会〈决定〉学习辅导百问》，学习出版社2008年版，第13页。

配置，现代人一生很少也很难只从事某项单一职业。其次，必须明确稳定就业不等于持续就业。一般来说，只要一年中大多数时间具有相对稳定的工作和收入即可，而不需要一年365天，天天就业。至于大多数时间如何计算，它既可以是一年的2/3，也可以是一年的4/5，需要国家出台相应的制度进行规范。大多数时间如何衡量，可以以企业或个人缴纳的相关社会保险如农民工工伤保险、失业保险、养老保险、医疗保险等的时间为基本依据，可以是一项，也可以是几项。

2. "稳定居住"的界定问题。一方面，稳定居住的住处既可以是个人拥有合法产权的商品房，又可以是租住的住房。如果是租住的住房，其稳定性在于租住的时间和区域是否相对稳定。另一方面，稳定居住要打破城乡界限。由于城市购房和租房价格相对较高以及城市郊区化的影响，相当一部分进城农民工会选择居住在城市郊区或者城市周边地区的农村，因此在稳定居住的认定上不能仅仅局限于城市区域内。

3. 转为城镇户口后的农民，在农村原有承包经营土地的处置问题。对于实现了"农"转"非"且具有相对稳定的收入和住所的农民来说，原有农村承包经营的土地已经失去了给予其基本社会保障和获取收入主要来源的制度设计初衷。如果继续持有则势必造成公民身份的双重性，即一方面具有从城镇获取社会保障的城镇居民身份，另一方面又同时具有从农村获取土地承包经营权的农民身份，并会由此引发新的不平等。因此，要注意两点：（1）对于已转为城镇户口，并纳入了城镇社会保障体系的农民，必须及时取消其农村土地承包经营权。对于收回的土地承包经营权，可以马上进行再分配，如果不适宜马上进行再分配的，则暂时由农村集体经济组织代管，暂时转为机动用地或公共用地，待时机成熟时再进行分配。（2）必须建立、健全城镇化过程中城乡居民身份转换沟通机制和信息通报制度，以便及时掌握人口变动信息，并进行相应的利益关系调整。

三 就业制度创新

（一）完善就业促进机制 保障劳动力就业

1. 扶持自主创业、自谋职业

劳动者自主创业、自谋职业是指通过充分调动城乡劳动者就业的主动性和能动性，促进他们发挥就业潜能和提高职业技能，依靠其自身努力，尽快实现就业的方式。针对目前城乡自主创业者因原始积累资金缺乏、融资渠道较少、创业领域窄、技术信息不足等因素，所导致的创业难、创业企业存活时间短的情况，应尽快出台相关的税收、金融和产业支持等激励政策，降低城乡自主创业、自谋职业者的创业成本，增强创业型企业存活力。

在税收政策上，进一步制定有利于创业型企业存活和发展的税收优惠政策，提高创业型企业税收起征点，减免创业型企业管理类、登记类、证照类等行政事业性收费和其他各种社会负担，制止对创业型企业的乱摊派、乱收费行为。

在产业政策上，进一步放宽创业型企业的资金、人员、场所等的市场准入条件，简化创业企业审批程序；鼓励大中型企业和产业龙头企业与创业型企业进行多种形式的交流、合作，对创业型企业进行及时、必要的技术支持和市场引导。

在金融政策上，实施积极的财政金融政策，拓宽创业企业融资渠道，为创业企业提供融资和贷款担保；根据创业企业所需资金大小及时提供无息或贴息贷款；建立创业专项基金，对自主创业者给予直接扶持。同时，积极引导民间资本进行创业风险投资。

在创业服务体系上，进一步完善创业服务配套措施，开通创业服务绿色通道。推动以创业咨询、技术支持、管理咨询、信息服务、市场开拓和人才培训等为内容的创业服务体系建设，为自主创业者提供政策咨询、项目推介、项目论证、开业指导、跟踪扶持等"一站式"服务。

2. 建立和健全失业保障制度

面对日益严峻的就业形势和就业压力，我国应从基本国情出发，以保障失业工人生活和促进失业工人再就业为目标，以现有的失业保险为基础，尽快建立和健全我国的失业保险体系。重点是进一步加强和完善劳动就业登记制度和失业保险金发放制度。

准确、翔实的劳动就业登记，不仅可以为国家经济发展和宏观调控提供劳动力和行业参考信息，对目前的劳动就业形势进行评估，而且可以根据劳动就业形势和经济发展趋势、发展能力数据的变化，尤其是就业与失业人员的情况变化，提前预测劳动者失业的范围、行业、社会影响程度等，为社会保险体系提供及时、准确的失业预警，增强社会保险体系的反映和应变能力，减少社会动荡。完备的劳动就业登记制度至少应包括以下两项内容：一个是包括劳动者就业时间、就业行业、从事职业、收入水平等项目在内的劳动就业动态管理制度；另一个是包括劳动者曾从事工作、失业时间、拟再就业行业、职业等项目在内的失业登记制度。

尽快健全和完善以权利、义务相结合为原则的失业保险金综合考察发放制度。首先，领取失业保险金的必须是非自愿失业且有就业意愿的失业人员，必须是已经参加再就业相关培训或者是在政府相关部门提供的公益性岗位服务或者是已经实质开始进行自主创业、自谋职业的失业人员。只有这样，才能充分体现失业保险促进就业的功能。其次，在坚持维持失业者一定时期最低生活标准的同时，失业保险金发放的金额，必须与个人缴费的数量、缴费时间的长短相衔接。建立多档次的失业保险金发放标准，个人缴费时间越长、数量越多，可享受的失业保险待遇越高。最后，失业保险金的发放必须坚持原则性与灵活性相结合的原则，对自主创业、自谋职业者，可考虑以提前集中发放的方式，一次性发放全部失业保险金，以提高其资金原始积累比例，增加其创业成功率。

3. 完善就业援助制度

以特殊困难群体和零就业家庭为重点，进一步完善面向所有困难群众的就业援助制度。建立特殊困难群体和零就业家庭个人情况档案、统计台账等数据信息。实行特殊困难群体和零就业家庭成员就业实名制，规范申报认定程序。建立特殊困难群体和零就业家庭就业统计分析和情况通报制度，实行跟踪服务、动态管理。开辟特殊困难群体和零就业家庭就业援助绿色通道，统一办理失业保险，免费进行职业技能培训。对特殊困难群体和零就业家庭在职业介绍、自主创业、公益性岗位优先安置等方面进行适当的政策倾斜。通过公益性岗位消化安置一批、专场招聘会推荐介绍一批、劳务合作交流输出一批、优惠政策扶持一批等市场就业与政府托底安置就业相结合的具体措施，切实帮助特殊困难群体和零就业家庭解决就业难题。

4. 调整产业政策，增加就业渠道

在保持和增强第一产业、第二产业和大型企业吸纳就业能力的同时，更要注重发挥中小企业和第三产业等劳动密集型企业在创造就业岗位、扩大就业容量等方面的积极作用，及时调整产业发展政策，促进中小企业发展。

（1）放宽中小企业市场准入。降低开办中小企业注册资本；鼓励、支持和引导中小企业参与国有企业改革，进入金融服务、公用事业、基础设施建设等领域；支持中小企业进入矿产资源开发领域；制定针对中小企业的政府采购政策，保证中小企业能够获取一定比例的订单。

（2）改进中小企业金融服务政策。由事后支持逐步转向事前、事中支持，加大对中小企业起步期、成长期的支持力度；按照市场经济规律，调整信贷结构，构建多层次的银行金融服务体系，为中小企业提供贷款服务，保证中小企业发展有稳定的资金来源；设立中小企业发展专项资金，重点支持产品质量优、市场前景好、盈利能力强的中小企业加快发展；完善中小企业证券等融资支持体系，解决中小企业融资难的问题。

（3）健全中小企业技术创新支持体系。设立国家区域性中小企业技术创新中心，培育中小企业技术创新基地；鼓励大专院校、科研机构利用现有技术、设备为中小企业提供技术服务；完善中小企业知识产权保护制度。

（4）完善中小企业社会化服务体系。建立包括资金融通、信用提供、创业指导、技术支持、管理咨询、信息服务、市场开拓和人才培训为主要内容的中小企业服务体系，及时发布有关中小企业发展的产业政策、发展规划、投资重点和市场需求等方面的信息。同时，充分利用计算机网络、微波通信等先进技术手段，提高中小企业信息获取能力，引导中小企业持续健康发展。

（二）健全劳动就业市场　促进劳动力就业

1. 健全劳动力市场供求主体

在社会主义市场经济条件下，企业是用人的主体，劳动者是劳动的主体，但由于原有城乡分割的就业制度的痕迹仍未彻底消尽，一些企业仍缺乏用人自主权，一些农民工在就业时仍然受到歧视。因此，一方面要进一步深化城市国有企业、事业单位和公共服务机构的人事制度改革，提高用人机制的市场化程度，使他们能真正拥有市场就业条件下完整的人事权、劳动用工权，真正能根据降低成本和提高效益的发展需要来合理配置劳动力资源，成为自主的劳动力需求主体；另一方面要进一步加大户籍等相关制度的改革力度，加快改革进程，尽快彻底摒弃对农村人口进城务工的各种限制性规定和各种歧视性政策，为农民工进城务工和经商提供必要的支持和服务，使他们不仅在公民身份上得到认同，而且能在就业上享有与城镇居民同等的国民待遇，使进城务工的农民成为真正平等的劳动力供给主体。

2. 完善就业服务体系

进一步加强以现有省市职业介绍所、乡镇职业服务站为基础的公共就业服务组织和网络服务体系建设，逐步形成以劳动保障部门所属劳动就业服务机构为主导，集职业介绍、职业指导、职业培训、劳务派遣、创业指导、劳动保障事务代理、就业服务技术支持等为一体，运作规范、服务高效、布局合理、辐射力强的国家、省、市、县四级公共就业服务体系。广泛搜集、整理就业信息；监测劳动力市场信息运行和劳动力市场供求状况及变化；定期公布劳动力市场供求信息和分析预测报告；有效利用和整合传输速度快、覆盖面广的广播、电视、报刊、网络等信息平台，不断扩大服务范围。开展包括求职登记、职业介绍、职业技能鉴定、职业培训、社会保险、农村劳动力务工管理、劳动法律咨询等就业服务。

同时，要积极培育多种类型、多种形式的社会化、市场化的就业服务中介组织，鼓励有条件的社会力量和个人创办就业服务中介机构。逐步形成以政府劳动部门开办的就业服务机构为主体，民办就业服务中介机构为补充，遍布城乡、区域联接、省际互通、面向所有用人单位和劳动者的全方位、多层次、多形式的劳动力就业服务体系。

3. 加强就业培训，提高劳动者素质

在就业培训体系上，要整合教育资源，规范就业培训机构，完善就业培训功能。着力建立、健全由政府、企业、个人或社会等构成的多层次、多元化的就业培训体系，形成政府、企业和个人各具层次，公办与民办各具水平，中央与地方协调发展的就业培训格局。一般来说，国家和地方各级政府在就业培训中的主体作用，主要是通过其所设立的各级各类职业技术性学校和就业培训中心来体现的。主要任务是对城乡新增就业劳动力进行相关职业技能培训，对失业人员进行再就业培训，从事职业资格培训和鉴定等工作，并通过国家就业支持项目或基地建设项目对其他就业培训机构的培训内容进行合理规范和引导，为国家产业结构调整和经济发展储备高层次劳动人才。如2008年国家开展的高技能人才培养示范基地建设等。企业在就业培训中的作用主要是通过企业职业技能培训机构和具体培训项目来体现的。其主要任务是根据企业发展需要及时对企业员工进行技术调整和技术更新，以提高企业劳动生产率，并为企业的发展适时储备必要人才。由个人或社会投资入股举办的各类就业培训机构，则主要是拾遗补缺，弥补政府和企业在就业培训工作中的不足，在就业培训中起辅助性作用。

在培训内容上，要根据不同就业群体的具体情况和市场需求，设置相应的就业培训内容。对下岗职工和失业人员主要是进行职业指导、政策咨询和实用技能培训，帮助他们实现职业转换，提高再就业能力；对城乡新增就业劳动力，则主要是进行相关职业基本技能培训，重点是发展订单型职业技能培训；对准备进城务工的农村剩余劳动力和被征地农民的技能培训工作，则首先要使他们至少掌握一项基本从业技能，以提高他们在城市的生存和发展能力。同时，也要根据市场的变化和需要及时更新培训内容、调整专业设置，以增强不同群体就业培训工作的针对性，提高就业培训在促进劳动者就业中的实效性。

在培训方式上，要采取多种灵活的培训方式。采取学历教育与非学历教育相结合，职前教育与职后培训相结合，一般培训与专题培训相结合，集中培训与分散培训相结合，面授培训与远程培训相结合等不同的培训方式，充分考虑不同群体的职业特点、时间差异、地域差异等，满足不同人员、不同层次的职业发展需求。

4. 加大就业资金投入

加大国家和地方各级政府以及社会保障基金收入在就业资金上的投入力度，以保障就业服务网络建设和维护、就业市场硬件设施完善和保养、就业服务队伍专业化建设、就业培训质量提高等项工作对资金的需求。

(三) 加强政府监督管理　规范和引导就业

（1）监督《劳动法》和《就业促进法》等的贯彻落实，促使企业和政府彻底打破城乡界限，取消对农民工就业行业和工种的各种地方性、行业性限制规定。清理各种针对农民工的不合理收费和在农民工进城创业上的各种歧视性政策；监管就业服务中介组织的运营和服务，重点对其职业介绍、劳务派遣、劳动保障事务代理、职业咨询指导、就业信息业务、职业培训等业务行为进行监督检查，严厉打击各种非法职业介绍行为，借招工名义行骗和与用人单位勾结行骗的行为，保护劳动者的合法权益。通过监督检查，为城乡劳动者创造平等就业的制度环境，使城乡劳动者能平等地参与就业竞争和职业选择。

（2）规范企业用工行为。一是规定企业在招工时，只能提出对学历、年龄、工种、健康等一般性职业要求，禁止在招工中出现性别歧视、城乡歧视等行为的发生，保证城乡劳动者、不同性别劳动者平等享有就业机会；二是规定企业在招工后，必须与劳动者签订就业合同，依法确定劳动合同关系，并明确规定劳动合同期限、工作内容、劳动保护、劳动条件、劳动报酬和违约责任等相关内容。禁止不签订劳动合同或只签订部分劳动合同条款的违法行为，禁止以欺骗或胁迫等手段违法签订劳动合同的行为。

（3）健全劳动保障监察制度，完善企业劳动争议调解委员会、劳动争议仲裁委员会和人民法院三个层次的劳动争议调处仲裁机制；加强对企业用工、工资支付及劳动保障等情况的监督检查，加强对劳动争议的调处仲裁；切实维护劳动者特别是农民工的合法权益，发展和谐劳动关系，维护劳动力市场正常秩序。

（4）引导劳动力进行区域合理流动。一方面，要充分发挥公共信息服务体系的预测、规划、调控功能，优化东中西部之间、城乡之间劳动力资源配置，促进劳动力资源丰富和剩余较多的中西部地区向劳动力资源相对缺乏、经济相对发达的东部沿海发达地区和城市合理流动；另一方面，要通过调整产业发展政策等，鼓励东部发达地区的高新技术产业以及符合环境保护和区域发展要求的劳动密集型产业向中西部地区转移，促进中西部地区产业升级和县域经济发展，扩大中西部地区就业容量,引导农民就地就近转移。

四 社会保障制度创新

(一) 养老保障制度创新

1.深化城镇养老保障制度改革

深化城镇基本养老保障制度改革,应以有利于人口自由流动和实现城镇就业人员与居民全部参加基本养老保险为目标,着重做好以下三个方面工作。

(1)提高养老保险社会统筹层次。目前,我国养老保险的社会统筹层次较低,大多数停留在省级水平上,而且省与省之间甚至在省内的不同地区之间因经济发展水平和企业数量多寡的不同也存在着较大的差异。这不仅使得省与省之间、省区之内养老保险政策不一致、费率不统一、待遇差别大,直接影响了保险基金调剂余缺、互济功能的发挥,也使得参加养老保险人的自由流动受到了极大的限制,或者只能在本省、本地区范围内流动,或者放弃已参加的养老保险在迁入地重新加入。因此,在我国人口流动日益频繁,城镇化加速发展的条件下,必须采取积极措施,制定相应政策,尽快实现养老保险的全国统筹,并逐步建立起城乡社会养老保险一号制的动态管理系统,以方便劳动力区域间自由转移和合理流动。据统计,截至 2005 年底全国基本养老保险金保持了当期无拖欠的良好势头,无历史拖欠的省份已达到了 16 个,[1] 为实现社会养老基金全国统筹创造了有利的条件。

(2)逐步做实社会养老保险个人账户。目前,我国社会养老保险金最大的缺陷就在于,老人(2006 年 1 月 1 日前已经离退休的参保人员)没有个人账户积累、中人(1997 年前参加工作、2006 年 1 月 1 日后退休的参保人员)只有部分个人账户积累,[2] 从而导致了一种寅吃卯粮,未退休人员养老账户空账运行的状况。为改变这种状况,第一,要

---

[1] 编写组:《〈中共中央关于构建社会主义和谐社会若干重大问题的决定〉辅导读本》,人民出版社 2006 年版,第 236 页。

[2] 王德文:《做实个人账户:养老制度改革成败的关键》,《人民论坛》2006 年第 1 期。

切实规范国家、单位和个人三方责任,确保社会养老基金按比例及时足额缴纳。据统计,除国家随着综合国力的提升稳步增加的养老基金财政投入外,工资收入水平的普遍提高也将为基金增收提供年均5%左右的潜力;非公有制经济组织的员工和灵活就业人员纳入基本养老保险体系后将为基金增收提供年均2%—3%的潜力。[①] 第二,要完善社会养老基金运营体系,以国债投资为重点,慎重进行股票、证券投资,确保社会养老基金的保值增值,防止资金流失。第三,可以考虑借鉴发达国家经验,通过征收社会保障税和发行社会保障债券、彩票等方式,多渠道增加社会养老基金储备,从而逐步做实养老保险个人账户,并实现部分积累。

(3) 不断扩大城镇基本养老保障覆盖率。一是促进机关、事业单位基本养老保险制度改革。首先,必须明确,机关、事业单位的养老保险也是我国社会基本养老保险的重要组成部分,而且在现代企业制度逐步完善、劳动力自由流动加剧和机关事业单位缴费人员减少、退休人员增多、财政负担加大的情况下具有改革的必然性。其次,就如何改革,大多数学者认为,应实行与企业职工基本一致的统账结合制度,即按职工工资总额的20%建立统筹账户,资金由单位缴纳;按照个人工资总额的8%建立个人账户,资金由个人缴纳。最后,由于机关事业单位人员所从事的主要是脑力劳动,劳动力价值相对较高,因此为体现职业上的差异性可以实行职业年金[②]制作为补充。二是进一步将未参加社会基本养老保险的城镇居民和就业人员纳入参保范围。据统计,截至2005年底,我国城镇基本养老保险的参保职工,仅占城镇就业人员(不含机关事业单位职工)的47.9%,[③] 大部分城镇就业人员和失业人员尚未加入社会基本养老保险。究其主要原因:①失业人员和部分就业人员收入

---

① 中国社会保障网:《关于逐步做实养老保险个人账户》[EB/OL](http://www.cnss.cn/dzzz/wz/200611/t20061117_104157.html,2003-12-01)。

② 职业年金在国外简称企业补充养老保险,是指公职人员补充养老保险。我国目前只实行事业单位的养老保险改革,因此我国的职业年金目前指的是事业单位的补充养老保险。今后公务员养老保险进行改革后,公务员的补充养老保险也将属于职业年金范畴。苏卫东:《职业年金应与企业年金并行》,《中国劳动保障报》2008年7月10日。

③ 编写组:《〈中共中央关于构建社会主义和谐社会若干重大问题的决定〉辅导读本》,人民出版社2006年版,第237页。

水平低，无力加入社会基本养老保险；②社会基本养老保险法律法规执行力不够，未能做到应保尽保。因此，一方面要适当降低社会基本养老保险金个人缴费比例，并采取灵活的缴费方式，允许失业人员或低收入就业人员在规定期限前一次性缴纳其拖欠的部分；另一方面要强化法律法规的权威性和执行力。三是尽快将农民工纳入社会养老保险体系。2009年2月5日人力资源和社会保障部公布了《农民工参加基本养老保险办法（草案）》，[①] 虽然第一次明确了农民工参加社会保障的范围、缴费比例、转移接续、待遇计发及管理等，但尚未付诸实施。

2. 完善农村社会养老保障制度

（1）加快新型农村社会养老保险立法，完善相关制度。我国现行的关于农村社会养老保险的制度规范大多是民政部或各级地方政府制定的条例或指导性意见，法律层次低、规范性不强，稳定性差，在很大程度上导致了农民个人和地方政府对建立新型农村社会养老保险体系的积极性普遍不高，严重影响了新型农村社会养老保险关系的建立和发展。因此，必须尽快出台一部国家统一的农村社会养老保险法和相应的实施细则及监督性法律法规。明确新型农村社会养老保险管理机构，规定个人缴费、集体补助和政府补贴的比例，规范社会保险金收支程序、保值增值渠道、保障标准和违法监督等，以保证制度的规范性、权威性和稳定性，增强农民个人和地方政府对建立新型农村社会养老保险关系的积极性和主动性。在具体操作上，可以参照城镇居民和企业社会养老保险的一些成功做法。

（2）加大国家财政扶持，确保农村社会养老保险资金供给。我国新型农村社会养老保险资金采取的是个人缴费、集体补助和政府补贴的原则，但由于我国东中西部经济发展水平不同，导致不同地区之间在个人缴费、集体补助上差异较大。东部沿海地区经济发达，农民收入水平较高，个人缴费和集体补助都较为充足、及时；中西部经济落后地区，农民收入水平普遍不高，集体财政支出困难，使得这些地区的社会保险金到账情况较差，保障功能严重不足。因此，迫切需要国家不断加大在

---

① 人力资源和社会保障部：《农民工参加基本养老保险办法》［EB/OL］（http://www.mohrss.gov.cn/mohrss/Desktop.aspx? path = mohrss/mohrss/InfoView&gid = 46ae4220-f888-4696-b026-7eb4752fd72b&tid = Cms_ Info, 2009-02-05）。

工业反哺农业、城市支持乡村发展中对新型农村社会养老保险的资金扶持力度。一是继续加大对农业的直接补贴和间接补贴，减轻农民负担，多渠道增加农民收入，提高农民个人缴费能力；二是继续加大对经济落后地区扶贫、开发资金的支持力度，促进落后地区经济发展，以增加地方政府财政收入，提高地方政府对新型农村社会养老保险的补贴能力；三是对参加新型农村社会养老保险的个人账户按其个人缴费和集体补助情况以一定比例进行直接补贴。

（3）做好与城镇社会养老保险体系的有效对接，保证人口自由流动的需要。我国社会养老保险制度最终发展的价值取向是要打破城乡分割，实现社会养老保险体系的一体化。因此，在建立新型农村社会养老保险制度的过程中，必须要充分考虑到未来人口流动和城乡社会养老保险对接的需要。一是实行全国城乡社会养老保险账户一号制（身份证号），以保证其全国唯一性，方便对流动人口的身份核查和缴费年限、缴费金额的统计。二是在流动人员社会养老保险的管理上，可以参照人力资源和社会保障部2009年2月颁布的《城镇企业职工基本养老保险关系转移接续暂行办法》对参保人员进行动态管理，即"就业参保地与户籍地不一致的，原则上应在流动就业之前的参保地继续保留养老保险关系，同时在新就业地建立临时养老保险缴费账户，按新就业地规定缴纳养老保险费；之后在流动就业或在建立临时养老保险缴费账户所在地达到国家规定退休年龄的，将临时养老保险缴费账户中的全部缴费，转移归集到原保留基本养老保险关系所在地或办理退休手续所在地"[①]。

（二）医疗保障制度创新

1. 全面推进城镇医疗保障制度改革

（1）改革城镇基本医疗服务定点制度，强调由市场进行优化配置。目前，我国在城镇基本医疗领域普遍实行的是医疗行为定点制。制度设计之初的目的是要保证城镇居民能获得较好的专业医疗服务，但它也有两个明显的制度缺陷。第一，现行的基本医疗机构定点服务制度，具有

---

① 人力资源和社会保障部：《农民工参加基本养老保险办法》［EB/OL］（http://www.mohrss.gov.cn/mohrss/Desktop.aspx?path=mohrss/mohrss/InfoView&gid=46ae4220-f888-4696-b026-7eb4752fd72b&tid=Cms_Info，2009-02-05）。

较为浓厚的计划经济色彩。核定方式不公开，核定内容不透明，公众缺少知情权，而且医院一旦被核定为定点医疗机构后，那么基本就成了终身制，很难再有所改变。这也使得医院在获得定点资格后，往往就放松了对医疗服务质量的改善和专业技术水平的提高。第二，医疗服务定点制也违背了市场经济条件下，由市场进行资源优化配置的原则。在定点医院和非定点医院之间不仅形成了一种不公平的竞争环境，同时也阻碍和制约了城镇居民进行自由选择，以获得最好医疗服务机会的权利。因此，必须对现行的城镇基本医疗定点服务制度进行改革。一是实行医疗服务定点机构年度公开评选制。评选范围为市或区所有医疗服务机构。具体可采取评选卡的方式，一部分是常规评选卡，即由接受完相关医疗机构服务的患者随时进行打分评定；另一部分是动态评选卡，即由评定机关随机选取市民对一定区域内所有医疗服务机构进行公开打分，最后向社会公布打分结果和每一参与打分人给出的具体分值。为保证打分的公平性和增强打分人的责任感，应考虑采取记名式或类似方式。这样既可以保证医疗机构不断地改善服务，提高医疗水平，也可以保证每一位就医者都能获得最好的服务。二是彻底取消城镇基本医疗服务定点制，由市场来决定医疗机构的优胜劣汰。

（2）整合医疗资源，充分发挥社区卫生服务站等机构的作用。社区卫生服务是国家卫生服务体系的重要组成部分、功能中心和活动焦点，是个人、家庭和国家卫生系统接触的第一环节，是医疗卫生保健服务持续发展的重要基础。[①] 目前，导致我国城镇居民出现看病难、看病贵的主要原因，一是社会医疗服务机构数量不足、发展缓慢，能够供给的服务有限；二是患者无论大病小病均到仅有的几个医疗服务机构就医看病，又人为地加剧了医患之间的供求矛盾。处于患者和医院之间的社区卫生服务站等机构恰恰可以为患者提供小病不出社区的服务，为疏解医患之间的供求矛盾提供有效途径。因此，一方面要注意充分发挥现有社区卫生服务站等机构的作用，另一方面也要采取切实措施，加快促进社区卫生服务站等机构的发展、壮大。

---

① 陈佳贵、王延中：《中国社会保障发展报告（2001—2004）》，社会科学文献出版社2004年版，第131页。

(3) 加强医疗服务监管,保障患者合法权益。一是加快制定医疗服务监管法。我国现行的医疗服务监管方面的法律法规主要是1994年经国务院颁布的《医疗机构管理条例》和2005年卫生部颁布的《关于卫生监督体系建设的若干规定》,均属部门性法规,制度权威性较差,而且前者制定多年,内容相对滞后,后者则主要是针对重大公共卫生事件设置的法规。二是建立一支专业性的监管队伍。由于医疗卫生服务专业性较强,非专业人士很难做到有效监管。因此,可以以各种医学专业性组织或协会为依托进行监管,也可以委托社会上专业性的中介服务机构进行有效监管。三是成立统一的监督管理机构,避免政出多门。在我国现行的卫生部机关设置中,有4个司局涉及医院管理。其中,医政司管立法、规范、准入,医监司管监管,监督局管违法违纪查处,药物司管临床用药,很难形成监督管理的合力,迫切需要进行相应整合。

2. 加快推进农村医疗保障制度建设

(1) 强化政府责任,加大资金投入。据统计,2000年农村卫生事业费占全国卫生事业费的比重仅为32.72%,农村人均卫生事业费仅为城市人均卫生事业费的27.6%。城市居民人均卫生总费用为710.2元,农民人均卫生总费用为188.6元。[①] 要改变这种状况,国家就必须不断加大对农村医疗保障资金的投入。一是加大国家对参加农村医疗保障农民的直接补贴力度。这一方面可以有效解决农民医疗费用不足的问题,减少因病致贫、因病返贫现象。另一方面也可以充分调动农民参加新型农村合作医疗的积极性,增强缴费的自觉性。二是加大国家对农村医疗保障软硬件设施的投入,改善农村医疗条件,提高农村医疗服务水平。三是加大国家对新型农村合作医疗的药品补贴,减少农民支出。

(2) 加强农村医疗专业队伍建设,切实提高农村医疗服务水平。目前,广大农村普遍缺乏具有较高医疗水平和医疗知识的专业队伍,大多数农村医疗服务人员仅仅停留在能够打针拿药和进行简单医疗处理的技术水平上。由于技术水平不够和人员缺乏,往往导致小病拖成大病,大病被延误。加强农村医疗专业队伍建设,提高农村医疗服务水平,应

---

① 谢扬:《中国农村发展与城市化面临的主要问题及对策》,《中国经济时报》2006年3月16日。

坚持标本兼治，着重从以下四方面入手。第一，鼓励和支持城镇地区具有较强实力的医疗机构开展送医下乡、送药下乡活动，并使之常态化，带动和促进农村医疗服务水平和服务技术的提高。第二，加强对现有农村医疗服务人员的专业培训和在岗进修，以提高其专业技术水平和服务能力。第三，可以在医学类院校对部分学生采取类似于师范生免费教育的方式。在校学习期间的费用由国家承担，毕业后到国家指定的农村地区从事一定年限的医疗服务。这一方面有利于提高广大农村地区的医疗服务水平，同时另一方面也有利于缓解大学生就业难的问题。第四，可以采取对农村医疗服务人员进行工资补贴的办法稳定和吸引高层医疗人才到农村工作。

（3）完善制度，加强对农村医疗保障资金的筹集、使用和管理。实行收支两条线，规范资金的使用范围和使用流程，明确管理机构和管理责任，严格进行资金审计。

（三）最低生活保障制度创新

我国最低生活保障制度是指根据维持最起码的生活需求的标准设立一条最低生活保障线，每一公民当其收入水平低于最低生活保障线而生活发生困难时，有权利得到国家和社会按照明文公布的法定程序和标准提供的最低生活保障线的那部分现金和实物救助。① 我国的最低生活保障制度分为城镇最低生活保障制度和农村最低生活保障制度。

1. 完善城镇最低生活保障制度

（1）加快制度改革，尽快将城镇中所有生活困难人员纳入最低生活保障，做到应保尽保。我国1999年国务院颁布实行的《城市居民最低生活保障条例》第二条规定，只有"持有非农业户口的城市居民"，在其"共同生活的家庭成员人均收入低于当地城市居民最低生活保障标准的"，才"有从当地人民政府获得基本生活物质帮助的权利"。第七条规定，"申请享受城市居民最低生活保障待遇，由户主向户籍所在地的街道办事处或者镇人民政府提出书面申请，并出具有关证明材料"②。

---

① 吴亦明：《中国社会保障制度》，南京师范大学出版社2000年版，第298—299页。
② 《城市居民最低生活保障条例》[EB/OL]（http://www.mca.gov.cn/article/zwgk/fvfg/zdshbz/200711/20071100003521.shtml，1999-09-28）。

随着城镇化进程的加快和大量流动人员的增加，这些规定显然至少将两部分生活困难、居住在城镇的人口排除在外，一是已不在原户籍所在地居住的生活困难的城镇居民，二是已在城镇生活多年无法再获得农村最低生活保障的农民工。因此，必须加快制度改革，尽快将上述人员纳入城镇最低生活保障范畴，做到应保尽保。一是对已离开原户籍所在地的城镇居民，只要其能证明城镇户籍身份且确为生活困难的就应纳入保障范围。二是对进城农民工中申请领取最低生活保障的人员，只要其能证明在农村原户籍所在地确未享受最低生活保障，或已在城镇生活、居住一定年限，有固定居住地且确为生活困难，符合最低生活保障标准的，就应纳入城镇最低生活保障范围。

（2）完善运行机制，加强与其他保障制度的信息沟通与合作。生活困难往往与失业现象紧密联系在一起，而按我国现行的管理体制，失业保障属于人力资源和社会保障部管辖，最低生活保障属民政部管辖，这种部门分割往往导致最低生活保障部门在核定保障申请和保障标准时信息上的不对称性。虽然我们承认由于制度设计时的局限性不可能完全杜绝冒领行为的发生，但我们也要通过各种手段和措施最大限度地防止、减少类似欺诈性行为的发生。在我国各种保障管理存在一定部门分割，短时间内不可能有效整合的情况下，防止欺诈性行为的发生，一是要靠公民的道德自律，二是要靠公众的监督，三是要靠事后的惩罚。这其中最关键的就是获得及时、准确，相对完整的信息。因此，必须建立一种各保障部门间的信息沟通、合作机制，畅通信息渠道，最大限度地确保每一个享受最低生活保障的家庭都是真正应该享受者。

（3）充分发挥城镇居民委员会的作用，建立有效管理、监督机制。居民委员会是城镇居民进行自我教育、自我管理、自我建设、自我服务的群众性自治组织，它最了解管辖区内居民的真实生活状况。在城镇最低生活保障制度建设中充分发挥城镇居民委员会的作用，一方面便于及时帮助符合最低生活保障标准的家庭及时申领最低生活保障金，并建立相关档案，协助进行规范化管理；另一方面也便于随时根据领取最低生活保障金家庭的收入变化情况，调整保障标准，增发、减发或停发，确保制度实施的公平性、公正性和透明化。

2. 建立、健全农村最低生活保障制度

（1）建立、健全相关制度，合理确定保障对象。原则上，农村最低生活保障的给予对象是家庭年人均纯收入低于当地最低生活保障标准、生活困难的农村居民,主要包括五保户、残疾人员、无劳动能力人员、长期患病人员等生活困难的人员。但在实际工作中由于农民收入多元化,较难确定某一家庭是否符合最低生活保障标准。因此,必须加快相关制度建设,重点是完善保障对象认定程序和违规惩罚机制。一是继续完善个人申报制度。个人申报完成后,要由村民委员会或村民代表委员会负责对其家庭成员结构、收入水平、生活支出、致贫原因以及个人努力改善程度等情况进行综合审查,并向全体村民进行张榜公示,确定无任何异议后,再行认定并上报。二是要建立、健全进出机制。确保将符合条件的贫困人口全部纳入最低生活保障范围,切实解决他们的基本生活问题。同时,要及时减发或停发生活水平已经改善或不再符合最低生活保障标准人员的最低生活保障金。三是建立、健全违规惩罚机制。因申请人隐瞒家庭实际收入等情况而领取的最低生活保障金,不但要全部追回,而且要进行一定比例的处罚。

(2) 因地制宜,合理确定保障标准。中国地域广阔,生活方式、物价水平、生活费用等地区差异较大,困难家庭的具体情况也不尽相同。因此,对于农村最低生活保障标准的确定,既要考虑到能够满足保障对象最低生活的需要,又要考虑到地区特点,更要避免困难家庭和困难人员形成对最低生活保障的依赖心理。基于此,要注意两点:①国家只宜出台原则性一般规定,而具体保障水平则应由各地根据实际,参照当地物价上涨情况等进行综合核定。②要根据困难家庭的具体情况,尤其是家庭成员的具体劳动能力情况,制定差异性保障标准。对于完全丧失劳动能力的困难家庭要实行一定的倾斜。

结　语

如何实现城镇化健康发展呢？本书认为，至少应着力做好两个方面的工作：一是建立、健全和完善城镇发展相关制度，规范地方政府推进城镇化的行为，制止和减少因政府不当行为所导致的人为的城镇化和有城无市现象。二是加快制度创新，打破城乡二元制度壁垒，消除阻碍城镇化进程和限制人口自由流动的政策和措施，引导和促进人口的自由流动，推动城镇化加速发展。在上述两个方面中，又以第二个方面最为关键。今天，之所以会出现政府人为推进城镇化的行为，就在于城镇化进程同经济发展程度相比相对滞后，而导致这一现象的主要原因、关键因素，又在于人口流动不畅。因此，必须加快土地制度、户籍制度、就业制度、社会保障制度改革和创新的步伐，消除对人口自由流动的束缚。

实践无止境，中国特色城镇化发展的制度创新同样无止境。马克思认为，要最终消灭城乡差别，就必须消灭导致城乡差别存在的制度基础——私有制，并达到生产力发展水平的高度发达和物质产品的极大丰富。目前，我国虽然已经消灭了城乡差别存在的制度基础，但生产力发展的现实状况和基本国情特点，决定了我国城镇化的发展不可能一蹴而就，必然要经历一个长期的发展过程，这也决定了在这一过程中的任何一项制度创新在城镇化尚未达到城乡一体、融合发展之前都只能是一种过渡性的创新，都只能是消灭城乡差别的制度创新的一个阶段性的内容而已。本书所研究的土地制度创新、户籍制度创新、就业制度创新和社会保障制度创新的内容及思想也是如此，也只是众多创新思想和理论中的一个组成部分。随着我国城镇化的进一步发展，今天的制度创新思想和内容，必然会被明天更加适合时代和国情特点、更加有利于消灭城乡差别的新的制度创新思想和内容所替代。

附录

法规条例

中华人民共和国户口登记条例

(1958年1月9日全国人民代表大会常务委员会第九十一次会议通过 1958年1月9日中华人民共和国主席令公布 自公布之日起施行)

第一条 为了维持社会秩序,保护公民的权利和利益,服务于社会主义建设,制定本条例。

第二条 中华人民共和国公民,都应当依照本条例的规定履行户口登记。

现役军人的户口登记,由军事机关按照管理现役军人的有关规定办理。

居留在中华人民共和国境内的外国人和无国籍的人的户口登记,除法令另有规定外,适用本条例。

第三条 户口登记工作,由各级公安机关主管。城市和没有公安派出所的镇,以公安派出所管辖区为户口管辖区;乡和不设公安派出所的镇,以乡、镇管辖区为户口管辖区。乡、镇人民委员会和公安派出所为户口登记机关。居住在机关、团体、学校、企业、事业等单位内部和公共宿舍的户口,由各单位指定专人,协助户口登记机关办理户口登记。分散居住的户口,由户口登记机关直接办理户口登记。居住在军事机关和军人宿舍的非现役军人的户口,由各单位指定专人,协助户口登记机关办理户口登记。农业、渔业、盐业、林业、牧畜业、手工业等生产合作社的户口,由合作社指定专人,协助户口登记机关办理户口登记。合作社以外的户口,由户口登记机关直接办理户口登记。

第四条 户口登记机关应当设立户口登记簿。城市、水上和设有公安派出所的镇,应当每户发给一本户口簿。农村以合作社为单位发给户口簿;合作社以外的户口不发给户口簿。户口登记簿和户口簿登记的事项,具有证明公民身份的效力。

第五条 户口登记以户为单位。同主管人共同居住一处的立为一户,以主管人为户主。单身居住的自立一户,以本人为户主。居住在机关、团体、学校、企业、事业等单位内部和公共宿舍的户口共立一户或者分别立户。户主负责按照本条例的规定申报户口登记。

第六条 公民应当在经常居住的地方登记为常住人口,一个公民只能在一个地方登记为常住人口。

第七条 婴儿出生后一个月以内,由户主、亲属、抚养人或者邻居向婴儿常住地户口登记机关申报出生登记。弃婴,由收养人或者育婴机关向户口登记机关申报出生登记。

第八条 公民死亡,城市在葬前,农村在一个月以内,由户主、亲属、抚养人或者邻居向户口登记机关申报死亡登记,注销户口。公民如果在暂住地死亡,由暂住地户口登记机关通知常住地户口登记机关注销户口。公民因意外事故致死或者死因不明,户主、发现人应当立即报告当地公安派出所或者乡、镇人民委员会。

第九条 婴儿出生后,在申报出生登记前死亡的,应当同时申报出生、死亡两项登记。

第十条 公民迁出本户口管辖区,由本人或者户主在迁出前向户口登记机关申报迁出登记,领取迁移证件,注销户口。公民由农村迁往城市,必须持有城市劳动部门的录用证明,学校的录取证明,或者城市户口登记机关的准予迁入的证明,向常住地户口登记机关申请办理迁出手续。公民迁往边防地区,必须经常住地县、市、市辖区公安机关批准。

第十一条 被征集服现役的公民,在入伍前,由本人或者户主持应征公民入伍通知书向常住地户口登记机关申报迁出登记,注销户口,不发迁移证件。

第十二条 被逮捕的人犯,由逮捕机关在通知人犯家属的同时,通知人犯常住地户口登记机关注销户口。

第十三条　公民迁移，从到达迁入地的时候起，城市在三日以内，农村在十日以内，由本人或者户主持迁移证件向户口登记机关申报迁入登记，缴销迁移证件。没有迁移证件的公民，凭下列证件到迁入地的户口登记机关申报迁入登记：1. 复员、转业和退伍的军人，凭县、市兵役机关或者团以上军事机关发给的证件；2. 从国外回来的华侨和留学生，凭中华人民共和国护照或者入境证件；3. 被人民法院、人民检察院或者公安机关释放的人，凭释放机关发给的证件。

第十四条　被假释、缓刑的犯人，被管制分子和其他依法被剥夺政治权利的人，在迁移的时候，必须经过户口登记机关转报县、市、市辖区人民法院或者公安机关批准，才可以办理迁出登记；到达迁入地后，应当立即向户口登记机关申报迁入登记。

第十五条　公民在常住地市、县范围以外的城市暂住三日以上的，由暂住地的户主或者本人在三日以内向户口登记机关申报暂住登记，离开前申报注销；暂住在旅店的，由旅店设置旅客登记簿随时登记。公民在常住地市、县范围以内暂住，或者在常住地市、县范围以外的农村暂住，除暂住在旅店的由旅店设置旅客登记簿随时登记以外，不办理暂住登记。

第十六条　公民因私事离开常住地外出、暂住的时间超过三个月的，应当向户口登记机关申请延长时间或者办理迁移手续，既无理由延长时间又无迁移条件的，应当返回常住地。

第十七条　户口登记的内容需要变更或者更正的时候，由户主或者本人向户口登记机关申报，户口登记机关审查属实后予以变更或者更正。户口登记机关认为必要的时候，可以向申请人索取有关变更或者更正的证明。

第十八条　公民变更姓名，依照下列规定办理：1. 未满十八周岁的人需要变更姓名的时候，由本人或者父母、收养人向户口登记机关申请变更登记；2. 十八周岁以上的人需要变更姓名的时候，由本人向户口登记机关申请变更登记。

第十九条　公民因结婚、离婚、收养、认领、分户、并户、失踪、寻回或者其他事由引起户口变动的时候，由户主或者本人向户口登记机关申报变更登记。

第二十条　有下列情形之一的，根据情节轻重，依法给予治安管理处罚或者追究刑事责任：1. 不按照本条例的规定申报户口的；2. 假报户口的；3. 伪造、涂改、转让、出借、出卖户口证件的；4. 冒名顶替他人户口的；5. 旅店管理人不按照规定办理旅客登记的。

第二十一条　户口登记机关在户口登记工作中，如果发现有反革命分子和其他犯罪分子，应当提请司法机关依法追究刑事责任。

第二十二条　户口簿、册、表格、证件，由中华人民共和国公安部统一制定式样，由省、自治区、直辖市公安机关统筹印制。公民领取户口簿和迁移证应当缴纳工本费。

第二十三条　民族自治地方的自治机关可以根据本条例的精神，结合当地具体情况，制定单行办法。

第二十四条　本条例自公布之日起施行。

国务院批转全国城市规划工作会议纪要

国务院同意《全国城市规划工作会议纪要》，现转发给你们，请研究执行。

国务院认为，这次全国城市规划工作会议提出的"控制大城市规模，合理发展中等城市，积极发展小城市"的方针，是好的，各地区、各部门应当认真执行。关于实行城市建设用地的综合开发和征收城镇用土地使用费问题，国家建委和国家城建总局要继续调查研究，对这次会议提出的两个草案进行修订，报经国务院批准实施。关于城镇建设用地综合开发，有条件的城市可先行试点。

全国城市规划工作会议纪要

经国务院批准，10月5日至15日，国家建委在北京召开了全国城市规划工作会议。参加会议的有各省、市、自治区建委和城市规划、城市建设部门的负责同志，部分城市的副市长，城市规划专家，国务院有关部门和有关高等院校、设计科研单位的代表，共290多人，会议遵照党的十一届三中全会以来的路线、方针政策和五届人大三次会议精神，总结交流了经验，讨论制订了《中华人民共和国城市规划法（草案）》，研究了城市规划工作的方针、政策和措施。谷牧同志出席了会议，并讲了话。

会议回顾了我国城市规划工作发展的历史。新中国成立以来，随着大规模的基本建设，新建了一大批工业城镇，对原有城市也进行了扩建和改造。到1979年底，我国共有3444个城镇，其中设市建制的216个。与此同时，我国的城市规划工作从无到有发展起来，取得了一定的成绩。但是，发展的道路是不平坦的。第一个五年计划期间，城市规划工作开展比较顺利，在发展经济和文化等方面，发挥了积极作用。20世纪50年代末期，虽经广大规划工作人员作了不懈努力，但由于受国民经济中左倾思想的影响，城市规划工作大上大下。在"文化大革命"中，遭到林彪、"四人帮"的罪恶破坏，致使城市规划机构被撤销，队伍被解散，资料被销毁，城市规划工作实际上被取消了。粉碎"四人帮"以来，特别是党的十一届三中全会以来，城市规划工作才重新受到重视，得到恢复。

我国城市规划长期被废弛，造成了严重后果：大城市规模失去控制，小城镇没有得到应有的发展；许多城市和工矿区的建设，布局不合理，工厂随意定点，建设资金和土地浪费严重；乱占乱建成风，市容杂乱无章；"骨头"与"肉"比例失调，城市住宅和服务设施严重不足；废水、废气、废渣和噪声污染严重，不少园林、绿地和风景区被侵占，文物古迹受到破坏。所有这些，不仅影响了人民生活的改善，也影响了生产的合理发展。同时，不少地方和部门的领导同志，对城市规划在社会主义建设中的地位和作用一直缺乏认识；城市规划和建设计划互不衔接；规划的实施缺乏法律保障；城市规划技术人员严重不足，机构也不健全。这种状部亟需改变。

会议认为，当前应抓紧调整国民经济的时机，尽快把城市规划工作搞上去。需要认真吸取历史经验，端正指导思想，下功夫解决好以下几个方面的问题：

一 正确认识城市规划的地位和作用

城市规划是一定时期内城市发展的蓝图，是建设城市和管理城市的依据。要建设好城市，必须有科学的城市规划，并严格按照规划进行建设。城市规划工作是一项科学性、综合性很强的工作。它是预见并合理确定城市的发展方向，规模和布局，作好环境的预断和评价，协调各方面在发展中的矛盾，统筹安排各项建设，使整个城市的建设和发展，达到技术先进、经济合理、"骨肉"协调、环境优美的综合效果，为城市人民的居住、劳动、学习、交通、休息以及各种社会活动创造良好的条件。要清除极左思想的影响，纠正那种不顾生产者水平、急于缩小和消灭城乡差别，只抓生产，不抓生活，不要城市规划，不讲环境保护的错误作法，正确认识城市规划在社会主义建设中的重要地位和作用，尊重客观规律，自觉地以城市规划指导城市的建设和发展。

二 明确城市发展的指导方针

控制大城市规模，合理发展中等城市，积极发展小城市，是我国城市发展的基本方针，国内外经验证明，城市规模过大，带来许多难以解决的弊端。我们一定要严格控制大城市的人口和用地规模。今后，大城市和特大城市，原则上不要再安排新建大中型工业项目。发展经济，主要应靠控潜、革新、改造，或组织跨省、跨市公司，以及举办联合企业。

要合理发展中等城市。我国的中等城市数量较多，分布较均衡，在协作条件、技术力量、交通运输以及市政府公用设施等方面，都具有一定的基础。利用这些城市的现有条件，有选择地摆一些工业项目，有利于争取建设时间，提高经济效果。但要注意，一般不要使其发展成为新的大城市。

要积极发展小城市。我国现有3300多个小城镇，其中设市建制的有105个，依托小城镇发展经济，有利于生产力的合理布局，有利于就地吸收农业剩余劳动力，有利于支援农业和促进当地经济文化的发展，有利于控制大城市的规模。从长远看，对逐步缩小城乡差别和工农差别，也有重要意义。今后，应当通过经济建设发展小城市。国家安排新建项目，应优先在设市建制的小城市和资源、地理、交通、协作条件好的小城市选厂定点。在特大城市和大城市周围有计划地建设卫星城。把少数和确需安排在大城市的新建项目和需从市区迁出的工厂放到卫星城市去。建设小城市和卫星城市，规模要适当，人口一般以一二十万为宜。发展经济，要注意适当安排男女职工的比例，便于更多的人就业、定居。对其他城镇的建设和发展，也要加强指导，搞好规划。

与会同志建议，国家应制定鼓励发展小城镇的政策，改变多年来政策与方针的矛盾，以利小城镇的发展。

为了在全国各地区科学地、合理地分布生产力和城市，使经济、文化协调地发展，为城市规划提供依据，要按照中共中央［1978］13号文件的要求，尽快把区域规划工作开展起来。区域规划的区域划分不应受行政区划的限制，而应按经济联系划分。规划的内容可以先粗后细。各省、自治区，可先在本省、区内，进行区域规划试点。

三　根据城市特点确定城市性质

城市的性质，一般来讲，是指一个城市在全国或某一地区的主要功能和作用。根据城市的特点，正确地确定城市的性质，是规划和建设好城市的重要前提。中央书记处对北京建设方针的建议，提倡根据首都的特点办事，不仅为北京的规划和建设指明了方向，而且对全国各城市的规划和建设都有普遍指导意义。各个城市都应当从实际出发，根据当地资源、交通、自然环境、发展环境、发展历史和现实基础。科学地确定城市的性质和发展方向。在规划和建设中，注意扬长避短，发挥优势，保持民族风格和地方特色，体现时代精神。反对那种不问具体条件，在城市盲目发展工业，搞完整工业体系的错误作法。

四　尽快建立我国的城市规划法制

为了彻底改变多年来形成的"只有人治，没有法制"的局面。国家有必要制定专门的法律，来保护城市规划稳定地、连续地、有效地实施。会议认真讨论了国家建委和国家城建总局起草的《中华人民共和国城市规划法（草案）》，认为这个"草案"是好的、可行的，建议根据会议提出的意见尽快修改，报请国务院批准实行。

五　加强城市规划的编制审批和管理工作

中共中央［1978］13号文件规定，全国各城市，包括新建城镇，都要认真编制和修订城市总体规划和详细规划。这项工作要力争在

1982年底以前完成。京、津、沪三市要尽快完成城市总体规划的修订编制任务。各省、自治区要首先抓好省会和有重点建设任务的城市的规划编审工作。在规划编审工作中，要加强调查研究，坚持群众路线，广泛听取人民群众和有关方面的意见。充分发挥专家和技术人员的作用，进行多方案比选，以保证规划的质量。

要加强城市规划的管理，保证规划的实施。当前，各个城市都应采取有力措施，制止一切乱占乱建现象，防治环境污染，要积极为调整国民经济服务。要与计划部门和工业部门密切协作，做好现有工业的调整、改组工作。对于工业项目的改建和搬迁，城市集体所有制生产单位的兴办，商业服务网点的分布，城市农贸市场的开放，都要在规划布局和城市用地上作出合理安排。对于城市郊区兴办的农工商联合企业和工农联营企业的建设用地，也要加强规划管理，不能放任自流。有风景文物资源的城市，要抓紧做好风景区规划和重点文物保护区规划，妥善安排旅游服务设施的建设，促进旅游事业发展。

六 搞好居住区规划，加快住宅建设

目前，有关部门和各省、市、自治区，正在多方设法，进一步加快城市住宅建设。这就要求城市规划工作先行一步，提前做好居住区和小区规划，安排住宅建设用地。新建住宅要成组成片布局，保证住宅的合理间距，使之有良好的日照、采光、通风条件，并符合抗震、防火要求；居住区要留有足够的绿地，注意防止污染住宅设计，既要标准化，又要多样化；风格、色彩、层数、单元组合，切忌千篇一律。既要做到经济适用，又要注意美观。要搞好市政公用和生产服务设施的配套建设，做到与住宅同时投入使用。

七 城市各项建设应根据城市规划统一安排

长期以来，城市规划难以实施，城市建设相当混乱，重要原因之一，是计划与规划脱节，条条与块块矛盾。改革的方向是扩大地方和城市的权力，充分发挥城市规划的综合指导作用。今后，凡是在城市新建或扩建的项目，无论工业、民用或市政公用设施，无论部属、省属，无论中央投资、地方投资还是利用外资，其选址、用地，必须经过所在城

市规划部门的统一安排，按照城市规划的要求，分年列入相应的建设计划，逐步实施。城市的各项服务事业应逐步走向社会化，住宅和食堂、商店、学校、幼儿园、俱乐部、卫生所等，均应由城市统一布点、建设和经营管理，各地应根据具体情况积极试办。

八　关于综合开发和征收土地使用费问题

实行综合开发和征收城镇土地使用费的政策，是用经济办法管理城市建设的一项重要改革。它有利于按照城市规划配套地进行建设，节约用地，充分发挥投资效果；有利于控制大城市规模，鼓励建设单位到小城镇去；有利于合理解决城市建设和维护资金的来源。

对新建小城市、卫星城，现有城市的新建区、段和旧城成片改造地区，都应考虑组织开发公司，实行综合开发。开发内容，包括开发区的勘测、规划、设计、征地、拆迁、安置、土地平整和所需道路、给水、排水、供电、供气、供热、通讯等工程建设。有条件的地方，还可以包建住宅、生活服务设施、公共建设、通用厂房等。建成后成套出售建筑物，并按土地面积和设施水平向使用单位收取开发费。开发公司实行企业化经营。开发基金，即开发公司的周转资金，可以从国家和地方基本建设投资中预拨，或由建设银行贷款，也可向用户预收定金。开发所需统配材料、设备，应列入国家和地方物资分配计划，能够在市场采购的，就在市场选取购。

征收城镇土地使用费，是城镇建设和维护一个固定资源。在城镇规划区范围内，对占用土地的单位和个人，均应按当年实际占地面积交纳土地使用费。收费标准应根据不同地段，分等分级确定。对于不同的使用单位，收费标准也应有所不同。

会议认真讲座了国家建委和国家城建总局草拟的《关于城镇建设用地综合开发的试行办法》和《关于征收城镇土地使用费的意见》两个草案。鉴于这两项改革涉及面广，政策性强，建议由国家建委与有关部门协商一致，对草案作进一步修订后，报国务院批准实施。关于城镇建设用地的综合开发，有条件的城市可先行试点。

在上述改革全面实行之前，提取工商利润5%和城市维护费，仍然是城市建设和维护的主要资金来源。这两笔钱，各城市一定要坚持专款专用，不准挪用。

九 大力加强队伍建设和人才培养

在 20 世纪 50 年代，我国城市规划技术人员曾达到 4 千余人。由于多年来不断削弱，目前仅剩 1 千余人，多数城市没有规划力量，许多紧迫的规划设计科研任务无人承担。加之，现有规划技术人员平均年龄较大，规划事业后继乏人。因此，必须切实加强队伍建设和人才培养。

各省、市、自治区及各城市，应参照国家建设委（79）建发城字第 74 号文件的规定，尽快把城市规划设计、科研和管理人员配置起来。国家城建总局要抓紧组建城市规划建设研究院。一些改了行而现在又使用不当的原城市规划专业技术人员，应当归队。还应调集一些有关专业的技术力量，充实城市规划队伍。各级人民政府和有关部门应给予大力支持。

要认真办好大专院校现有的城市规划专业，力争扩大招生和招收研究生。其他有条件的理工科及社会科学院校，也应逐步开设城市规划专业。国家城镇总局要加快筹建城市建设学院。城镇较多的省、市、自治区，应建立城市建设中等专业学校，主要培养城镇和工矿区所需的规划设计管理人员。要加强对在职规划人员的培训工作，不断提高他们的技术业务水平。

要大力开展城市规划科学研究工作，探讨社会主义城市规划的基本理论，研究城市规划中的重大科研课题。

十 加强对城市规划工作的领导

城市规划工作关系到城市的全局和长远发展，是城市工作的一个极其重要的组成部分。会议希望各省、市、自治及各城市人民政府，都能认真重视城市规划工作。要很好解决有关城市的性质、规模、发展方向等重大政策问题，切实抓好城市规划的编审和实施。城市市长的主要职责，是把城市规划、建设和管理好。各级政府在决定涉及城市规划问题的事项时，应吸收城市规划部门参加，听取他们的意见，支持他们的工作，使用率他们有职有权。各级建委和城建、规划部门，要认真负责，做好城市规划工作。国务院有关部门，都要大力支持城市规划工作，尊重城市规划对各类建设项目的合理要求。

会议强调，城市是社会经济、文化发展的产物，它的发展又推动社会经济、文化的发展。建设社会主义现代化的强国，不能设想没有现代化的城市。四化建设要求城市规划工作有一个新的发展。各有关方面，一定要同心协力，团结合作，搞好城市规划工作，为把我国城市逐步建设成为具有高度文明的社会主义城市而奋斗。

国务院关于农民进入集镇落户问题的通知

(1984年10月13日)

随着我国农村商品生产和商品交换的迅速发展，乡镇工商业蓬勃兴起，越来越多的农民转向集镇务工、经商，他们迫切要求解决迁入集镇落户问题。

我国现有县以下集镇近六万个，这些集镇是城乡物资交流和集散的中心，农民进入集镇务工、经商、办服务业，对促进集镇的发展，繁荣城乡经济，具有重要的作用。各级人民政府应积极支持有经营能力和有技术专长的农民进入集镇经营工商业。现将农民进入集镇（不含县城关镇）落户问题通知如下：

一、凡申请到集镇务工、经商、办服务业的农民和家属，在集镇有固定住所，有经营能力，或在乡镇企事业单位长期务工的，公安部门应准予落常住户口，及时办理入户手续，发给《自理口粮户口簿》，统计为非农业人口。粮食部门要做好加价粮油的供应工作，可发给《加价粮油供应证》。地方政府要为他们建房、买房、租房提供方便，建房用地，要按照国家有关规定和集镇建设规划办理。工商行政管理部门要做好工商登记、发证和管理工作，各有关部门都要给以热情支持，积极引导，加强管理，促进集镇的健康发展。

二、为了保护农民进入集镇兴业安居的合法权益，乡镇人民政府要依照国家法律，保护其正当的经济活动，任何组织和个人不得随意侵占他们的合法利益。对新到集镇务工、经商、办服务业的户要同集镇居民户一样纳入街道居民小组，参加街道居民委员会活动，享有同等权利，履行应尽的义务。

为了使在集镇务工、经商、办服务业的农民保持稳定，乡镇人民政府和村民委员会对其留居农村的家属不得歧视；对到集镇落户的，要事先办好承包土地的转让手续，不得撂荒；一旦因故返乡的应准予迁回落户，不得拒绝。

三、乡镇人民政府要加强集镇的行政管理。健全机构，充实力量，管理好集镇的经济、教育、科技、文化、卫生、建设规划和财政、公安、民政、计划生育等工作。为了加强集镇的户口管理，在未设公安派出所的集镇，应根据其规模配备相应的户口管理人员，设置户籍登记办公室，做好常住户口、暂住人口和出生、死亡、迁出、迁入的日常登记管理工作。

大城市郊区的集镇，如何解决农民到集镇落户问题，由省、自治区、直辖市人民政府自行确定。

中华人民共和国居民身份证条例

(1985年9月6日第六届全国人民代表大会常务委员会第十二次会议通过 1985年9月6日中华人民共和国主席令第二十九号公布 自公布之日起施行)

第一条 为了证明居民身份，便利公民进行社会活动，维护社会秩序，保障公民的合法权益，制定本条例。

第二条 居住在中华人民共和国境内的年满十六周岁的中国公民应当依照本条例的规定，申请领取中华人民共和国居民身份证。

正在服现役的人民解放军军人、人民武装警察，不领取居民身份证，由中华人民共和国中央军事委员会和中国人民武装警察部队总部颁发军人和武装警察身份证件。

第三条 居民身份证登记项目包括姓名、性别、民族、出生日期、住址。

居民身份证登记项目使用全国通用的文字填写。

民族自治地方的自治机关根据本地区的实际情况，可以决定同时使用本民族的文字或者选用一种当地通用的民族文字。

第四条 居民身份证的有效期限分为十年、二十年、长期三种。十六周岁至二十五周岁的，发给有效期十年的居民身份证；二十六周岁至四十五周岁的，发给有效期二十年的居民身份证；四十六周岁以上的，发给长期有效的居民身份证。

第五条 居民身份证由公安机关统一印制、颁发和管理。

第六条 公民应当向常住户口所在地的户口登记机关申请领取居民身份证，并按照规定履行申请领取手续。

第七条 华侨回国定居的，在办理户口登记手续时，申请领取居民身份证。

第八条 居民身份证有效期满或者登记内容有变更、更正或者证件严重损坏不能辨认时，应当按照规定申报换领新证；丢失证件的，应当申报补领。

第九条 公民被征集服现役的，在办理注销户口手续时，交回居民身份证；退出现役后，发还居民身份证或者再申请领取居民身份证。

第十条 被判处拘役、有期徒刑以上刑罚的人和被劳动教养的人以及被羁押的人，尚未申请领取居民身份证的，在服刑、劳动教养和羁押期间，不发给居民身份证；已领取居民身份证的，由执行机关按照规定收缴其居民身份证，释放或者解除劳动教养后，由本人申请领取居民身份证或者将原居民身份证发还本人。

第十一条 公民出境按照规定需要注销户口的，在办理注销户口手续时，交回居民身份证。

第十二条 公民死亡的，由公安机关收回居民身份证。

第十三条 公安机关在执行任务时，有权查验居民身份证，被查验的公民不得拒绝。

执行任务的公安人员在查验公民的居民身份证时，应当出示自己的工作证件。

公安机关除对于依照《中华人民共和国刑事诉讼法》被执行强制措施的人以外，不得扣留公民的居民身份证。

第十四条 公民在办理涉及政治、经济、社会生活等权益的事务时，可以出示居民身份证，证明其身份。有关单位不得扣留或者要求作为抵押。

第十五条 有下列行为之一的,按照《中华人民共和国治安管理处罚条例》有关规定给予处罚:

(一) 拒绝公安机关查验居民身份证的;

(二) 转让、出借居民身份证的;

(三) 使用他人居民身份证的;

(四) 故意毁坏他人居民身份证的。

第十六条 伪造、变造居民身份证的或者窃取居民身份证情节严重的,依照《中华人民共和国刑法》第一百六十七条的规定处罚。

第十七条 公安机关工作人员在执行本条例时,徇私舞弊、侵害公民合法权利和利益的,应当给予行政纪律处分,情节严重构成犯罪的,应当依法追究刑事责任。

第十八条 居留在中华人民共和国境内的外国人和无国籍人,不适用本条例。

第十九条 本条例的实施细则,由公安部制定,报国务院批准后施行。

第二十条 本条例自公布之日起施行。

中华人民共和国城市规划法

(1989年12月26日第七届全国人民代表大会常务委员会第十一次会议通过 1989年12月26日 中华人民共和国主席令第二十三号公布 自1990年4月1日起施行)

《中华人民共和国城市规划法》已由中华人民共和国第七届全国人民代表大会常务委员会第十一次会议于1989年12月26日通过,现予公布,自1990年4月1日起施行。

中华人民共和国主席 杨尚昆
1989年12月26日

第一章 总 则

第一条 为了确定城市的规模和发展方向,实现城市的经济和社会发展目标，合理地制定城市规划和进行城市建设，适应社会主义现代化建设的需要，制定本法。

第二条 制定和实施城市规划，在城市规划区内进行建设，必须遵守本法。

第三条 本法所称城市，是指国家按行政建制设立的直辖市、市、镇。

本法所称城市规划区，是指城市市区、近郊区以及城市行政区域内因城市建设和发展需要实行规划控制的区域。城市规划区的具体范围，由城市人民政府在编制的城市总体规划中划定。

第四条 国家实行严格控制大城市规模、合理发展中等城市和小城市的方针，促进生产力和人口的合理布局。

大城市是指市区和近郊区非农业人口五十万以上的城市。

中等城市是指市区和近郊区非农业人口二十万以上、不汇合五十万的城市。

小城市是指市区和近郊区非农业人口不满二十万的城市。

第五条 城市规划必须符合我国国情，正确处理近期建设和远景发展的关系。

在城市规划区内进行建设，必须坚持适用、经济的原则，贯彻勤俭建国的方针。

第六条 城市规划的编制应当依据国民经济和社会发展规划以及当地的自然环境、资源条件、历史情况、现状特点，统筹兼顾，综合部署。

城市规划确定的城市基础设施建设项目，应当按照国家基本建设程序的规定纳入国民经济和社会发展计划，按计划分步实施。

第七条 城市总体规划应当和国土规划、区域规划、江河流域规划、土地利用总体规划相协调。

第八条 国家鼓励城市规划科学技术研究，推广先进技术，提高城市规划科学技术水平。

第九条 国务院城市规划行政主管部门主管全国的城市规划工作。

县级以上地方人民政府城市规划行政主管部门主管本行政区域内的城市规划工作。

第十条 任何单位和个人都有遵守城市规划的义务，并有权对违反城市规划的行为进行检举和控告。

第二章 城市规划的制定

第十一条 国务院城市规划行政主管部门和省、自治区、直辖市人民政府应当分别组织编制全国和省、自治区、直辖市的城镇体系规划，用以指导城市规划的编制。

第十二条 城市人民政府负责组织编制城市规划。县级人民政府所在地镇的城市规划，由县级人民政府负责组织编制。

第十三条 编制城市规划必须从实际出发，科学预测城市远景发展的需要；应当使城市的发展规模、各项建设标准、定额指标、开发程序同国家和地方的经济技术发展水平相适应。

第十四条 编制城市规划应当注意保护和改善城市生态环境，防止污染和其他公害，加强城市绿化建设和市容环境卫生建设，保护历史文化遗产、城市传统风貌、地方特色和自然景观。

编制民族自治地方的城市规划，应当注意保持民族传统和地方特色。

第十五条 编制城市规划应当贯彻有利生产、方便生活、促进流通、繁荣经济、促进科学技术文化教育事业的原则。

编制城市规划应当符合城市防火、防爆、抗震、防泥石流和治安、交通管理、人民防空建设等要求；在可能发生强烈地震和严重洪水灾害的地区，必须在规划中采取相应的抗震、防洪措施。

第十六条 编制城市规划应当贯彻合理用地、节约用地的原则。

第十七条 编制城市规划应当具备勘察、测量及其他必要的基础资料。

第十八条 编制城市规划一般分总体规划和详细规划两个阶段进行。大城市、中等城市为了进一步控制和确定不同地段的土地用途、范围和容量，协调各项基础设施和公共设施的建设，在总体规划基础上，可以编制分区规划。

第十九条 城市总体规划应当包括：城市的性质、发展目标和发展规模，城市主要建设标准和定额指标，城市建设用地布局、功能分区和各项建设的总体部署、城市综合交通体系和河湖、绿地系统，各项专业规划，近期建设规划。

设市城市和县级人民政府所在地镇的总体规划，应当包括市或者县的行政区域的城镇体系规划。

第二十条 城市详细规划应当在城市总体规划或者分区规划的基础上，对城市近期建设区域内各项建设作出具体规划。

城市详细规划应当包括：规划地段各项建设的具体用地范围，建筑密度和高度等控制指标，总平面布置、工程管线综合规划和竖向规划。

第二十一条 城市规划实行分级审批。

直辖市的城市总体规划，由直辖市人民政府报国务院审批。

省和自治区人民政府所在地城市、城市人口在一百万以上的城市及国务院指定的其他城市的总体规划，由省、自治区人民政府审查同意后，报国务院审批。

本条第二款和第三款规定以外的设市城市和县级人民政府所在地镇的总体规划，报省、自治区、直辖市人民政府审批，其中市管辖的县级人民政府所在地镇的总体规划，报市人民政府审批。

前款规定以外的其他建制镇的总体规划，报县级人民政府审批。

城市人民政府和县级人民政府在向上级人民政府报请审批城市总体规划前，须经同级人民代表大会或者其常务委员会审查同意。

城市分区规划由城市人民政府审批。

城市详细规划由城市人民政府审批；编制分区规划的城市的详细规划，除重要的详细规划由城市人民政府审批外，由城市人民政府城市规划行政主管部门审批。

第二十二条 城市人民政府可以根据城市经济和社会发展需要，对城市总体规划进行局部调整，报同级人民代表大会常务委员会和原批准机关备案；但涉及城市性质、规模、发展方向和总体布局重大变更的，须经同级人民代表大会或者其常务委员会审查同意后报原批准机关审批。

第三章 城市新区开发和旧区改建

第二十三条 城市新区开发和旧区改建必须坚持统一规划、合理布局、因地制宜、综合开发、配套建设的原则。各项建设工程的选址、定点，不得妨碍城市的发展，危害城市的安全，污染和破坏城市环境，影响城市各项功能的协调。

第二十四条　新建铁路编制站、铁路货运干线、过境公路、机场和重要军事设施等应当避开市区。

港口建设应当兼顾城市岸线的合理分配和利用，保障城市生活岸线用地。

第二十五条　城市新区开发应当具备水资源、能源、交通、防灾等建设条件，并应当避开地下矿藏、地下文物古迹。

第二十六条　城市新区开发应当合理利用城市现有设施。

第二十七条　城市旧区改建应当遵循加强维护、合理利用、调整布局、逐步改善的原则，统一规划，分期实施，并逐步改善居住和交通运输条件，加强基础设施和公共设施建设，提高城市的综合功能。

第四章　城市规划的实施

第二十八条　城市规划经批准后，城市人民政府应当公布。

第二十九条　城市规划区内的土地利用和各项建设必须符合城市规划，服从规划管理。

第三十条　城市规划区内的建设工程的选址和布局必须符合城市规划。设计任务书报请批准时，必须附有城市规划行政主管部门的选址意见书。

第三十一条　在城市规划区内进行建设需要申请用地的，必须持国家批准建设项目的有关文件，向城市规划行政主管部门申请定点，由城市规划行政主管部门核定其用地位置和界限，提供规划设计条件，核发建设用地规划许可证。建设单位或者个人在取得建设用地规划许可证后，方可向县级以上地方人民政府土地管理部门申请用地，经县级以上人民政府审查批准后，由土地管理部门划拨土地。

第三十二条　在城市规划区内新建、扩建和改建建筑物、构筑物、道路、管线和其他工程设施，必须持有关批准文件向城市规划行政主管部门提出申请，由城市规划行政主管部门根据城市规划提出的规划设计要求，核发建设工程规划许可证件。建设单位或者个人在取得建设工程规划许可证件和其他有关批准文件后，方可申请办理开工手续。

第三十三条　在城市规划区内进行临时建设，必须在批准的使用期限内拆除。临时建设和临时用地的具体规划管理办法由省、自治区、直辖市人民政府制定。

禁止在批准临时使用的土地上建设永久性建筑物、构筑物和其他设施。

第三十四条 任何单位和个人必须服从城市人民政府根据城市规划作出的调整用地决定。

第三十五条 任何单位和个人不得占用道路、广场、绿地、高压供电走廊和压占地下管线进行建设。

第三十六条 在城市规划区内进行挖取砂石、土方等活动，须经有关主管部门批准，不得破坏城市环境，影响城市规划的实施。

第三十七条 城市规划行政主管部门有权对城市规划区内的建设工程是否符合规划要求进行检查。被检查者应当如实提供情况和必要的资料，检查者有责任为被检查者保守技术秘密和业务秘密。

第三十八条 城市规划行政主管部门可以参加城市规划区内重要建设工程的竣工验收。城市规划区内的建设工程，建设单位应当在竣工验收后六个月内向城市规划行政主管部门报送有关竣工资料。

第五章 法律责任

第三十九条 在城市规划区内，未取得建设用地规划许可证而取得建设用地批准文件、占用土地的，批准文件无效，占用的土地由县级以上人民政府责令退回。

第四十条 在城市规划区内，未取得建设工程规划许可证件或者违反建设工程规划许可证件的规定进行建设，严重影响城市规划的，由县级以上地方人民政府城市规划行政主管部门责令停止建设，限期拆除或者没收违法建筑物、构筑物或者其他设施；影响城市规划，尚可采取改正措施的，由县级以上地方人民政府城市规划行政主管部门责令限期改正，并处罚款。

第四十一条 对未取得建设工程规划许可证件或者违反建设工程规划许可证件的规定进行建设的单位的有关责任人员，可以由其所在单位或者上级主管机关给予行政处分。

第四十二条 当事人对行政处罚决定不服的，可以在接到处罚通知之日起十五日内，向作出处罚决定的机关的上一级机关申请复议；对复议决定不服的，可以在接到复议决定之日起十五日内，向人民法院起诉。当事人也可以在接到处罚通知之日起十五日内，直接向人民法院起诉。当事人也可以在接到处罚通知之日起十五日内，直接向人民法院起诉。当事人逾期不申请复议、也不向人民法院起诉、又不履行处罚决定的，由作出处罚决定的机关申请人民法院强制执行。

第四十三条　城市规划行政主管部门工作人员玩忽职守、滥用职权、徇私舞弊的，由其所在单位或者上级主管机关给予行政处分；构成犯罪的，依法追究刑事责任。

第六章　附　　则

第四十四条　未设镇建制的工矿区的居民点，参照本法执行。

第四十五条　国务院城市规划行政主管部门根据本法制定实施条例，报国务院批准后施行。

省、自治区、直辖市人民代表大会常务委员会可以根据本法制定实施办法。

第四十六条　本法自1990年4月1日起施行。国务院发布的《城市规划条例》同时废止。

国务院批转公安部小城镇户籍管理制度改革试点方案和关于完善农村户籍管理制度意见的通知

各省、自治区、直辖市人民政府，国务院各部委、各直属机构：

国务院同意公安部《小城镇户籍管理制度改革试点方案》和《关于完善农村户籍管理制度的意见》，现转发给你们，请认真贯彻执行。

逐步改革小城镇户籍管理制度，完善农村户籍管理制度，是国家一项重要的基础性工作，事关经济发展、社会进步和维护社会稳定的大局。各级政府要加强领导，按照国家的统一规定，精心组织实施，积极稳妥地把这项工作做好。

国务院

一九九七年六月十日

关于完善农村户籍管理制度的意见

(公安部 一九九七年五月二十日)

长期以来,农村户籍管理工作一直比较薄弱,许多地方机构不健全,没有专人管理,户籍登记制度不严密,出生不报、死亡不销等问题十分突出,有些地方甚至出现人口管理失控现象,致使人口统计数据不准确,影响了为政府制定国民经济和社会发展计划提供准确依据,也不利于政府做好行政管理工作,必须采取措施加以完善。为此,提出如下意见:

一 完善农村户籍管理制度的目标和要求

完善农村户籍管理制度是国家的一项重要基础性工作。要统一城乡户籍登记制度,理顺农村户籍管理体制,实施严密管理并改进管理手段,逐步实现农村户籍管理的制度化、规范化和现代化,促进农村经济发展,维护社会稳定。各地区要在省级人民政府的领导下,从实际出发,有组织、有步骤地开展这项工作,抓紧完成常住人口登记表、居民户口簿和门牌的制发工作,逐步在全国农村建立健全户籍管理机构,在本世纪末基本统一城乡户籍登记管理制度,切实改变农村户籍管理薄弱的状况。

二 建立健全各项户籍登记管理制度

在农村全面建立健全常住、暂住、出生、死亡、迁出、迁入和变更更正等项登记管理制度,全面执行居民身份证申领、换领、补领等规定并加强查验、核查工作,同时建立和完善户籍的调查、通报、统计、档案和门牌编制等项管理制度。

严格执行公民在常住地登记常住户口的规定,为登记常住户口的每个公民建立常住人口登记表,为每个家庭制发居民户口簿。

加强新生婴儿的出生登记工作。对新生婴儿,包括超计划生育的、非婚生育的以及被遗弃的婴儿等,监护人都必须按照户籍管理的有关规定申报出生登记。新生婴儿可以随母或者随父登记常住户口。

门（楼）牌的编制管理是公安机关实施户籍登记管理的重要组成部分，必须认真做好。要建立健全门（楼）牌的设置、编号、制作、安装和管理等项制度，为住户统一编制、装钉门（楼）牌，并加强经常性的管理，逐步实现门（楼）牌编制管理的科学化、规范化。

三 建立健全户籍管理机构，充实户籍管理队伍

各地公安机关要按照"一乡（镇）一所"的原则，在国家"九五"、"十五"计划期间把乡（镇）公安派出所逐步建立健全起来，同时配足相应的警力，切实加强农村户籍管理工作。目前尚未建立公安派出所的乡（镇）可以先组建临时机构负责本乡（镇）的户籍登记管理工作，负责人由民警担任（编制问题另行解决），其余人员在乡（镇）人民政府现有工作人员中调剂解决。村（居）民委员会要设立专职或兼职户籍协管员，协助户口登记机关做好辖区内的户籍登记管理工作。

四 加强领导，狠抓落实

完善农村户籍管理制度涉及面广，工作量大，是一项艰巨、复杂的工作。各地区人民政府要高度重视，加强领导，根据本意见并结合实际情况，制定具体实施方案，认真组织实施；要做好宣传教育工作，取得群众的理解和支持；要切实解决完善农村户籍管理制度及改进管理手段所需的经费。地（市）以上公安机关要加强检查指导，及时解决工作中遇到的问题并做好验收工作。户籍管理机构要加强廉政建设，严格执行国家有关规定，严禁在工本费以外乱收费，违者要追究责任。

这项工作实施情况，由省级公安机关汇总报公安部。

中华人民共和国土地管理法

（1986年6月25日第六届全国人民代表大会常务委员会第十六次会议通过 根据1988年12月29日第七届全国人民代表大会常务委员会第五次会议《关于修改〈中华人民共和国土地管理法〉的决定》第一次修正 1998年8月29日第九届全国人民代表大会常务委员会第四次会议修订 根据2004年8月28日第十届全国人民代表大会常务委员会第十一次会议《关于修改〈中华人民共和国土地管理法〉的决定》第二次修正）

目 录

第一章 总则
第二章 土地的所有权和使用权
第三章 土地利用总体规划
第四章 耕地保护
第五章 建设用地
第六章 监督检查
第七章 法律责任
第八章 附则

第一章 总 则

第一条 为了加强土地管理，维护土地的社会主义公有制，保护、开发土地资源，合理利用土地，切实保护耕地，促进社会经济的可持续发展，根据宪法，制定本法。

第二条 中华人民共和国实行土地的社会主义公有制，即全民所有制和劳动群众集体所有制。

全民所有，即国家所有土地的所有权由国务院代表国家行使。

任何单位和个人不得侵占、买卖或者以其他形式非法转让土地。土地使用权可以依法转让。

国家为了公共利益的需要，可以依法对土地实行征收或者征用并给予补偿。

国家依法实行国有土地有偿使用制度。但是，国家在法律规定的范围内划拨国有土地使用权的除外。

第三条 十分珍惜、合理利用土地和切实保护耕地是我国的基本国策。各级人民政府应当采取措施，全面规划，严格管理，保护、开发土地资源，制止非法占用土地的行为。

第四条 国家实行土地用途管制制度。

国家编制土地利用总体规划，规定土地用途，将土地分为农用地、建设用地和未利用地。严格限制农用地转为建设用地，控制建设用地总量，对耕地实行特殊保护。

前款所称农用地是指直接用于农业生产的土地，包括耕地、林地、草地、农田水利用地、养殖水面等；建设用地是指建造建筑物、构筑物的土地，包括城乡住宅和公共设施用地、工矿用地、交通水利设施用地、旅游用地、军事设施用地等；未利用地是指农用地和建设用地以外的土地。

使用土地的单位和个人必须严格按照土地利用总体规划确定的用途使用土地。

第五条 国务院土地行政主管部门统一负责全国土地的管理和监督工作。

县级以上地方人民政府土地行政主管部门的设置及其职责，由省、自治区、直辖市人民政府根据国务院有关规定确定。

第六条 任何单位和个人都有遵守土地管理法律、法规的义务，并有权对违反土地管理法律、法规的行为提出检举和控告。

第七条 在保护和开发土地资源、合理利用土地以及进行有关的科学研究等方面成绩显著的单位和个人，由人民政府给予奖励。

第二章　土地的所有权和使用权

第八条 城市市区的土地属于国家所有。

农村和城市郊区的土地，除由法律规定属于国家所有的以外，属于农民集体所有；宅基地和自留地、自留山，属于农民集体所有。

第九条 国有土地和农民集体所有的土地，可以依法确定给单位或者个人使用。使用土地的单位和个人，有保护、管理和合理利用土地的义务。

第十条 农民集体所有的土地依法属于村农民集体所有的，由村集体经济组织或者村民委员会经营、管理；已经分别属于村内两个以上农村集体经济组织的农民集体所有的，由村内各该农村集体经济组织或者村民小组经营、管理；已经属于乡（镇）农民集体所有的，由乡（镇）农村集体经济组织经营、管理。

第十一条 农民集体所有的土地，由县级人民政府登记造册，核发证书，确认所有权。

农民集体所有的土地依法用于非农业建设的，由县级人民政府登记造册，核发证书，确认建设用地使用权。

单位和个人依法使用的国有土地，由县级以上人民政府登记造册，核发证书，确认使用权；其中，中央国家机关使用的国有土地的具体登记发证机关，由国务院确定。

确认林地、草原的所有权或者使用权，确认水面、滩涂的养殖使用权，分别依照《中华人民共和国森林法》、《中华人民共和国草原法》和《中华人民共和国渔业法》的有关规定办理。

第十二条 依法改变土地权属和用途的，应当办理土地变更登记手续。

第十三条 依法登记的土地的所有权和使用权受法律保护，任何单位和个人不得侵犯。

第十四条 农民集体所有的土地由本集体经济组织的成员承包经营，从事种植业、林业、畜牧业、渔业生产。土地承包经营期限为三十年。发包方和承包方应当订立承包合同，约定双方的权利和义务。承包经营土地的农民有保护和按照承包合同约定的用途合理利用土地的义务。农民的土地承包经营权受法律保护。

在土地承包经营期限内，对个别承包经营者之间承包的土地进行适当调整的，必须经村民会议三分之二以上成员或者三分之二以上村民代表的同意，并报乡（镇）人民政府和县级人民政府农业行政主管部门批准。

第十五条 国有土地可以由单位或者个人承包经营,从事种植业、林业、畜牧业、渔业生产。农民集体所有的土地,可以由本集体经济组织以外的单位或者个人承包经营,从事种植业、林业、畜牧业、渔业生产。发包方和承包方应当订立承包合同,约定双方的权利和义务。土地承包经营的期限由承包合同约定。承包经营土地的单位和个人,有保护和按照承包合同约定的用途合理利用土地的义务。

农民集体所有的土地由本集体经济组织以外的单位或者个人承包经营的,必须经村民会议三分之二以上成员或者三分之二以上村民代表的同意,并报乡(镇)人民政府批准。

第十六条 土地所有权和使用权争议,由当事人协商解决;协商不成的,由人民政府处理。

单位之间的争议,由县级以上人民政府处理;个人之间、个人与单位之间的争议,由乡级人民政府或者县级以上人民政府处理。

当事人对有关人民政府的处理决定不服的,可以自接到处理决定通知之日起三十日内,向人民法院起诉。

在土地所有权和使用权争议解决前,任何一方不得改变土地利用现状。

第三章 土地利用总体规划

第十七条 各级人民政府应当依据国民经济和社会发展规划、国土整治和资源环境保护的要求、土地供给能力以及各项建设对土地的需求,组织编制土地利用总体规划。

土地利用总体规划的规划期限由国务院规定。

第十八条 下级土地利用总体规划应当依据上一级土地利用总体规划编制。

地方各级人民政府编制的土地利用总体规划中的建设用地总量不得超过上一级土地利用总体规划确定的控制指标,耕地保有量不得低于上一级土地利用总体规划确定的控制指标。

省、自治区、直辖市人民政府编制的土地利用总体规划,应当确保本行政区域内耕地总量不减少。

第十九条 土地利用总体规划按照下列原则编制:

（一）严格保护基本农田，控制非农业建设占用农用地；

（二）提高土地利用率；

（三）统筹安排各类、各区域用地；

（四）保护和改善生态环境，保障土地的可持续利用；

（五）占用耕地与开发复垦耕地相平衡。

第二十条 县级土地利用总体规划应当划分土地利用区，明确土地用途。

乡（镇）土地利用总体规划应当划分土地利用区，根据土地使用条件，确定每一块土地的用途，并予以公告。

第二十一条 土地利用总体规划实行分级审批。

省、自治区、直辖市的土地利用总体规划，报国务院批准。

省、自治区人民政府所在地的市、人口在一百万以上的城市以及国务院指定的城市的土地利用总体规划，经省、自治区人民政府审查同意后，报国务院批准。

本条第二款、第三款规定以外的土地利用总体规划，逐级上报省、自治区、直辖市人民政府批准；其中，乡（镇）土地利用总体规划可以由省级人民政府授权的设区的市、自治州人民政府批准。

土地利用总体规划一经批准，必须严格执行。

第二十二条 城市建设用地规模应当符合国家规定的标准，充分利用现有建设用地，不占或者尽量少占农用地。

城市总体规划、村庄和集镇规划，应当与土地利用总体规划相衔接，城市总体规划、村庄和集镇规划中建设用地规模不得超过土地利用总体规划确定的城市和村庄、集镇建设用地规模。

在城市规划区内、村庄和集镇规划区内，城市和村庄、集镇建设用地应当符合城市规划、村庄和集镇规划。

第二十三条 江河、湖泊综合治理和开发利用规划，应当与土地利用总体规划相衔接。在江河、湖泊、水库的管理和保护范围以及蓄洪滞洪区内，土地利用应当符合江河、湖泊综合治理和开发利用规划，符合河道、湖泊行洪、蓄洪和输水的要求。

第二十四条 各级人民政府应当加强土地利用计划管理，实行建设用地总量控制。

土地利用年度计划,根据国民经济和社会发展计划、国家产业政策、土地利用总体规划以及建设用地和土地利用的实际状况编制。土地利用年度计划的编制审批程序与土地利用总体规划的编制审批程序相同,一经审批下达,必须严格执行。

第二十五条 省、自治区、直辖市人民政府应当将土地利用年度计划的执行情况列为国民经济和社会发展计划执行情况的内容,向同级人民代表大会报告。

第二十六条 经批准的土地利用总体规划的修改,须经原批准机关批准;未经批准,不得改变土地利用总体规划确定的土地用途。

经国务院批准的大型能源、交通、水利等基础设施建设用地,需要改变土地利用总体规划的,根据国务院的批准文件修改土地利用总体规划。

经省、自治区、直辖市人民政府批准的能源、交通、水利等基础设施建设用地,需要改变土地利用总体规划的,属于省级人民政府土地利用总体规划批准权限内的,根据省级人民政府的批准文件修改土地利用总体规划。

第二十七条 国家建立土地调查制度。

县级以上人民政府土地行政主管部门会同同级有关部门进行土地调查。土地所有者或者使用者应当配合调查,并提供有关资料。

第二十八条 县级以上人民政府土地行政主管部门会同同级有关部门根据土地调查成果、规划土地用途和国家制定的统一标准,评定土地等级。

第二十九条 国家建立土地统计制度。

县级以上人民政府土地行政主管部门和同级统计部门共同制定统计调查方案,依法进行土地统计,定期发布土地统计资料。土地所有者或者使用者应当提供有关资料,不得虚报、瞒报、拒报、迟报。

土地行政主管部门和统计部门共同发布的土地面积统计资料是各级人民政府编制土地利用总体规划的依据。

第三十条 国家建立全国土地管理信息系统,对土地利用状况进行动态监测。

第四章 耕地保护

第三十一条 国家保护耕地，严格控制耕地转为非耕地。

国家实行占用耕地补偿制度。非农业建设经批准占用耕地的，按照"占多少，垦多少"的原则，由占用耕地的单位负责开垦与所占用耕地的数量和质量相当的耕地；没有条件开垦或者开垦的耕地不符合要求的，应当按照省、自治区、直辖市的规定缴纳耕地开垦费，专款用于开垦新的耕地。

省、自治区、直辖市人民政府应当制定开垦耕地计划，监督占用耕地的单位按照计划开垦耕地或者按照计划组织开垦耕地，并进行验收。

第三十二条 县级以上地方人民政府可以要求占用耕地的单位将所占用耕地耕作层的土壤用于新开垦耕地、劣质地或者其他耕地的土壤改良。

第三十三条 省、自治区、直辖市人民政府应当严格执行土地利用总体规划和土地利用年度计划，采取措施，确保本行政区域内耕地总量不减少；耕地总量减少的，由国务院责令在规定期限内组织开垦与所减少耕地的数量与质量相当的耕地，并由国务院土地行政主管部门会同农业行政主管部门验收。个别省、直辖市确因土地后备资源匮乏，新增建设用地后，新开垦耕地的数量不足以补偿所占用耕地的数量的，必须报经国务院批准减免本行政区域内开垦耕地的数量，进行易地开垦。

第三十四条 国家实行基本农田保护制度。下列耕地应当根据土地利用总体规划划入基本农田保护区，严格管理：

（一）经国务院有关主管部门或者县级以上地方人民政府批准确定的粮、棉、油生产基地内的耕地；

（二）有良好的水利与水土保持设施的耕地，正在实施改造计划以及可以改造的中、低产田；

（三）蔬菜生产基地；

（四）农业科研、教学试验田；

（五）国务院规定应当划入基本农田保护区的其他耕地。

各省、自治区、直辖市划定的基本农田应当占本行政区域内耕地的百分之八十以上。

基本农田保护区以乡（镇）为单位进行划区定界，由县级人民政府土地行政主管部门会同同级农业行政主管部门组织实施。

第三十五条 各级人民政府应当采取措施，维护排灌工程设施，改良土壤，提高地力，防止土地荒漠化、盐渍化、水土流失和污染土地。

第三十六条 非农业建设必须节约使用土地，可以利用荒地的，不得占用耕地；可以利用劣地的，不得占用好地。

禁止占用耕地建窑、建坟或者擅自在耕地上建房、挖砂、采石、采矿、取土等。

禁止占用基本农田发展林果业和挖塘养鱼。

第三十七条 禁止任何单位和个人闲置、荒芜耕地。已经办理审批手续的非农业建设占用耕地，一年内不用而又可以耕种并收获的，应当由原耕种该幅耕地的集体或者个人恢复耕种，也可以由用地单位组织耕种；一年以上未动工建设的，应当按照省、自治区、直辖市的规定缴纳闲置费；连续二年未使用的，经原批准机关批准，由县级以上人民政府无偿收回用地单位的土地使用权；该幅土地原为农民集体所有的，应当交由原农村集体经济组织恢复耕种。

在城市规划区范围内，以出让方式取得土地使用权进行房地产开发的闲置土地，依照《中华人民共和国城市房地产管理法》的有关规定办理。

承包经营耕地的单位或者个人连续二年弃耕抛荒的，原发包单位应当终止承包合同，收回发包的耕地。

第三十八条 国家鼓励单位和个人按照土地利用总体规划，在保护和改善生态环境、防止水土流失和土地荒漠化的前提下，开发未利用的土地；适宜开发为农用地的，应当优先开发成农用地。

国家依法保护开发者的合法权益。

第三十九条 开垦未利用的土地，必须经过科学论证和评估，在土地利用总体规划划定的可开垦的区域内，经依法批准后进行。禁止毁坏森林、草原开垦耕地，禁止围湖造田和侵占江河滩地。

根据土地利用总体规划，对破坏生态环境开垦、围垦的土地，有计划有步骤地退耕还林、还牧、还湖。

第四十条 开发未确定使用权的国有荒山、荒地、荒滩从事种植业、林业、畜牧业、渔业生产的，经县级以上人民政府依法批准，可以确定给开发单位或者个人长期使用。

第四十一条 国家鼓励土地整理。县、乡（镇）人民政府应当组织农村集体经济组织，按照土地利用总体规划，对田、水、路、林、村综合整治，提高耕地质量，增加有效耕地面积，改善农业生产条件和生态环境。

地方各级人民政府应当采取措施，改造中、低产田，整治闲散地和废弃地。

第四十二条 因挖损、塌陷、压占等造成土地破坏，用地单位和个人应当按照国家有关规定负责复垦；没有条件复垦或者复垦不符合要求的，应当缴纳土地复垦费，专项用于土地复垦。复垦的土地应当优先用于农业。

第五章 建设用地

第四十三条 任何单位和个人进行建设，需要使用土地的，必须依法申请使用国有土地；但是，兴办乡镇企业和村民建设住宅经依法批准使用本集体经济组织农民集体所有的土地的，或者乡（镇）村公共设施和公益事业建设经依法批准使用农民集体所有的土地的除外。

前款所称依法申请使用的国有土地包括国家所有的土地和国家征收的原属于农民集体所有的土地。

第四十四条 建设占用土地，涉及农用地转为建设用地的，应当办理农用地转用审批手续。

省、自治区、直辖市人民政府批准的道路、管线工程和大型基础设施建设项目、国务院批准的建设项目占用土地，涉及农用地转为建设用地的，由国务院批准。

在土地利用总体规划确定的城市和村庄、集镇建设用地规模范围内，为实施该规划而将农用地转为建设用地的，按土地利用年度计划分批次由原批准土地利用总体规划的机关批准。在已批准的农用地转用范围内，具体建设项目用地可以由市、县人民政府批准。

本条第二款、第三款规定以外的建设项目占用土地，涉及农用地转为建设用地的，由省、自治区、直辖市人民政府批准。

第四十五条 征收下列土地的，由国务院批准：

（一）基本农田；

（二）基本农田以外的耕地超过三十五公顷的；

（三）其他土地超过七十公顷的。

征收前款规定以外的土地的，由省、自治区、直辖市人民政府批准，并报国务院备案。

征收农用地的，应当依照本法第四十四条的规定先行办理农用地转用审批。其中，经国务院批准农用地转用的，同时办理征地审批手续，不再另行办理征地审批；经省、自治区、直辖市人民政府在征地批准权限内批准农用地转用的，同时办理征地审批手续，不再另行办理征地审批，超过征地批准权限的，应当依照本条第一款的规定另行办理征地审批。

第四十六条 国家征收土地的，依照法定程序批准后，由县级以上地方人民政府予以公告并组织实施。

被征收土地的所有权人、使用权人应当在公告规定期限内，持土地权属证书到当地人民政府土地行政主管部门办理征地补偿登记。

第四十七条 征收土地的，按照被征收土地的原用途给予补偿。

征收耕地的补偿费用包括土地补偿费、安置补助费以及地上附着物和青苗的补偿费。征收耕地的土地补偿费，为该耕地被征收前三年平均年产值的六至十倍。征收耕地的安置补助费，按照需要安置的农业人口数计算。需要安置的农业人口数，按照被征收的耕地数量除以征地前被征收单位平均每人占有耕地的数量计算。每一个需要安置的农业人口的安置补助费标准，为该耕地被征收前三年平均年产值的四至六倍。但是，每公顷被征收耕地的安置补助费，最高不得超过被征收前三年平均年产值的十五倍。

征收其他土地的土地补偿费和安置补助费标准，由省、自治区、直辖市参照征收耕地的土地补偿费和安置补助费的标准规定。

被征收土地上的附着物和青苗的补偿标准，由省、自治区、直辖市规定。

征收城市郊区的菜地，用地单位应当按照国家有关规定缴纳新菜地开发建设基金。

依照本条第二款的规定支付土地补偿费和安置补助费，尚不能使需要安置的农民保持原有生活水平的，经省、自治区、直辖市人民政府批准，可以增加安置补助费。但是，土地补偿费和安置补助费的总和不得超过土地被征收前三年平均年产值的三十倍。

国务院根据社会、经济发展水平，在特殊情况下，可以提高征收耕地的土地补偿费和安置补助费的标准。

第四十八条 征地补偿安置方案确定后，有关地方人民政府应当公告，并听取被征地的农村集体经济组织和农民的意见。

第四十九条 被征地的农村集体经济组织应当将征收土地的补偿费用的收支状况向本集体经济组织的成员公布，接受监督。

禁止侵占、挪用被征收土地单位的征地补偿费用和其他有关费用。

第五十条 地方各级人民政府应当支持被征地的农村集体经济组织和农民从事开发经营，兴办企业。

第五十一条 大中型水利、水电工程建设征收土地的补偿费标准和移民安置办法，由国务院另行规定。

第五十二条 建设项目可行性研究论证时，土地行政主管部门可以根据土地利用总体规划、土地利用年度计划和建设用地标准，对建设用地有关事项进行审查，并提出意见。

第五十三条 经批准的建设项目需要使用国有建设用地的，建设单位应当持法律、行政法规规定的有关文件，向有批准权的县级以上人民政府土地行政主管部门提出建设用地申请，经土地行政主管部门审查，报本级人民政府批准。

第五十四条 建设单位使用国有土地，应当以出让等有偿使用方式取得；但是，下列建设用地，经县级以上人民政府依法批准，可以以划拨方式取得：

（一）国家机关用地和军事用地；
（二）城市基础设施用地和公益事业用地；
（三）国家重点扶持的能源、交通、水利等基础设施用地；
（四）法律、行政法规规定的其他用地。

第五十五条 以出让等有偿使用方式取得国有土地使用权的建设单位，按照国务院规定的标准和办法，缴纳土地使用权出让金等土地有偿使用费和其他费用后，方可使用土地。

自本法施行之日起，新增建设用地的土地有偿使用费，百分之三十上缴中央财政，百分之七十留给有关地方人民政府，都专项用于耕地开发。

第五十六条 建设单位使用国有土地的，应当按照土地使用权出让等有偿使用合同的约定或者土地使用权划拨批准文件的规定使用土地；确需改变该幅土地建设用途的，应当经有关人民政府土地行政主管部门同意，报原批准用地的人民政府批准。其中，在城市规划区内改变土地用途的，在报批前，应当先经有关城市规划行政主管部门同意。

第五十七条 建设项目施工和地质勘查需要临时使用国有土地或者农民集体所有的土地的，由县级以上人民政府土地行政主管部门批准。其中，在城市规划区内的临时用地，在报批前，应当先经有关城市规划行政主管部门同意。土地使用者应当根据土地权属，与有关土地行政主管部门或者农村集体经济组织、村民委员会签订临时使用土地合同，并按照合同的约定支付临时使用土地补偿费。

临时使用土地的使用者应当按照临时使用土地合同约定的用途使用土地，并不得修建永久性建筑物。

临时使用土地期限一般不超过二年。

第五十八条 有下列情形之一的，由有关人民政府土地行政主管部门报经原批准用地的人民政府或者有批准权的人民政府批准，可以收回国有土地使用权：

（一）为公共利益需要使用土地的；

（二）为实施城市规划进行旧城区改建，需要调整使用土地的；

（三）土地出让等有偿使用合同约定的使用期限届满，土地使用者未申请续期或者申请续期未获批准的；

（四）因单位撤销、迁移等原因，停止使用原划拨的国有土地的；

（五）公路、铁路、机场、矿场等经核准报废的。

依照前款第（一）项、第（二）项的规定收回国有土地使用权的，对土地使用权人应当给予适当补偿。

第五十九条 乡镇企业、乡（镇）村公共设施、公益事业、农村村民住宅等乡（镇）村建设，应当按照村庄和集镇规划，合理布局，综合开发，配套建设；建设用地，应当符合乡（镇）土地利用总体规划和土地利用年度计划，并依照本法第四十四条、第六十条、第六十一条、第六十二条的规定办理审批手续。

第六十条 农村集体经济组织使用乡（镇）土地利用总体规划确定的建设用地兴办企业或者与其他单位、个人以土地使用权入股、联营等形式共同举办企业的，应当持有关批准文件，向县级以上地方人民政府土地行政主管部门提出申请，按照省、自治区、直辖市规定的批准权限，由县级以上地方人民政府批准；其中，涉及占用农用地的，依照本法第四十四条的规定办理审批手续。

按照前款规定兴办企业的建设用地，必须严格控制。省、自治区、直辖市可以按照乡镇企业的不同行业和经营规模，分别规定用地标准。

第六十一条 乡（镇）村公共设施、公益事业建设，需要使用土地的，经乡（镇）人民政府审核，向县级以上地方人民政府土地行政主管部门提出申请，按照省、自治区、直辖市规定的批准权限，由县级以上地方人民政府批准；其中，涉及占用农用地的，依照本法第四十四条的规定办理审批手续。

第六十二条 农村村民一户只能拥有一处宅基地，其宅基地的面积不得超过省、自治区、直辖市规定的标准。

农村村民建住宅，应当符合乡（镇）土地利用总体规划，并尽量使用原有的宅基地和村内空闲地。

农村村民住宅用地，经乡（镇）人民政府审核，由县级人民政府批准；其中，涉及占用农用地的，依照本法第四十四条的规定办理审批手续。

农村村民出卖、出租住房后，再申请宅基地的，不予批准。

第六十三条 农民集体所有的土地的使用权不得出让、转让或者出租用于非农业建设；但是，符合土地利用总体规划并依法取得建设用地的企业，因破产、兼并等情形致使土地使用权依法发生转移的除外。

第六十四条 在土地利用总体规划制定前已建的不符合土地利用总体规划确定的用途的建筑物、构筑物，不得重建、扩建。

第六十五条 有下列情形之一的，农村集体经济组织报经原批准用地的人民政府批准，可以收回土地使用权：

（一）为乡（镇）村公共设施和公益事业建设，需要使用土地的；

（二）不按照批准的用途使用土地的；

（三）因撤销、迁移等原因而停止使用土地的。

依照前款第（一）项规定收回农民集体所有的土地的，对土地使用权人应当给予适当补偿。

第六章　监督检查

第六十六条　县级以上人民政府土地行政主管部门对违反土地管理法律、法规的行为进行监督检查。

土地管理监督检查人员应当熟悉土地管理法律、法规，忠于职守、秉公执法。

第六十七条　县级以上人民政府土地行政主管部门履行监督检查职责时，有权采取下列措施：

（一）要求被检查的单位或者个人提供有关土地权利的文件和资料，进行查阅或者予以复制；

（二）要求被检查的单位或者个人就有关土地权利的问题作出说明；

（三）进入被检查单位或者个人非法占用的土地现场进行勘测；

（四）责令非法占用土地的单位或者个人停止违反土地管理法律、法规的行为。

第六十八条　土地管理监督检查人员履行职责，需要进入现场进行勘测、要求有关单位或者个人提供文件、资料和作出说明的，应当出示土地管理监督检查证件。

第六十九条　有关单位和个人对县级以上人民政府土地行政主管部门就土地违法行为进行的监督检查应当支持与配合，并提供工作方便，不得拒绝与阻碍土地管理监督检查人员依法执行职务。

第七十条　县级以上人民政府土地行政主管部门在监督检查工作中发现国家工作人员的违法行为，依法应当给予行政处分的，应当依法予以处理；自己无权处理的，应当向同级或者上级人民政府的行政监察机关提出行政处分建议书，有关行政监察机关应当依法予以处理。

第七十一条　县级以上人民政府土地行政主管部门在监督检查工作中发现土地违法行为构成犯罪的，应当将案件移送有关机关，依法追究刑事责任；尚不构成犯罪的，应当依法给予行政处罚。

第七十二条　依照本法规定应当给予行政处罚，而有关土地行政主管部门不给予行政处罚的，上级人民政府土地行政主管部门有权责令有关土地行政主管部门作出行政处罚决定或者直接给予行政处罚，并给予有关土地行政主管部门的负责人行政处分。

第七章　法律责任

第七十三条　买卖或者以其他形式非法转让土地的，由县级以上人民政府土地行政主管部门没收违法所得；对违反土地利用总体规划擅自将农用地改为建设用地的，限期拆除在非法转让的土地上新建的建筑物和其他设施，恢复土地原状，对符合土地利用总体规划的，没收在非法转让的土地上新建的建筑物和其他设施；可以并处罚款；对直接负责的主管人员和其他直接责任人员，依法给予行政处分；构成犯罪的，依法追究刑事责任。

第七十四条　违反本法规定，占用耕地建窑、建坟或者擅自在耕地上建房、挖砂、采石、采矿、取土等，破坏种植条件的，或者因开发土地造成土地荒漠化、盐渍化的，由县级以上人民政府土地行政主管部门责令限期改正或者治理，可以并处罚款；构成犯罪的，依法追究刑事责任。

第七十五条　违反本法规定，拒不履行土地复垦义务的，由县级以上人民政府土地行政主管部门责令限期改正；逾期不改正的，责令缴纳复垦费，专项用于土地复垦，可以处以罚款。

第七十六条　未经批准或者采取欺骗手段骗取批准，非法占用土地的，由县级以上人民政府土地行政主管部门责令退还非法占用的土地，对违反土地利用总体规划擅自将农用地改为建设用地的，限期拆除在非法占用的土地上新建的建筑物和其他设施，恢复土地原状，对符合土地利用总体规划的，没收在非法占用的土地上新建的建筑物和其他设施，可以并处罚款；对非法占用土地单位的直接负责的主管人员和其他直接责任人员，依法给予行政处分；构成犯罪的，依法追究刑事责任。

超过批准的数量占用土地，多占的土地以非法占用土地论处。

第七十七条　农村村民未经批准或者采取欺骗手段骗取批准，非法占用土地建住宅的,由县级以上人民政府土地行政主管部门责令退还非法占用的土地,限期拆除在非法占用的土地上新建的房屋。

超过省、自治区、直辖市规定的标准,多占的土地以非法占用土地论处。

第七十八条 无权批准征收、使用土地的单位或者个人非法批准占用土地的,超越批准权限非法批准占用土地的,不按照土地利用总体规划确定的用途批准用地的,或者违反法律规定的程序批准占用、征收土地的,其批准文件无效,对非法批准征收、使用土地的直接负责的主管人员和其他直接责任人员,依法给予行政处分;构成犯罪的,依法追究刑事责任。非法批准、使用的土地应当收回,有关当事人拒不归还的,以非法占用土地论处。

非法批准征收、使用土地,对当事人造成损失的,依法应当承担赔偿责任。

第七十九条 侵占、挪用被征收土地单位的征地补偿费用和其他有关费用,构成犯罪的,依法追究刑事责任;尚不构成犯罪的,依法给予行政处分。

第八十条 依法收回国有土地使用权当事人拒不交出土地的,临时使用土地期满拒不归还的,或者不按照批准的用途使用国有土地的,由县级以上人民政府土地行政主管部门责令交还土地,处以罚款。

第八十一条 擅自将农民集体所有的土地的使用权出让、转让或者出租用于非农业建设的,由县级以上人民政府土地行政主管部门责令限期改正,没收违法所得,并处罚款。

第八十二条 不依照本法规定办理土地变更登记的,由县级以上人民政府土地行政主管部门责令其限期办理。

第八十三条 依照本法规定,责令限期拆除在非法占用的土地上新建的建筑物和其他设施的,建设单位或者个人必须立即停止施工,自行拆除;对继续施工的,作出处罚决定的机关有权制止。建设单位或者个人对责令限期拆除的行政处罚决定不服的,可以在接到责令限期拆除决定之日起十五日内,向人民法院起诉;期满不起诉又不自行拆除的,由作出处罚决定的机关依法申请人民法院强制执行,费用由违法者承担。

第八十四条 土地行政主管部门的工作人员玩忽职守、滥用职权、徇私舞弊，构成犯罪的，依法追究刑事责任；尚不构成犯罪的，依法给予行政处分。

第八章 附 则

第八十五条 中外合资经营企业、中外合作经营企业、外资企业使用土地的，适用本法；法律另有规定的，从其规定。

第八十六条 本法自1999年1月1日起施行。

城市居民最低生活保障条例

《城市居民最低生活保障条例》已经国务院第21次常务会议通过，现予发布，自1999年10月1日起施行。

第一条 为了规范城市居民最低生活保障制度，保障城市居民基本生活，制定本条例。

第二条 持有非农业户口的城市居民，凡共同生活的家庭成员人均收入低于当地城市居民最低生活保障标准的，均有从当地人民政府获得基本生活物质帮助的权利。

前款所称收入，是指共同生活的家庭成员的全部货币收入和实物收入，包括法定赡养人、扶养人或者抚养人应当给付的赡养费、扶养费或者抚养费，不包括优抚对象按照国家规定享受的抚恤金、补助金。

第三条 城市居民最低生活保障制度遵循保障城市居民基本生活的原则，坚持国家保障与社会帮扶相结合、鼓励劳动自救的方针。

第四条 城市居民最低生活保障制度实行地方各级人民政府负责制。县级以上地方各级人民政府民政部门具体负责本行政区域内城市居民最低生活保障的管理工作；财政部门按照规定落实城市居民最低生活保障资金；统计、物价、审计、劳动保障和人事等部门分工负责，在各自的职责范围内负责城市居民最低生活保障的有关工作。

县级人民政府民政部门以及街道办事处和镇人民政府（以下统称管理审批机关）负责城市居民最低生活保障的具体管理审批工作。

居民委员会根据管理审批机关的委托，可以承担城市居民最低生活保障的日常管理、服务工作。

国务院民政部门负责全国城市居民最低生活保障的管理工作。

第五条 城市居民最低生活保障所需资金,由地方人民政府列入财政预算,纳入社会救济专项资金支出项目,专项管理,专款专用。

国家鼓励社会组织和个人为城市居民最低生活保障提供捐赠、资助;所提供的捐赠资助,全部纳入当地城市居民最低生活保障资金。

第六条 城市居民最低生活保障标准,按照当地维持城市居民基本生活所必需的衣、食、住费用,并适当考虑水电燃煤(燃气)费用以及未成年人的义务教育费用确定。

直辖市、设区的市的城市居民最低生活保障标准,由市人民政府民政部门会同财政、统计、物价等部门制定,报本级人民政府批准并公布执行;县(县级市)的城市居民最低生活保障标准,由县(县级市)人民政府民政部门会同财政、统计、物价等部门制定,报本级人民政府批准并报上一级人民政府备案后公布执行。

城市居民最低生活保障标准需要提高时,依照前两款的规定重新核定。

第七条 申请享受城市居民最低生活保障待遇,由户主向户籍所在地的街道办事处或者镇人民政府提出书面申请,并出具有关证明材料,填写《城市居民最低生活保障待遇审批表》。城市居民最低生活保障待遇,由其所在地的街道办事处或者镇人民政府初审,并将有关材料和初审意见报送县级人民政府民政部门审批。

管理审批机关为审批城市居民最低生活保障待遇的需要,可以通过入户调查、邻里访问以及信函索证等方式对申请人的家庭经济状况和实际生活水平进行调查核实。申请人及有关单位、组织或者个人应当接受调查,如实提供有关情况。

第八条 县级人民政府民政部门经审查,对符合享受城市居民最低生活保障待遇条件的家庭,应当区分下列不同情况批准其享受城市居民最低生活保障待遇:

(一)对无生活来源、无劳动能力又无法定赡养人、扶养人或者抚养人的城市居民,批准其按照当地城市居民最低生活保障标准全额享受;

(二)对尚有一定收入的城市居民,批准其按照家庭人均收入低于当地城市居民最低生活保障标准的差额享受。

县级人民政府民政部门经审查，对不符合享受城市居民最低生活保障待遇条件的，应当书面通知申请人，并说明理由。

管理审批机关应当自接到申请人提出申请之日起的30日内办结审批手续。

城市居民最低生活保障待遇由管理审批机关以货币形式按月发放；必要时，也可以给付实物。

第九条 对经批准享受城市居民最低生活保障待遇的城市居民，由管理审批机关采取适当形式以户为单位予以公布，接受群众监督。任何人对不符合法定条件而享受城市居民最低生活保障待遇的，都有权向管理审批机关提出意见；管理审批机关经核查，对情况属实的，应当予以纠正。

第十条 享受城市居民最低生活保障待遇的城市居民家庭人均收入情况发生变化的，应当及时通过居民委员会告知管理审批机关，办理停发、减发或者增发城市居民最低生活保障待遇的手续。

管理审批机关应当对享受城市居民最低生活保障待遇的城市居民的家庭收入情况定期进行核查。

在就业年龄内有劳动能力但尚未就业的城市居民，在享受城市居民最低生活保障待遇期间，应当参加其所在的居民委员会组织的公益性社区服务劳动。

第十一条 地方各级人民政府及其有关部门，应当对享受城市居民最低生活保障待遇的城市居民在就业、从事个体经营等方面给予必要的扶持和照顾。

第十二条 财政部门、审计部门依法监督城市居民最低生活保障资金的使用情况。

第十三条 从事城市居民最低生活保障管理审批工作的人员有下列行为之一的，给予批评教育，依法给予行政处分；构成犯罪的，依法追究刑事责任：

（一）对符合享受城市居民最低生活保障待遇条件的家庭拒不签署同意享受城市居民最低生活保障待遇意见的，或者对不符合享受城市居民最低生活保障待遇条件的家庭故意签署同意享受城市居民最低生活保障待遇意见的；

（二）玩忽职守、徇私舞弊，或者贪污、挪用、扣压、拖欠城市居民最低生活保障款物的。

第十四条 享受城市居民最低生活保障待遇的城市居民有下列行为之一的，由县级人民政府民政部门给予批评教育或者警告，追回其冒领的城市居民最低生活保障款物；情节恶劣的，处冒领金额1倍以上3倍以下的罚款：

（一）采取虚报、隐瞒、伪造等手段，骗取享受城市居民最低生活保障待遇的；

（二）在享受城市居民最低生活保障待遇期间家庭收入情况好转，不按规定告知管理审批机关，继续享受城市居民最低生活保障待遇的。

第十五条 城市居民对县级人民政府民政部门作出的不批准享受城市居民最低生活保障待遇或者减发、停发城市居民最低生活保障款物的决定或者给予的行政处罚不服的，可以依法申请行政复议；对复议决定仍不服的，可以依法提起行政讼诉。

第十六条 省、自治区、直辖市人民政府可以根据本条例，结合本行政区域城市居民最低生活保障工作的实际情况，规定实施的办法和步骤。

第十七条 本条例自1999年10月1日起施行。

中华人民共和国农村土地承包法

（2002年8月29日第九届全国人民代表大会常务委员会第二十九次会议通过）

目 录

第一章 总则

第二章 家庭承包

 第一节 发包方和承包方的权利和义务

 第二节 承包的原则和程序

 第三节 承包期限和承包合同

第四节　土地承包经营权的保护

第五节　土地承包经营权的流转

第三章　其他方式的承包

第四章　争议的解决和法律责任

第五章　附则

第一章　总　　则

第一条　为稳定和完善以家庭承包经营为基础、统分结合的双层经营体制，赋予农民长期而有保障的土地使用权，维护农村土地承包当事人的合法权益，促进农业、农村经济发展和农村社会稳定，根据宪法，制定本法。

第二条　本法所称农村土地，是指农民集体所有和国家所有依法由农民集体使用的耕地、林地、草地，以及其他依法用于农业的土地。

第三条　国家实行农村土地承包经营制度。

农村土地承包采取农村集体经济组织内部的家庭承包方式，不宜采取家庭承包方式的荒山、荒沟、荒丘、荒滩等农村土地，可以采取招标、拍卖、公开协商等方式承包。

第四条　国家依法保护农村土地承包关系的长期稳定。

农村土地承包后，土地的所有权性质不变。承包地不得买卖。

第五条　农村集体经济组织成员有权依法承包由本集体经济组织发包的农村土地。

任何组织和个人不得剥夺和非法限制农村集体经济组织成员承包土地的权利。

第六条　农村土地承包，妇女与男子享有平等的权利。承包中应当保护妇女的合法权益，任何组织和个人不得剥夺、侵害妇女应当享有的土地承包经营权。

第七条　农村土地承包应当坚持公开、公平、公正的原则，正确处理国家、集体、个人三者的利益关系。

第八条　农村土地承包应当遵守法律、法规，保护土地资源的合理开发和可持续利用。未经依法批准不得将承包地用于非农建设。

国家鼓励农民和农村集体经济组织增加对土地的投入，培肥地力，提高农业生产能力。

第九条 国家保护集体土地所有者的合法权益，保护承包方的土地承包经营权，任何组织和个人不得侵犯。

第十条 国家保护承包方依法、自愿、有偿地进行土地承包经营权流转。

第十一条 国务院农业、林业行政主管部门分别依照国务院规定的职责负责全国农村土地承包及承包合同管理的指导。县级以上地方人民政府农业、林业等行政主管部门分别依照各自职责，负责本行政区域内农村土地承包及承包合同管理。乡（镇）人民政府负责本行政区域内农村土地承包及承包合同管理。

第二章 家庭承包

第一节 发包方和承包方的权利和义务

第十二条 农民集体所有的土地依法属于村农民集体所有的，由村集体经济组织或者村民委员会发包；已经分别属于村内两个以上农村集体经济组织的农民集体所有的，由村内各该农村集体经济组织或者村民小组发包。村集体经济组织或者村民委员会发包的，不得改变村内各集体经济组织农民集体所有的土地的所有权。

国家所有依法由农民集体使用的农村土地，由使用该土地的农村集体经济组织、村民委员会或者村民小组发包。

第十三条 发包方享有下列权利：

（一）发包本集体所有的或者国家所有依法由本集体使用的农村土地；

（二）监督承包方依照承包合同约定的用途合理利用和保护土地；

（三）制止承包方损害承包地和农业资源的行为；

（四）法律、行政法规规定的其他权利。

第十四条 发包方承担下列义务：

（一）维护承包方的土地承包经营权，不得非法变更、解除承包合同；

（二）尊重承包方的生产经营自主权，不得干涉承包方依法进行正常的生产经营活动；

（三）依照承包合同约定为承包方提供生产、技术、信息等服务；

（四）执行县、乡（镇）土地利用总体规划，组织本集体经济组织内的农业基础设施建设；

（五）法律、行政法规规定的其他义务。

第十五条 家庭承包的承包方是本集体经济组织的农户。

第十六条 承包方享有下列权利：

（一）依法享有承包地使用、收益和土地承包经营权流转的权利，有权自主组织生产经营和处置产品；

（二）承包地被依法征用、占用的，有权依法获得相应的补偿；

（三）法律、行政法规规定的其他权利。

第十七条 承包方承担下列义务：

（一）维持土地的农业用途，不得用于非农建设；

（二）依法保护和合理利用土地，不得给土地造成永久性损害；

（三）法律、行政法规规定的其他义务。

第二节 承包的原则和程序

第十八条 土地承包应当遵循以下原则：

（一）按照规定统一组织承包时，本集体经济组织成员依法平等地行使承包土地的权利，也可以自愿放弃承包土地的权利；

（二）民主协商，公平合理；

（三）承包方案应当按照本法第十二条的规定，依法经本集体经济组织成员的村民会议三分之二以上成员或者三分之二以上村民代表的同意；

（四）承包程序合法。

第十九条 土地承包应当按照以下程序进行：

（一）本集体经济组织成员的村民会议选举产生承包工作小组；

（二）承包工作小组依照法律、法规的规定拟订并公布承包方案；

（三）依法召开本集体经济组织成员的村民会议，讨论通过承包方案；

（四）公开组织实施承包方案；

（五）签订承包合同。

第三节 承包期限和承包合同

第二十条 耕地的承包期为三十年。草地的承包期为三十年至五十年。林地的承包期为三十年至七十年；特殊林木的林地承包期，经国务院林业行政主管部门批准可以延长。

第二十一条　发包方应当与承包方签订书面承包合同。

承包合同一般包括以下条款：

（一）发包方、承包方的名称，发包方负责人和承包方代表的姓名、住所；

（二）承包土地的名称、坐落、面积、质量等级；

（三）承包期限和起止日期；

（四）承包土地的用途；

（五）发包方和承包方的权利和义务；

（六）违约责任。

第二十二条　承包合同自成立之日起生效。承包方自承包合同生效时取得土地承包经营权。

第二十三条　县级以上地方人民政府应当向承包方颁发土地承包经营权证或者林权证等证书，并登记造册，确认土地承包经营权。

颁发土地承包经营权证或者林权证等证书，除按规定收取证书工本费外，不得收取其他费用。

第二十四条　承包合同生效后，发包方不得因承办人或者负责人的变动而变更或者解除，也不得因集体经济组织的分立或者合并而变更或者解除。

第二十五条　国家机关及其工作人员不得利用职权干涉农村土地承包或者变更、解除承包合同。

第四节　土地承包经营权的保护

第二十六条　承包期内，发包方不得收回承包地。

承包期内，承包方全家迁入小城镇落户的，应当按照承包方的意愿，保留其土地承包经营权或者允许其依法进行土地承包经营权流转。

承包期内，承包方全家迁入设区的市，转为非农业户口的，应当将承包的耕地和草地交回发包方。承包方不交回的，发包方可以收回承包的耕地和草地。

承包期内，承包方交回承包地或者发包方依法收回承包地时，承包方对其在承包地上投入而提高土地生产能力的，有权获得相应的补偿。

第二十七条　承包期内，发包方不得调整承包地。

承包期内，因自然灾害严重毁损承包地等特殊情形对个别农户之间承包的耕地和草地需要适当调整的，必须经本集体经济组织成员的村民会议三分之二以上成员或者三分之二以上村民代表的同意，并报乡（镇）人民政府和县级人民政府农业等行政主管部门批准。承包合同中约定不得调整的，按照其约定。

第二十八条　下列土地应当用于调整承包土地或者承包给新增人口：

（一）集体经济组织依法预留的机动地；

（二）通过依法开垦等方式增加的；

（三）承包方依法、自愿交回的。

第二十九条　承包期内，承包方可以自愿将承包地交回发包方。承包方自愿交回承包地的，应当提前半年以书面形式通知发包方。承包方在承包期内交回承包地的，在承包期内不得再要求承包土地。

第三十条　承包期内，妇女结婚，在新居住地未取得承包地的，发包方不得收回其原承包地；妇女离婚或者丧偶，仍在原居住地生活或者不在原居住地生活但在新居住地未取得承包地的，发包方不得收回其原承包地。

第三十一条　承包人应得的承包收益，依照继承法的规定继承。

林地承包的承包人死亡，其继承人可以在承包期内继续承包。

第五节　土地承包经营权的流转

第三十二条　通过家庭承包取得的土地承包经营权可以依法采取转包、出租、互换、转让或者其他方式流转。

第三十三条　土地承包经营权流转应当遵循以下原则：

（一）平等协商、自愿、有偿，任何组织和个人不得强迫或者阻碍承包方进行土地承包经营权流转；

（二）不得改变土地所有权的性质和土地的农业用途；

（三）流转的期限不得超过承包期的剩余期限；

（四）受让方须有农业经营能力；

（五）在同等条件下，本集体经济组织成员享有优先权。

第三十四条　土地承包经营权流转的主体是承包方。承包方有权依法自主决定土地承包经营权是否流转和流转的方式。

第三十五条　承包期内，发包方不得单方面解除承包合同，不得假借少数服从多数强迫承包方放弃或者变更土地承包经营权，不得以划分"口粮田"和"责任田"等为由收回承包地搞招标承包，不得将承包地收回抵顶欠款。

第三十六条　土地承包经营权流转的转包费、租金、转让费等，应当由当事人双方协商确定。流转的收益归承包方所有，任何组织和个人不得擅自截留、扣缴。

第三十七条　土地承包经营权采取转包、出租、互换、转让或者其他方式流转，当事人双方应当签订书面合同。采取转让方式流转的，应当经发包方同意；采取转包、出租、互换或者其他方式流转的，应当报发包方备案。

土地承包经营权流转合同一般包括以下条款：

（一）双方当事人的姓名、住所；

（二）流转土地的名称、坐落、面积、质量等级；

（三）流转的期限和起止日期；

（四）流转土地的用途；

（五）双方当事人的权利和义务；

（六）流转价款及支付方式；

（七）违约责任。

第三十八条　土地承包经营权采取互换、转让方式流转，当事人要求登记的，应当向县级以上地方人民政府申请登记。未经登记，不得对抗善意第三人。

第三十九条　承包方可以在一定期限内将部分或者全部土地承包经营权转包或者出租给第三方，承包方与发包方的承包关系不变。

承包方将土地交由他人代耕不超过一年的，可以不签订书面合同。

第四十条　承包方之间为方便耕种或者各自需要，可以对属于同一集体经济组织的土地的土地承包经营权进行互换。

第四十一条　承包方有稳定的非农职业或者有稳定的收入来源的，经发包方同意，可以将全部或者部分土地承包经营权转让给其他从事农业生产经营的农户，由该农户同发包方确立新的承包关系，原承包方与发包方在该土地上的承包关系即行终止。

第四十二条 承包方之间为发展农业经济,可以自愿联合将土地承包经营权入股,从事农业合作生产。

第四十三条 承包方对其在承包地上投入而提高土地生产能力的,土地承包经营权依法流转时有权获得相应的补偿。

第三章 其他方式的承包

第四十四条 不宜采取家庭承包方式的荒山、荒沟、荒丘、荒滩等农村土地,通过招标、拍卖、公开协商等方式承包的,适用本章规定。

第四十五条 以其他方式承包农村土地的,应当签订承包合同。当事人的权利和义务、承包期限等,由双方协商确定。以招标、拍卖方式承包的,承包费通过公开竞标、竞价确定;以公开协商等方式承包的,承包费由双方议定。

第四十六条 荒山、荒沟、荒丘、荒滩等可以直接通过招标、拍卖、公开协商等方式实行承包经营,也可以将土地承包经营权折股分给本集体经济组织成员后,再实行承包经营或者股份合作经营。

承包荒山、荒沟、荒丘、荒滩的,应当遵守有关法律、行政法规的规定,防止水土流失,保护生态环境。

第四十七条 以其他方式承包农村土地,在同等条件下,本集体经济组织成员享有优先承包权。

第四十八条 发包方将农村土地发包给本集体经济组织以外的单位或者个人承包,应当事先经本集体经济组织成员的村民会议三分之二以上成员或者三分之二以上村民代表的同意,并报乡(镇)人民政府批准。

由本集体经济组织以外的单位或者个人承包的,应当对承包方的资信情况和经营能力进行审查后,再签订承包合同。

第四十九条 通过招标、拍卖、公开协商等方式承包农村土地,经依法登记取得土地承包经营权证或者林权证等证书的,其土地承包经营权可以依法采取转让、出租、入股、抵押或者其他方式流转。

第五十条 土地承包经营权通过招标、拍卖、公开协商等方式取得的,该承包人死亡,其应得的承包收益,依照继承法的规定继承;在承包期内，其继承人可以继续承包。

第四章　争议的解决和法律责任

第五十一条　因土地承包经营发生纠纷的，双方当事人可以通过协商解决，也可以请求村民委员会、乡（镇）人民政府等调解解决。

当事人不愿协商、调解或者协商、调解不成的，可以向农村土地承包仲裁机构申请仲裁，也可以直接向人民法院起诉。

第五十二条　当事人对农村土地承包仲裁机构的仲裁裁决不服的，可以在收到裁决书之日起三十日内向人民法院起诉。逾期不起诉的，裁决书即发生法律效力。

第五十三条　任何组织和个人侵害承包方的土地承包经营权的，应当承担民事责任。

第五十四条　发包方有下列行为之一的，应当承担停止侵害、返还原物、恢复原状、排除妨害、消除危险、赔偿损失等民事责任：

（一）干涉承包方依法享有的生产经营自主权；

（二）违反本法规定收回、调整承包地；

（三）强迫或者阻碍承包方进行土地承包经营权流转；

（四）假借少数服从多数强迫承包方放弃或者变更土地承包经营权而进行土地承包经营权流转；

（五）以划分"口粮田"和"责任田"等为由收回承包地搞招标承包；

（六）将承包地收回抵顶欠款；

（七）剥夺、侵害妇女依法享有的土地承包经营权；

（八）其他侵害土地承包经营权的行为。

第五十五条　承包合同中违背承包方意愿或者违反法律、行政法规有关不得收回、调整承包地等强制性规定的约定无效。

第五十六条　当事人一方不履行合同义务或者履行义务不符合约定的，应当依照《中华人民共和国合同法》的规定承担违约责任。

第五十七条　任何组织和个人强迫承包方进行土地承包经营权流转的，该流转无效。

第五十八条　任何组织和个人擅自截留、扣缴土地承包经营权流转收益的,应当退还。

第五十九条 违反土地管理法规,非法征用、占用土地或者贪污、挪用土地征用补偿费用,构成犯罪的,依法追究刑事责任;造成他人损害的,应当承担损害赔偿等责任。

第六十条 承包方违法将承包地用于非农建设的,由县级以上地方人民政府有关行政主管部门依法予以处罚。

承包方给承包地造成永久性损害的,发包方有权制止,并有权要求承包方赔偿由此造成的损失。

第六十一条 国家机关及其工作人员有利用职权干涉农村土地承包,变更、解除承包合同,干涉承包方依法享有的生产经营自主权,或者强迫、阻碍承包方进行土地承包经营权流转等侵害土地承包经营权的行为,给承包方造成损失的,应当承担损害赔偿等责任;情节严重的,由上级机关或者所在单位给予直接责任人员行政处分;构成犯罪的,依法追究刑事责任。

第五章 附 则

第六十二条 本法实施前已经按照国家有关农村土地承包的规定承包,包括承包期限长于本法规定的,本法实施后继续有效,不得重新承包土地。未向承包方颁发土地承包经营权证或者林权证等证书的,应当补发证书。

第六十三条 本法实施前已经预留机动地的,机动地面积不得超过本集体经济组织耕地总面积的百分之五。不足百分之五的,不得再增加机动地。

本法实施前未留机动地的,本法实施后不得再留机动地。

第六十四条 各省、自治区、直辖市人民代表大会常务委员会可以根据本法,结合本行政区域的实际情况,制定实施办法。

第六十五条 本法自2003年3月1日起施行。

中华人民共和国就业促进法

(2007 年 8 月 30 日第十届全国人民代表大会常务委员会第二十九次会议通过)

目 录

第一章 总则
第二章 政策支持
第三章 公平就业
第四章 就业服务和管理
第五章 职业教育和培训
第六章 就业援助
第七章 监督检查
第八章 法律责任
第九章 附则

第一章 总 则

第一条 为了促进就业，促进经济发展与扩大就业相协调，促进社会和谐稳定，制定本法。

第二条 国家把扩大就业放在经济社会发展的突出位置，实施积极的就业政策，坚持劳动者自主择业、市场调节就业、政府促进就业的方针，多渠道扩大就业。

第三条 劳动者依法享有平等就业和自主择业的权利。

劳动者就业，不因民族、种族、性别、宗教信仰等不同而受歧视。

第四条 县级以上人民政府把扩大就业作为经济和社会发展的重要目标，纳入国民经济和社会发展规划，并制定促进就业的中长期规划和年度工作计划。

第五条 县级以上人民政府通过发展经济和调整产业结构、规范人力资源市场、完善就业服务、加强职业教育和培训、提供就业援助等措施，创造就业条件，扩大就业。

第六条 国务院建立全国促进就业工作协调机制，研究就业工作中的重大问题，协调推动全国的促进就业工作。国务院劳动行政部门具体负责全国的促进就业工作。

省、自治区、直辖市人民政府根据促进就业工作的需要，建立促进就业工作协调机制，协调解决本行政区域就业工作中的重大问题。

县级以上人民政府有关部门按照各自的职责分工，共同做好促进就业工作。

第七条 国家倡导劳动者树立正确的择业观念，提高就业能力和创业能力；鼓励劳动者自主创业、自谋职业。

各级人民政府和有关部门应当简化程序，提高效率，为劳动者自主创业、自谋职业提供便利。

第八条 用人单位依法享有自主用人的权利。

用人单位应当依照本法以及其他法律、法规的规定，保障劳动者的合法权益。

第九条 工会、共产主义青年团、妇女联合会、残疾人联合会以及其他社会组织，协助人民政府开展促进就业工作，依法维护劳动者的劳动权利。

第十条 各级人民政府和有关部门对在促进就业工作中作出显著成绩的单位和个人，给予表彰和奖励。

第二章 政策支持

第十一条 县级以上人民政府应当把扩大就业作为重要职责，统筹协调产业政策与就业政策。

第十二条 国家鼓励各类企业在法律、法规规定的范围内，通过兴办产业或者拓展经营，增加就业岗位。

国家鼓励发展劳动密集型产业、服务业，扶持中小企业，多渠道、多方式增加就业岗位。

国家鼓励、支持、引导非公有制经济发展，扩大就业，增加就业岗位。

第十三条 国家发展国内外贸易和国际经济合作，拓宽就业渠道。

第十四条 县级以上人民政府在安排政府投资和确定重大建设项目

时，应当发挥投资和重大建设项目带动就业的作用，增加就业岗位。

第十五条 国家实行有利于促进就业的财政政策，加大资金投入，改善就业环境，扩大就业。

县级以上人民政府应当根据就业状况和就业工作目标，在财政预算中安排就业专项资金用于促进就业工作。

就业专项资金用于职业介绍、职业培训、公益性岗位、职业技能鉴定、特定就业政策和社会保险等的补贴，小额贷款担保基金和微利项目的小额担保贷款贴息，以及扶持公共就业服务等。就业专项资金的使用管理办法由国务院财政部门和劳动行政部门规定。

第十六条 国家建立健全失业保险制度，依法确保失业人员的基本生活，并促进其实现就业。

第十七条 国家鼓励企业增加就业岗位，扶持失业人员和残疾人就业，对下列企业、人员依法给予税收优惠：

（一）吸纳符合国家规定条件的失业人员达到规定要求的企业；

（二）失业人员创办的中小企业；

（三）安置残疾人员达到规定比例或者集中使用残疾人的企业；

（四）从事个体经营的符合国家规定条件的失业人员；

（五）从事个体经营的残疾人；

（六）国务院规定给予税收优惠的其他企业、人员。

第十八条 对本法第十七条第四项、第五项规定的人员，有关部门应当在经营场地等方面给予照顾，免除行政事业性收费。

第十九条 国家实行有利于促进就业的金融政策，增加中小企业的融资渠道；鼓励金融机构改进金融服务，加大对中小企业的信贷支持，并对自主创业人员在一定期限内给予小额信贷等扶持。

第二十条 国家实行城乡统筹的就业政策，建立健全城乡劳动者平等就业的制度，引导农业富余劳动力有序转移就业。

县级以上地方人民政府推进小城镇建设和加快县域经济发展，引导农业富余劳动力就地就近转移就业；在制定小城镇规划时，将本地区农业富余劳动力转移就业作为重要内容。

县级以上地方人民政府引导农业富余劳动力有序向城市异地转移就业；劳动力输出地和输入地人民政府应当互相配合，改善农村劳动者进城就业的环境和条件。

第二十一条 国家支持区域经济发展，鼓励区域协作，统筹协调不同地区就业的均衡增长。

国家支持民族地区发展经济，扩大就业。

第二十二条 各级人民政府统筹做好城镇新增劳动力就业、农业富余劳动力转移就业和失业人员就业工作。

第二十三条 各级人民政府采取措施，逐步完善和实施与非全日制用工等灵活就业相适应的劳动和社会保险政策，为灵活就业人员提供帮助和服务。

第二十四条 地方各级人民政府和有关部门应当加强对失业人员从事个体经营的指导，提供政策咨询、就业培训和开业指导等服务。

第三章 公平就业

第二十五条 各级人民政府创造公平就业的环境，消除就业歧视，制定政策并采取措施对就业困难人员给予扶持和援助。

第二十六条 用人单位招用人员、职业中介机构从事职业中介活动，应当向劳动者提供平等的就业机会和公平的就业条件，不得实施就业歧视。

第二十七条 国家保障妇女享有与男子平等的劳动权利。

用人单位招用人员，除国家规定的不适合妇女的工种或者岗位外，不得以性别为由拒绝录用妇女或者提高对妇女的录用标准。

用人单位录用女职工，不得在劳动合同中规定限制女职工结婚、生育的内容。

第二十八条 各民族劳动者享有平等的劳动权利。

用人单位招用人员，应当依法对少数民族劳动者给予适当照顾。

第二十九条 国家保障残疾人的劳动权利。

各级人民政府应当对残疾人就业统筹规划，为残疾人创造就业条件。

用人单位招用人员，不得歧视残疾人。

第三十条 用人单位招用人员，不得以是传染病病原携带者为由拒绝录用。但是，经医学鉴定传染病病原携带者在治愈前或者排除传染嫌疑前，不得从事法律、行政法规和国务院卫生行政部门规定禁止从事的易使传染病扩散的工作。

第三十一条　农村劳动者进城就业享有与城镇劳动者平等的劳动权利，不得对农村劳动者进城就业设置歧视性限制。

第四章　就业服务和管理

第三十二条　县级以上人民政府培育和完善统一开放、竞争有序的人力资源市场，为劳动者就业提供服务。

第三十三条　县级以上人民政府鼓励社会各方面依法开展就业服务活动，加强对公共就业服务和职业中介服务的指导和监督，逐步完善覆盖城乡的就业服务体系。

第三十四条　县级以上人民政府加强人力资源市场信息网络及相关设施建设，建立健全人力资源市场信息服务体系，完善市场信息发布制度。

第三十五条　县级以上人民政府建立健全公共就业服务体系，设立公共就业服务机构，为劳动者免费提供下列服务：

（一）就业政策法规咨询；

（二）职业供求信息、市场工资指导价位信息和职业培训信息发布；

（三）职业指导和职业介绍；

（四）对就业困难人员实施就业援助；

（五）办理就业登记、失业登记等事务；

（六）其他公共就业服务。

公共就业服务机构应当不断提高服务的质量和效率，不得从事经营性活动。

公共就业服务经费纳入同级财政预算。

第三十六条　县级以上地方人民政府对职业中介机构提供公益性就业服务的，按照规定给予补贴。

国家鼓励社会各界为公益性就业服务提供捐赠、资助。

第三十七条　地方各级人民政府和有关部门不得举办或者与他人联合举办经营性的职业中介机构。

地方各级人民政府和有关部门、公共就业服务机构举办的招聘会，不得向劳动者收取费用。

第三十八条 县级以上人民政府和有关部门加强对职业中介机构的管理，鼓励其提高服务质量，发挥其在促进就业中的作用。

第三十九条 从事职业中介活动，应当遵循合法、诚实信用、公平、公开的原则。

用人单位通过职业中介机构招用人员，应当如实向职业中介机构提供岗位需求信息。禁止任何组织或者个人利用职业中介活动侵害劳动者的合法权益。

第四十条 设立职业中介机构应当具备下列条件：

（一）有明确的章程和管理制度；

（二）有开展业务必备的固定场所、办公设施和一定数额的开办资金；

（三）有一定数量具备相应职业资格的专职工作人员；

（四）法律、法规规定的其他条件。

设立职业中介机构，应当依法办理行政许可。经许可的职业中介机构，应当向工商行政部门办理登记。

未经依法许可和登记的机构，不得从事职业中介活动。

国家对外商投资职业中介机构和向劳动者提供境外就业服务的职业中介机构另有规定的，依照其规定。

第四十一条 职业中介机构不得有下列行为：

（一）提供虚假就业信息；

（二）为无合法证照的用人单位提供职业中介服务；

（三）伪造、涂改、转让职业中介许可证；

（四）扣押劳动者的居民身份证和其他证件，或者向劳动者收取押金；

（五）其他违反法律、法规规定的行为。

第四十二条 县级以上人民政府建立失业预警制度，对可能出现的较大规模的失业，实施预防、调节和控制。

第四十三条 国家建立劳动力调查统计制度和就业登记、失业登记制度，开展劳动力资源和就业、失业状况调查统计，并公布调查统计结果。

统计部门和劳动行政部门进行劳动力调查统计和就业、失业登记时，用人单位和个人应当如实提供调查统计和登记所需要的情况。

第五章 职业教育和培训

第四十四条 国家依法发展职业教育，鼓励开展职业培训，促进劳动者提高职业技能，增强就业能力和创业能力。

第四十五条 县级以上人民政府根据经济社会发展和市场需求，制定并实施职业能力开发计划。

第四十六条 县级以上人民政府加强统筹协调，鼓励和支持各类职业院校、职业技能培训机构和用人单位依法开展就业前培训、在职培训、再就业培训和创业培训；鼓励劳动者参加各种形式的培训。

第四十七条 县级以上地方人民政府和有关部门根据市场需求和产业发展方向，鼓励、指导企业加强职业教育和培训。

职业院校、职业技能培训机构与企业应当密切联系，实行产教结合，为经济建设服务，培养实用人才和熟练劳动者。

企业应当按照国家有关规定提取职工教育经费，对劳动者进行职业技能培训和继续教育培训。

第四十八条 国家采取措施建立健全劳动预备制度，县级以上地方人民政府对有就业要求的初高中毕业生实行一定期限的职业教育和培训，使其取得相应的职业资格或者掌握一定的职业技能。

第四十九条 地方各级人民政府鼓励和支持开展就业培训，帮助失业人员提高职业技能，增强其就业能力和创业能力。失业人员参加就业培训的，按照有关规定享受政府培训补贴。

第五十条 地方各级人民政府采取有效措施，组织和引导进城就业的农村劳动者参加技能培训，鼓励各类培训机构为进城就业的农村劳动者提供技能培训，增强其就业能力和创业能力。

第五十一条 国家对从事涉及公共安全、人身健康、生命财产安全等特殊工种的劳动者，实行职业资格证书制度，具体办法由国务院规定。

第六章 就业援助

第五十二条 各级人民政府建立健全就业援助制度，采取税费减免、贷款贴息、社会保险补贴、岗位补贴等办法，通过公益性岗位安置等途径，对就业困难人员实行优先扶持和重点帮助。

就业困难人员是指因身体状况、技能水平、家庭因素、失去土地等原因难以实现就业，以及连续失业一定时间仍未能实现就业的人员。就业困难人员的具体范围，由省、自治区、直辖市人民政府根据本行政区域的实际情况规定。

第五十三条 政府投资开发的公益性岗位，应当优先安排符合岗位要求的就业困难人员。被安排在公益性岗位工作的，按照国家规定给予岗位补贴。

第五十四条 地方各级人民政府加强基层就业援助服务工作，对就业困难人员实施重点帮助，提供有针对性的就业服务和公益性岗位援助。

地方各级人民政府鼓励和支持社会各方面为就业困难人员提供技能培训、岗位信息等服务。

第五十五条 各级人民政府采取特别扶助措施，促进残疾人就业。

用人单位应当按照国家规定安排残疾人就业，具体办法由国务院规定。

第五十六条 县级以上地方人民政府采取多种就业形式，拓宽公益性岗位范围，开发就业岗位，确保城市有就业需求的家庭至少有一人实现就业。

法定劳动年龄内的家庭人员均处于失业状况的城市居民家庭，可以向住所地街道、社区公共就业服务机构申请就业援助。街道、社区公共就业服务机构经确认属实的，应当为该家庭中至少一人提供适当的就业岗位。

第五十七条 国家鼓励资源开采型城市和独立工矿区发展与市场需求相适应的产业，引导劳动者转移就业。

对因资源枯竭或者经济结构调整等原因造成就业困难人员集中的地区，上级人民政府应当给予必要的扶持和帮助。

第七章 监督检查

第五十八条 各级人民政府和有关部门应当建立促进就业的目标责

任制度。县级以上人民政府按照促进就业目标责任制的要求，对所属的有关部门和下一级人民政府进行考核和监督。

第五十九条 审计机关、财政部门应当依法对就业专项资金的管理和使用情况进行监督检查。

第六十条 劳动行政部门应当对本法实施情况进行监督检查，建立举报制度，受理对违反本法行为的举报，并及时予以核实处理。

第八章 法律责任

第六十一条 违反本法规定，劳动行政等有关部门及其工作人员滥用职权、玩忽职守、徇私舞弊的，对直接负责的主管人员和其他直接责任人员依法给予处分。

第六十二条 违反本法规定，实施就业歧视的，劳动者可以向人民法院提起诉讼。

第六十三条 违反本法规定，地方各级人民政府和有关部门、公共就业服务机构举办经营性的职业中介机构，从事经营性职业中介活动，向劳动者收取费用的，由上级主管机关责令限期改正，将违法收取的费用退还劳动者，并对直接负责的主管人员和其他直接责任人员依法给予处分。

第六十四条 违反本法规定，未经许可和登记，擅自从事职业中介活动的，由劳动行政部门或者其他主管部门依法予以关闭；有违法所得的，没收违法所得，并处一万元以上五万元以下的罚款。

第六十五条 违反本法规定，职业中介机构提供虚假就业信息，为无合法证照的用人单位提供职业中介服务，伪造、涂改、转让职业中介许可证的，由劳动行政部门或者其他主管部门责令改正；有违法所得的，没收违法所得，并处一万元以上五万元以下的罚款；情节严重的，吊销职业中介许可证。

第六十六条 违反本法规定，职业中介机构扣押劳动者居民身份证等证件的，由劳动行政部门责令限期退还劳动者，并依照有关法律规定给予处罚。

违反本法规定，职业中介机构向劳动者收取押金的，由劳动行政部门责令限期退还劳动者，并以每人五百元以上二千元以下的标准处以罚款。

第六十七条 违反本法规定，企业未按照国家规定提取职工教育经费，或者挪用职工教育经费的，由劳动行政部门责令改正，并依法给予处罚。

第六十八条 违反本法规定，侵害劳动者合法权益，造成财产损失或者其他损害的，依法承担民事责任；构成犯罪的，依法追究刑事责任。

第九章 附　　则

第六十九条 本法自 2008 年 1 月 1 日起施行。

参考文献

1. 编写组：《〈中共中央关于制定国民经济和社会发展第十一个五年规划的建议〉辅导读本》，人民出版社2005年版。
2. 吴友仁：《关于我国社会主义城市化问题》，《人口与经济》1980年第1期。
3. 郑长德、钟海燕：《现代西方城市经济理论》，经济日报出版社2007年版。
4. 刘传江、郑凌云：《城镇化与城乡可持续发展》，科学出版社2004年版。
5. 高珮义：《中外城市化比较研究》，南开大学出版社2004年版。
6. 李树琮：《中国城市化与小城镇发展》，中国财政经济出版社2002年版。
7. 梅益、陈原：《中国百科大词典》，中国大百科出版社2002年版。
8. 刘树成：《现代经济词典》，凤凰出版社、江苏人民出版社2005年版。
9. 浦善新：《走向城镇化：新农村建设的时代背景》，中国社会出版社2006年版。
10. 凡勃论：《有闲阶级论》，商务印书馆1964年中译本版。
11. 彭海斌：《公平竞争制度选择》，商务印书馆2006年版。
12. 卢现祥：《新制度经济学》，武汉大学出版社2005年版。
13. 青木昌彦、周黎安、王珊珊：《什么是制度？我们如何理解制度？》，《经济社会体制比较》2000年第6期。
14. 道格拉斯·C. 诺斯：《制度》，《新华文摘》2006年第20期。
15. 汪丁丁：《制度经济学三人谈》，北京大学出版社2005年版。
16. Theodore W. Schultz, "Institutions and the Rising Economic Value of Man" [J], *American Journal of Agricultural Economics*, 1968 (6)：1113.
17. Lin Yifu, "An Economic Theory of Institutional Change：In-duced and Imp" [J], *Cato Joumal*, 1989 (1)：1.
18. 柯武刚、史漫飞：《制度经济学：社会秩序与公共政策》，商务印书馆2000年版。
19. 鲁鹏：《制度与发展关系论纲》，

《中国社会科学》2002 年第 3 期。
20. 吴敬琏：《比较》，中信出版社 2005 年版。
21. 张馨：《西方的公共产品理论及借鉴意义》［EB/OL］（http：//news.sohu.com/20070328/n249021135.shtml，2007-03-28）。
22. 徐平、李毅：《对日本赶超经济的探求与思考》，《日本研究》2005 年第 3 期。
23. V. W. 拉坦：《诱致性制度变迁理论》，R. 科斯、A. 阿尔钦等《财产权利与制度变迁——产权学派与新制度学派译文集》，上海三联书店 1991 年版。
24. 卫兴华：《正确理解马克思关于重建个人所有制的理论观点》，《光明日报》2007 年 9 月 25 日。
25. 刘传江：《论中国城市化发展的制度创新》，《经济论坛》2001 年第 5 期。
26. 《马克思恩格斯选集》第 2 卷，人民出版社 1972 年版。
27. 《马克思恩格斯选集》第 1 卷，人民出版社 1995 年版。
28. 布罗代尔：《15 至 18 世纪的物质文明、经济和资本主义》第 1 卷，生活·读书·新知三联书店 1992 年版。
29. 《马克思恩格斯全集》第 3 卷，人民出版社 1960 年版。
30. 《马克思恩格斯选集》第 1 卷，人民出版社 1972 年版。
31. 《马克思恩格斯选集》第 4 卷，人民出版社 1995 年版。
32. 《马克思恩格斯全集》第 2 卷，人民出版社 1965 年版。
33. 吴靖：《中国城市化制度障碍与创新——基于城市化制度支持系统的一个分析框架》，博士学位论文，西北大学，2006 年。
34. 何念如：《中国当代城市化理论研究（1979—2005）》，博士学位论文，复旦大学，2006 年。
35. 陈琦：《我国城市化的制度安排与制度创新研究》，硕士学位论文，武汉大学，2005 年。
36. 薛凤旋、蔡建明：《研究中国城市化理论学派述评》，《城市地理》1998 年第 2 期。
37. 刘青海：《中国城市化制度障碍的经济学分析》，硕士学位论文，华南师范大学，2003 年。
38. 王放：《论中国城市化——兼论现行城市发展方针》，博士学位论文，中国人民大学，1999 年。
39. 辜胜阻、李正友：《中国自下而上城镇化的制度分析》，《中国社会科学》1998 年第 2 期。
40. 陈甬军：《问诊中国城市化道路——国内外专家聚首厦门共论中国城市化问题》，《开放潮》2002 年第 2 期。
41. 林国先：《城镇化道路的制度分析》，《福建农林大学学报》（哲学社会科学版）2002 年第 3 期。
42. 杨虹、刘传江：《中国自下而上城镇化的制度分析》，《华中理工大学学报》2000 年第 2 期。

43. 林毅夫：《关于制度变迁的经济学理论：诱致性变迁与强制性变迁》[EB/OL]（http://www.cnread.net/cnread1/jjzp/k/kesi/ccql/014.htm）。
44. 杨艳琳：《中国城市化发展研究的新成果——评刘传江的中国城市化的制度安排与创新》，《经济评论》1999年第6期。
45. 赵新平、周一星：《改革以来中国城市化道路及城市化理论研究述评》，《中国社会科学》2002年第2期。
46. 左学金、朱宇、王桂新：《中国人口城市化和城乡统筹发展》，学林出版社2007年版。
47. 叶裕民：《中国城市化的制度障碍与制度创新》，《中国人民大学学报》2001年第5期。
48. 刘平量、曾赛丰：《城市化：制度创新与道路选择》，湖南人民出版社2006年版。
49. 陈忠：《城市制度：城市发展的核心构架》，《城市问题》2003年第4期。
50. 戴为民：《国内外城市化问题研究综述》，《特区经济》2007年第5期。
51. 李保江：《中国城镇化的制度变迁模式及绩效分析》，《山东社会科学》2000年第4期。
52. 崔功豪、马润潮：《中国自下而上城市化的发展及其机制》，《地理学报》1999年第3期。
53. 《毛泽东选集》第4卷，人民出版社1991年版。
54. 高寿仙：《1949年以来的中国城市化进程回顾与反思》，《湖南科技学院学报》2005年第3期。
55. 汪冬梅：《中国城市化问题研究》，中国经济出版社2005年版。
56. 陈颐：《中国城市化和城市现代化》，南京出版社1998年版。
57. 宋俊岭、黄序：《中国城镇化知识15讲》，中国城市出版社2001年版。
58. 武力：《1978—2000年中国城市化进程研究》，《中国经济史研究》2002年第3期。
59. 《国务院批转全国城市规划工作会议纪要》[EB/OL]（http://www.cin.gov.cn/gcwzcfb/200611/t20061101_4410.htm）。
60. 《中华人民共和国城市规划法》[EB/OL]（http://www.chinaorg.cn/zcfg/01_fl/2007-08/28/content_5118226.htm，2007-08-28）。
61. 李秉仁：《关于我国城市发展方针的回顾与思考》，《城市发展研究》2002年第3期。
62. 国家统计局：《中国统计年鉴（1993—1996）》，中国统计出版社1993—1996年版。
63. 马凯：《"十一五"规划战略研究》（上），北京科学技术出版社2005年版。
64. 《中国人民政治协商会议共同纲领》[EB/OL]（http://maobo.7x.

com. cn/maoxuan/wenxian/zhengxie. html)。

65. 《中华人民共和国土地改革法》[EB/OL]（http://www.e-law.cn/100/188663.html）。

66. 中共中央文献研究室编：《建国以来重要文献选编》，中央文献出版社1993年版。

67. 编写组：《毛泽东思想和中国特色社会主义理论体系概论》，高等教育出版社2008年版。

68. 王景新：《中国农村土地制度的世纪变革》，中国经济出版社2001年版。

69. 中共中央文献研究室编：《十一届三中全会以来党的历次全国代表大会中央全会重要文件选编》（上），中央文献出版社1997年版。

70. 《中共中央印发〈关于进一步加强和完善农业生产责任制的几个问题〉的通知》[EB/OL]（http://news.xinhuanet.com/ziliao/2005-02/04/content_2547020.htm）。

71. 《中共中央批转〈全国农村工作会议纪要〉》[EB/OL]（http://news.xinhuanet.com/ziliao/2002-03/04/content_2543075.htm）。

72. 孙晓明、刘晓昀、刘秀梅：《中国农村劳动力非农就业》，中国农业出版社2005年版。

73. 《城市户口管理暂行条例》[EB/OL]（http://www.e-law.cn/100/188632.html）。

74. 《中华人民共和国宪法》[EB/OL]（http://www.publaw.org/gfpl/gfpl_gfwx/200703/t20070318_12464.htm）。

75. 《中华人民共和国户口登记条例》[EB/OL]（http://news.china.com/zh_cn/focus/hjzd/hjzdfg/10001208/20010809/10076119_1.html）。

76. 韩长赋：《改革开放前我国农村人口流动的简要回顾》[EB/OL]（http://data.book.hexun.com/chapter-706-4-2.shtml，2007-08-03）。

77. 《国务院关于农民进入集镇落户问题的通知》[EB/OL]（http://career.eol.cn/html/c/fagui/?article/35.shtml）。

78. 《中华人民共和国居民身份证条例》[EB/OL]（http://news.xinhuanet.com/zhengfu/20010522/579995.htm，2001-05-22）。

79. 《国务院批转公安部小城镇户籍管理制度改革试点方案和关于完善农村户籍管理制度意见的通知》[EB/OL]（http://law.baidu.com/pages/chinalawinfo/1/89/f54414ad13438830c1336fa71969 80a8_0.html）。

80. 《国务院批转公安部关于推进小城镇户籍管理制度改革意见的通知》[EB/OL]（http://law.baidu.com/pages/chinalawinfo/3/55/1ec6728a97550fae479f71c5e02c4c61_0.html）。

81. 《政务院关于劳动就业问题的决定》[EB/OL]（http://law.baidu.com/pages/chinalawinfo/3/4/

c7c5b8a703dec036f98c511c8dc4975b_0.html）。

82. 《中共中央、国务院关于广开门路，搞活经济，解决城镇就业问题的若干决定》［EB/OL］（http://www.people.com.cn/item/flfgk/gwyfg/1981/L35501198102.html）。

83. 《国营建筑企业招用农民合同制工人和使用农村建筑队暂行办法》［EB/OL］（http://www.51labour.com/lawcenter/lawshow-18622.html）。

84. 《中华人民共和国劳动法》［EB/OL］（http://www.people.com.cn/item/flfgk/rdlf/1994/111801199431.html）。

85. 《国务院办公厅关于做好农民进城务工就业管理和服务工作的通知》［EB/OL］（http://career.eol.cn/html/c/fagui/?article/769.shtml）。

86. 《中华人民共和国就业促进法》［EB/OL］（http://www.fmprc.gov.cn/ce/cegv/chn/shbz/relatedissues3/t384845.htm, 2007-08-30）。

87. 《就业服务与就业管理规定》［EB/OL］（http://news.xinhuanet.com/politics/2007-11/07/content_7028862.htm, 2007-11-07）。

88. 郑功成：《社会保障概论》，复旦大学出版社2005年版。

89. 《中华人民共和国劳动保险条例》［EB/OL］（http://law.baidu.com/pages/chinalawinfo/0/0/7bfb56899fd578d1dbf857f682524f8e_0.html）。

90. 《中华人民共和国高级农业生产合作社示范章程》［EB/OL］（http://www.china.com.cn/law/flfg/txt/2006-08/08/content_7064291.htm, 2006-08-08）。

91. 《1956年到1967年全国农业发展纲要》［EB/OL］（http://www.law-lib.com/law/law_view.asp?id=94818）。

92. 孟醒：《统筹城乡社会保障：理论·机制·实践》，经济科学出版社2005年版。

93. 《农村五保供养工作条例》［EB/OL］（http://www.xjbz.gov.cn/wmfw/dffg/jjgl/nl/940123.html, 2000-01-01）。

94. 国家统计局：《中国统计年鉴（2001）》，中国统计出版社2001年版。

95. 王梦奎、冯并、谢伏瞻：《中国特色城镇化道路》，中国发展出版社2004年版。

96. 高云虹、曾菊新：《西部地区城市化进程及其动力机制》，《经济地理》2006年第6期。

97. 国家统计局：《中国统计年鉴（2001）》［EB/OL］（http://www.stats.gov.cn/tjsj/ndsj/2001c/k1105c.htm）。

98. 国家统计局：《中国统计年鉴（2007）》［EB/OL］（http://www.stats.gov.cn/tjsj/ndsj/2007/indexch.htm）。

99. 钱忠好：《中国农村土地制度变迁和创新研究》（续），社会科学文献出版社2005年版。

100. 《中华人民共和国土地管理法》

[EB/OL]（http：//www.gov.cn/banshi/2005-05/26/content_989.htm，2005-05-26）。

101. 《中华人民共和国城镇国有土地使用权出让和转让暂行条例》[EB/OL]（http：//baike.baidu.com/view/437292.htm）。

102. 何建华：《城乡居民收入差距进一步加大》，《中国产经新闻》2008年8月31日。

103. 编写组：《〈中共中央关于构建社会主义和谐社会若干重大问题的决定〉辅导读本》，人民出版社2006年版。

104. 范小玉、且淑芬：《我国农村劳动力及转移状况分析》[EB/OL]（http：//www.stats.gov.cn/was40/gjtjj_detail.jsp?searchword=%CE%D2%B9%FA%C5%A9%B4%E5%C0%CD%B6%AF%C1%A6&channelid=5705&record=5，2002-04-28）。

105. 刘怀廉：《中国农民工问题》，人民出版社2005年版。

106. 《领导决策信息》编辑部综述：《我们为什么要户籍改革》，《领导决策信息》2001年第36期。

107. 国家统计局：《中国统计年鉴（1995）》，中国统计出版社1995年版。

108. 国家统计局：《中国统计年鉴（1998）》[EB/OL]（http：//www.stats.gov.cn/ndsj/information/nj98n/E5-2C.htm）。

109. 国家统计局江苏调查总队：《当前江苏农民就业创业现状、问题与建议》[EB/OL]（http：//www.stats.gov.cn/was40/gjtjj_detail.jsp?searchword=%BD%AD%CB%D5&channelid=5705&record=16，2009-02-02）。

110. 曹子坚、熊庆国、王文斌：《2006中国经济年报》，兰州大学出版社2006年版。

111. 于洋、吕炜、肖兴志：《中国经济改革与发展：政策与绩效》，东北财经大学出版社2005年版。

112. 陈佳贵、王延中：《中国社会保障发展报告（2001—2004）》，社会科学文献出版社2004年版。

113. 王朝明：《中国转型期城镇反贫困理论与实践研究》，西南财经大学出版社2004年版。

114. 郑功成：《构建和谐社会——郑功成教授演讲录》，人民出版社2005年版。

115. 陈佳贵：《中国社会保障发展报告（1997—2001）》，社会科学文献出版社2001年版。

116. 《马克思恩格斯选集》第2卷，人民出版社1995年版。

117. 张鸿雁、高红：《中美城市化与城乡关系发展基本规律比较——中美城市化比较的社会学视角》，《江海学刊》1998年第2期。

118. 刘小雪：《中国与印度的城市化比较》[EB/OL]（http：//www.chinaelections.org/newsinfo.asp?ne-

wsid = 112484，2007-07-12）。

119. 谭纵波：《普通高等教育十一五国家级规划教材——清华大学建筑学与城市规划系列教材：城市规划》，清华大学出版社 2005 年版。
120. 叶裕民：《中国城市化之路：经济支持与制度创新》，商务印书馆 2001 年版。
121. 张文华：《论城市化与中国农民收入问题的相互关系——兼论农村剩余劳动力的转移》，《山东农业大学学报》（社会科学版）2003 年第 1 期。
122. 姚士谋、朱英明、陈振光：《中国城市群》，中国科学技术大学出版社 2001 年版。
123. 杨重光：《城市区概念有利于促进中国城市化》，《现代经济探讨》2004 年第 7 期。
124. 孙群郎：《20 世纪 70 年代美国的"逆城市化"现象及其实质》，《世界历史》2005 年第 1 期。
125. 曾艳红：《国外典型大都市区发展对我国大都市区建设的启示》，《地域研究与开发》1998 年第 1 期。
126. 纪晓岚：《论城市本质》，中国社会科学出版社 2002 年版。
127. 康宛竹：《试论近代早期西欧城市化道路及其与农业的关系》，《华南师范大学学报》1997 年第 1 期。
128. 李敏：《中国城市化路径分析》，硕士学位论文，河南师范大学，2006 年。
129. 陈雪明：《美国城市化和郊区化历史回顾及对中国城市化的展望》，《国外城市规划》2003 年第 1 期。
130. 王旭：《美国城市发展模式：从城市化到大都市区化》，清华大学出版社 2006 年版。
131. 宋金平、李香芹：《美国的城市化历程及对我国的启示》，《城市问题》2006 年第 1 期。
132. 吴颖：《浅析城市郊区化》，《城市开发》2004 年第 9 期。
133. 沈悦：《日本的城市化及对我国的启示》，《现代日本经济》2004 年第 1 期。
134. 汪冬梅：《日本、美国城市化比较及其对我国的启示》，《中国农村经济》2003 年第 9 期。
135. 孙姐：《我国城市化进程中的制度优化与创新》，硕士学位论文，东北师范大学，2006 年。
136. 姜斌、李雪铭：《世界城市化模式及其对中国的启示》，《世界地理研究》2007 年第 3 期。
137. 毕琳：《我国城市化发展研究》，博士学位论文，哈尔滨工程大学，2005 年。
138. 胡崇庆：《人口与城市》，人民教育出版社 1993 年版。
139. 徐和平：《美国郊区化的经验与教训》，《开发研究》2007 年第 3 期。
140. 李林杰、申波：《日本城市化发展的经验借鉴与启示》，《日本问题研究》2007 年第 3 期。

141. 杨书臣：《日本小城镇的发展及政府的宏观调控》，《现代日本经济》2002年第6期。
142. 朱文忠、杨章明、朱坚强：《小城镇发展导论》，立信会计出版社2002年版。
143. 丁成日、孟晓晨：《美国城市理性增长理念对中国快速城市化的启示》，《城市发展研究》2007年第4期。
144. 杜和平：《美国城市规划建设的经验教训和启示》［EB/OL］（http://www.villachina.com/2007-07-18/1141135.htm，2006-6-18）。
145. 杜和平：《忠县县委书记杜和平考察美国城市规划建设的认识与思考》［EB/OL］（http://old.zzxw.net/home/text.asp?ClassTop=999&TextType=&id=9896，2006-6-18）。
146. 刘亭、史先虎：《推进郊城化，防止"城市病"》，《浙江经济》2001年第4期。
147. 李冈原：《英国城市病及其整治探析——兼谈英国城市化模式》，《杭州师范学院学报》2003年第6期。
148. 谭仲池：《城市发展新论》，中国经济出版社2006年版。
149. 李茂：《美国土地审批制度》，《国土资源情报》2006年第6期。
150. 穆怀中：《社会保障国际比较》，中国劳动保障出版社2001年版。
151. 张小冲、张学军：《经济体制改革前沿问题：国际比较与借鉴》，人民出版社2003年版。
152. 汪继福、罗恩立：《西方就业理论与实践及其对我国的启示》，《西安交通大学学报》2000年第4期。
153. 崔常发、徐明善：《高层讲坛：十六大以来中央政治局集体学习的重大课题》（上），红旗出版社2007年版。
154. 汪继福、孟宪生：《西方国家解决就业问题的举措对我国的启示》，《外国问题研究》1998年第3期。
155. 朱铁臻：《城市现代化研究》，红旗出版社2002年版。
156. 张文祥：《德国社会保障制度及其对我国的启示与借鉴》，《河北经贸大学学报》1998年第6期。
157. 谷荣：《中国城市化建设丛书——中国城市化公共政策研究》，东南大学出版社2007年版。
158. 曾令泰、卢明纯：《政府的"全能"与城市化的"失灵"——我国政府推动型城市化道路的历史考察》，《现代经济探讨》2006年第5期。
159. 编写组：《十七大报告辅导读本》，人民出版社2007年版。
160. 饶会林、郭鸿懋：《城市经济理论前沿课题研究》，东北财经大学出版社2001年版。
161. 阎军：《试论我国城市化的道路与模式选择》，《江苏科技大学学报》（社会科学版）2005年第1期。

162. 国家统计局:《我国东、中、西部地区是怎样划分的?》[EB/OL](http://www.stats.gov.cn/was40/gjtjj_outline.jsp, 2003-08-12)。

163. 国家统计局综合司:《发展回顾系列报告之七:城市社会经济全面协调发展》[EB/OL](http://www.stats.gov.cn/tjfx/ztfx/sqd/t20070926_402434870.htm, 2007-09-26)。

164. 牛文元:《组团式拉动释放发展红利》,《中国科学院院刊》2003年第4期。

165. 李一丁、李治国:《"区域经济融合的向心力"系列调研报告(续一):细细品味"长三角"》,《经济日报》2006年7月13日(8)。

166. 成辉:《第四届泛珠论坛行政首长记者招待会实录》[EB/OL](http://news.rednet.cn/c/2007/06/10/1225786.htm, 2007-06-10)。

167. 《泛珠三角区域合作框架协议》[EB/OL](http://news.sina.com.cn/o/2004-06-04/07372712705s.shtml, 2004-06-04)。

168. 王攀、车晓蕙:《泛珠三角区域将构建九大协作网络》[EB/OL](http://news.sina.com.cn/c/2004-06-03/23112709789s.shtml, 2004-06-03)。

169. 吕天奇、刘永湘:《促进城市郊区住宅健康发展的理论思考》,《城市发展研究》2004年第1期。

170. 周一星、孟延春:《沈阳的郊区化——兼论中西方郊区化的比较》,《地理学报》1997年第4期。

171. 倪四义、吴晶:《〈中国二十一世纪人口与发展〉白皮书发表——控制人口数量提高人口素质仍是我国必然选择》,新华每日电讯,2000年12月20日(003)。

172. 埃比尼择·霍华德:《明日的田园城市》,商务印书馆2000年版。

173. 编写组:《党的十七届三中全会〈决定〉学习辅导百问》,学习出版社2008年版。

174. 温铁军:《我国为什么不能实行农村土地私有》,《红旗文稿》2009年第2期。

175. 周琳琅:《统筹城乡发展理论与实践》,中国经济出版社2005年版。

176. 迟福林、王景新、唐涛:《尽快实现农村土地使用权长期化的建议》[EB/OL](http://www.cird.org.cn/cgi-bin/wenku/Library_Read_cird.asp?text_id=371)。

177. 赵雪雁:《西北地区城市化与区域发展》,经济管理出版社2005年版。

178. 《中华人民共和国农村土地承包法》[EB/OL](http://news.xinhuanet.com/zhengfu/2002-08/30/content_543847.htm)。

179. 齐晓安、林娣:《我国人口城市化制度创新问题探析》,《东北师大学报》2006年第1期。

180. 王德文:《做实个人账户:养老制度改革成败的关键》,《人民论坛》2006年第1期。

181. 中国社会保障网:《关于逐步做实养老保险个人账户》[EB/OL]（http://www.cnss.cn/dzzz/wz/200611/t20061117_104157.html，2003-12-01）。

182. 人力资源和社会保障部:《农民工参加基本养老保险办法》[EB/OL]（http://www.mohrss.gov.cn/mohrss/Desktop.aspx?path=mohrss/mohrss/InfoView&gid=46ae4220-f888-4696-b026-7eb4752fd72b&tid=Cms_Info，2009-02-05）。

183. 谢扬:《中国农村发展与城市化面临的主要问题及对策》,《中国经济时报》2006年3月16日（008）。

184. 吴亦明:《中国社会保障制度》,南京师范大学出版社2000年版。

185. 《城市居民最低生活保障条例》[EB/OL]（http://www.mca.gov.cn/article/zwgk/fvfg/zdshbz/200711/20071100003521.shtml，1999-09-28）。

后　　记

　　书稿甫成，即将付梓之际，心中感慨万千。它不仅凝结着求学期间的辛勤和汗水，更加饱含着各位师长的教诲、家人的关怀、师兄师姐们的支持和帮助。

　　首先，我要衷心感谢我的恩师汪继福教授和师母，他们为我学业的完成倾注了极大的心血。承蒙恩师的悉心指导，从选题的确立、框架构思、研究写作乃至最后定稿，无不凝聚着恩师的心血和关怀，字里行间无不浸透着恩师的智慧。求学期间，恩师前沿而深邃的学术造诣，严谨勤奋的治学风范、豁达的胸怀、敏锐的思想，更是时时让我感动，使我获益匪浅，受益终生。

　　其次，在本书写作过程中，齐晓安教授、万兴亚教授、孙育红副教授、孟宪生副教授等提出的极富建设性的意见，也同样令我感念难忘，在此一并致以衷心的感谢。

　　同样，我也要感谢我的同门师兄孟宪生博士、杨守金博士、臧宏博士、顾旭东博士、姜海龙博士、王晓杰博士、杨勇博士，师姐李云霞博士、汪沅博士、赵艳波博士、刘晓霞博士以及我的师妹梁茵博士，感谢大家给予我的真诚关怀和无私帮助。

　　最后，我要感谢我的父母和妻子王春华女士，是他们始终在生活上照顾我、关心我，在精神上抚慰我，在学习上支持我、鼓励我，使我能够安心学习、顺利完成学业。

　　学无止境，我深知本书的成稿的完成绝不意味着对该项研究的结束，而是意味着在另一个起点上新的开始，我将继续秉承恩师的教诲——熟读、精思，勤奋学习，不懈努力，不断深化对中国特色城镇化制度发展与制度创新问题的思考和研究。

刘国新
2014年2月